新人教師のための

漢文指導入門講座

塚田勝郎 著

大修館書店

第3章 漢文指導の実践〈教材編〉 53

資料編

はじめに

今、漢文が注目されています。書店の店頭には『論語』に関する書籍が多く並び、ゲーム界では中国の歴史ものが人気を集めています。素読や音読、漢詩の創作などの話題もよく耳にするところです。小中学校では、平成二十年の学習指導要領の改訂に伴い、漢文に触れる機会が増えています。

一方、高等学校の現場ではどうでしょうか。世の中の動きとは裏腹に、多くの学校では主にセンター試験対策として漢文の授業が行われています。「センター頼みの漢文」と揶揄されるゆえんです。この閉塞的な状況を打破するために、様々な提案がなされていますが、改善の兆しは見られません。その原因は、次のような構図で説明できそうです。

高等学校の新人国語教師をモデルに考えてみます。彼（彼女）の高等学校時代の漢文の授業は、ほとんどがセンター試験対策にあてられ、漢文のおもしろさを知らずに卒業してしまった。大学で教職課程を取ったものの、漢文関係の講義は最低限しか履修せず、ここでも漢文の魅力に気づかなかった。大学卒業後、念願かなって教壇に立つが、漢文のおもしろさを知らないし、教えるにも不安があるので、授業ではほとんど漢文を扱わない。教わる側も、センター試験で点数を取ることだけを目標にする。――このような負の連鎖が存在しているのではないでしょうか。このままでは、漢文教育の衰退は火を見るよりも明らかです。

そこで、高等学校の教壇に立って間もない新人の先生方や、国語教師を目指す学生諸君を対象に、漢文のおもしろさを発見し、漢文を教える確かな力をつけてほしいと願う気持ちから、この講座を開くこととなりました。タイトルは大げさですが、老漢文教師から若い世代への、教材研究や授業展開のコツの伝授として読んでいただければ幸いです。

第1章

漢文指導の基礎・基本

まずは、漢文を読むための基本知識を確認しよう。

【ツカダ先生のアドバイス】

＊漢字についての基礎知識をおさらいしておきましょう。

＊訓点（句読点・返り点・送り仮名）の原則と例外を確認しておきましょう。
ただし、原則にこだわりすぎて漢文嫌いを作らないこと。

＊生徒に対しては、入門期の接し方が肝心です。
ノート添削を丁寧に繰り返して、知識の定着をはかりましょう。

漢字の音訓にこだわる

1 意外と知らない音訓

はじめに、漢字の音と訓にこだわってみましょう。「今さら漢字の音訓か」と思われるかもしれませんが、音訓のちがいを明確に意識できない高校生は案外多いのです。中には「耳で聞いて意味のわかるものが訓で、そうでないのが音」という誤った認識を頑固に持ち続けている生徒もあって、驚かされます。小中学校で間違って教えているのでは、という疑念さえ浮かんできます。

次の問題は、本校の教育実習生に毎年課している音訓確認テスト（↓30ページ）の抜粋です。

問　次の各文字の読みから字音だけを選び、○で囲みなさい。

悪　あく　お　わるい　にくむ
一　いち　いつ　ひとつ
絵　え　かい
菊　きく
行　ぎょう　こう　あん　ゆく　おこなう
人　にん　じん　ひと
肉　にく　じく　しし
明　みょう　めい　みん　あかるい　あきらか
峠　とうげ
働　どう　はたらく

［解答］

悪　アク　オ
一　イチ　イツ
絵　エ　カイ
菊　キク
行　ギョウ　コウ　アン
人　ニン　ジン
肉　ニク　ジク
明　ミョウ　メイ　ミン
峠　（なし）
働　ドウ

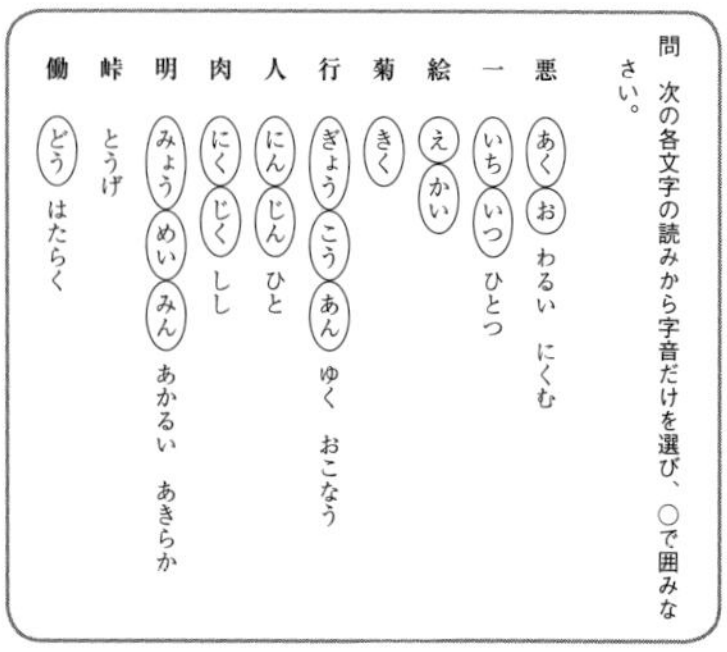
問　次の各文字の読みから字音だけを選び、○で囲みなさい。
悪　あく　お　わるい　にくむ
一　いち　いつ　ひとつ
絵　え　かい
菊　きく
行　ぎょう　こう　あん　ゆく　おこなう
人　にん　じん　ひと
肉　にく　じく　しし
明　みょう　めい　みん　あかるい　あきらか
峠　とうげ
働　どう　はたらく

ここでは「字音」の語を用いていますが、高等学校の授業では「音読み」と言ったほうがわかりやすいかもしれません。ただし、「訓読み」の場合は、「訓」自体が「よみ」という意味ですから、「よみ」と「よみ」が重なり、重言になります。「字音・字訓」を避けるなら、「音・訓」と呼ぶのが無難でしょう。

念のため正解を欄外に示します。「峠」は字音がなく、「絵」と「菊」は字音しかないという、意地悪な設問であることにお気づきでしょう。したがって、よほどしっかりした知識がないと、大学生といえども満点は難しい問題です。特に「絵」の正答率が低いのが例年の傾向です。

高等学校の授業でも、漢文入門期にこのテストを使えそうです。答え合わせをしてみると、生徒たちは音訓の区別ができていないことに驚くにちがいありません。それをきっかけとして、次のように発問してみたらどうでしょうか。

【発問例】

○それぞれの文字の音訓の中で、初めて知ったものは何か。
○「絵」や「菊」は、なぜ訓がなく、音しかないのか。
○逆に、「峠」は、なぜ訓だけで、音がないのか。
○国字である「働」に音があるのはなぜか。
○「悪」の音「アク」「オ」の意味のちがいは。また、「アク」「オ」を含んだ熟語にはどのようなものがあるか。
○「行」や「明」などには音が多くあるが、それはなぜか。
○漢字の構成から意味や読みが類推できるものはどれか。
○そもそも漢字の音訓とは何か。

これらについて漢和辞典などで調べさせることは、入門の段階でタイムリーな試みでしょう。

2 漢文訓読の音訓に関する原則

漢文訓読では、音訓に関して次の原則があります。

1 漢文の訓読では、原則として一字の語は字訓で、二字以上の熟語は字音で読む。固有名詞は、字数に限らず字音で読む。
2 字音は、原則として漢音を用いる。

《字音とは》

漢字の中国での発音を日本風にまねたものが字音で、筆者は、「コーヒー」や「パイナップル」のようなカタカナ英語に似ていると説明しています。中国では発音が時代や地域によって変化し、それを日本に受け入れた時期によって、呉音・漢音・唐宋音の区別ができました。(→10ページ)加えて、日本独自の慣用音もできた結果、一つの漢字に複数の字音があるという状況が生じたのです。

《字訓とは》

漢字の意味に相当する日本語が、その漢字の読みとして定着したものが字訓です。したがって、日本にその物や観念がなければ、字訓は生まれません。「罪と罰」のような対照的な二字であっても、「つみとバツ」と字訓と字音で読むのは、言葉の風土と読みとの関係を示す好例でしょう。
では、訓読入門編に頻出の「蛇足」を例にみましょう。

問　次の漢文を正確に音読しなさい。

蛇足

①楚ニ有リ二祠ル者一。賜フ二其ノ②舎人ニ卮酒ヲ一。舎人相謂ヒテ曰ハク、「数人飲マバレ之ヲ不レ足ラ、③一人飲マバレ之ヲ有ランレ余リ。請フ画キテレ地ニ為リレ蛇ヲ、先ヅ成ル者飲マントレ酒ヲ。」一人蛇先ヅ成リ、引キレ酒ヲ且ニレ飲マントレ之ヲ。④乃チ左手モテ持チレ卮ヲ、右手モテ画キテレ蛇ヲ曰ハク、「吾能ク為ルニ之ガ足ヲ一。」……。

（戦国策、斉）

楚に祠る者有り。其の舎人に卮酒を賜ふ。舎人 相謂ひて曰はく、「数人 之を飲まば足らず、一人 之を飲まば余り有らん。請ふ 地に画きて蛇を為り、先づ成る者 酒を飲まん。」と。一人 蛇先づ成り、酒を引き且に之を飲まんとす。乃ち左手もて卮を持ち、右手もて蛇を画きて曰はく、「吾能く之が足を為る。」と。……。

《一字の語は字訓で》

訓読では、一字の語は字訓で読みます。傍線部①「楚有リ二祠ル者一。」で、固有名詞の「楚」以外の「祠」「者」「有」を「まつる」「もの」「あり」と読むのがその例です。訓読とは、中国語で書かれた詩文を、日本文の構造に当てはめ、日本語として読んでいく方法ですから、訓読が字訓を基本とするのは当然といえましょう。

しかし、「仁《じん》」「義《ぎ》」「礼《れい》」「智《ち》」「信《しん》」など精神や理念を表す語は、対応する和語がないために字音で読みます。

字訓で読むと実態が異なってしまう場合も、字音で読みます。たとえば「薇《び》」「粟《ぞく》」「楓《ふう》」「蓬《ほう》」「柏《はく》」は、「ぜんまい」「あわ」「かえで」「よもぎ」「かしわ」と字訓で読むと、別のものになってしまいます。

微妙なのは「田」や「城」です。寓話「守株」の冒頭「宋人ニ有リ二耕ス田ヲ者一。」（韓非子、五蠹）は、「ソウひとに**た**をたがやすものあり。」とも「**デン**をたがやす」とも読みますが、筆者は「田といっても田んぼではなく、畑である。」と説明を加えた上で「た」と読んでいます。

また、杜甫の詩「春望」の一句「城春ニシテ草木深シ」は、「しろはるにしてサウモク《（ソウモク）》ふかし」ではなく「**ジヤウ**《（ジョウ）》はるにして」でなければならないと主張する向きもありますが、筆者は「この『城』は長安の町のこと。日本の城郭とは異なる。」と補足して、「**しろ**」と読むように指導しています。このあたりは見解が分かれるところでしょう。

[解答]

楚《そ》に祠《まつ》る者《もの》有《あ》り。其《そ》の舎人《しやじん》に卮酒《ししゆ》を賜《たま》ふ。舎人《しやじん》相謂《あひい》ひて曰《い》はく、「数人《すうにん》之《これ》を飲《の》まば足《た》らず、一人《いちにん》之《これ》を飲《の》まば余《あま》り有《あ》らん。請《こ》ふ 地《ち》に画《ゑが》きて蛇《へび》を為《つく》り、先《ま》づ成《な》る者《もの》酒《さけ》を飲《の》まん。」と。一人《いちにん》蛇《へび》先《ま》づ成《な》り、酒《さけ》を引《ひ》き且《まさ》に之《これ》を飲《の》まんとす。乃《すなは》ち左手《さしゆ》もて卮《し》を持《も》ち、右手《いうしゆ》もて蛇《へび》を画《ゑが》きて曰《い》はく、「吾《われ》能《よ》く之《これ》が足《あし》を為《つく》る。」と。……

《二字以上の熟語は字音で》

熟語を字音ではなく字訓で読む例外は、「所謂《いはゆる》」「所以《ゆゑん》」「何如《いかん》・如何《いかん》」などの慣用語で、これらは熟字訓で読みます。しかし、これを拡大して傍線部②「舎人《しやじん》」③「一人《いちにん》」を「とねり」「ひとり」と読んだりするのは感心しません。なお、「楚人《そひと》」「燕人《えんひと》」なども例外で、「国名＋ひと」と読むのが慣例です。

《字音は原則として漢音を選ぶ》

傍線部④「乃《チ》左手《モテ》持《チ》レ卮《ヲ》、右手《モテ》画《キテ》レ蛇《ヲ》曰《ハク》、……。」は、これまでに確認してきた原則に従って、「すなはちサシユ《(サシュ)》もてシをもち、イウシユ《(ユウシュ)》もてへびをゑ《(え)》がきていは《(わ)》く、……。」と訓読します。「右手」は「ウシュ」と読んでも間違いとはいえませんが、「右」は漢音が「ユウ」、呉音が「ウ」であるところから、漢音の「ユウ」に軍配が上がります。字音で迷ったら漢音で読むのが得策です。多くの漢和辞典が呉音より先に漢音を載せているのも、このためです。

字音と字訓の区別は、錯覚や思い込みもあってなかなか難しいものです。日常的に接する語について、字音か字訓かを区別する練習をするのが効果的でしょう。

たとえば、次のような表を利用して、生徒自身の氏名の漢字が、字音と字訓のどちらで読まれているかを判別させるのです。

問　次の表の空欄に自分の氏名を書き入れ、それぞれの漢字の読みが字音か字訓かを調べなさい。ひらがな・カタカナの名は、〈エリカ→絵梨佳〉のように好きな漢字に直して考えよう。

【記入例】

漢字	区別
佐《さ》	(音)・訓
藤《とう》	(音)・訓
義《のり》	音・(訓)
清《きよ》	音・(訓)
	音・訓
	音・訓

漢字	区別
	音・訓
	音・訓
	音・訓
	音・訓
	音・訓
	音・訓

音訓の読み分けは、一朝一夕には身につきません。不明な点は必ず漢和辞典で確認する習慣を持ちたいものです。

●重箱読みと湯桶読み

「音＋訓」の熟語の読み方を重箱《じゅうばこ》読み、反対に「訓＋音」のものを湯《ゆ》桶《とう》読みといいますが、人の名には重箱読みや湯桶読みが多く見られます。筆者の名、勝郎《かつろう》は湯桶読みです。女性の名では、聡美《さとみ》さん、夕紀《ゆき》さんなどは湯桶読み、洋子《ようこ》さん、梨《り》枝《え》さんなどは重箱読みです。

字音のいろいろ

1　呉音・漢音・唐宋音

字音とは、中国語の発音を日本風にまね、それが定着したものです。英語の発音とその日本風の発音との関係に置き換えて考えると、わかりやすいかもしれません。たとえば、食卓のナイフ、フォーク、サラダ、バター、チーズ、ジャム、コーヒー……。これらはいずれも、適切な訳語がないせいか、日本風の発音が定着しています。漢字に置き換えると、「茶（チャ）」「肉（ニク）」「菊（キク）」「絵（エ・カイ）」などがこれにあたります。「絵」は、字音が「カイ」、字訓が「エ」と思い込んでいる生徒が多くいますが、「エ」は呉音、「カイ」は漢音で、どちらも字音です。

字音には、次の区別があります。

○呉音　中国の南北朝時代の呉の地方の発音を取り入れたもの。漢音が伝来すると使用が禁じられたが、仏教語や日常の語に多く残っている。「東京」の「キョウ」、「頭上」の「ズ」など。

問　漢和辞典を用いて、次の表の空欄を埋めなさい。

	呉音	漢音	唐宋音
行	ギョウ「行住坐臥」	①（　　）「行雲流水」	②（　　）「行脚」「行宮」
明	ミョウ「明旦」「灯明」	③（　　）「明鏡止水」	④（　　）「明末清初」
経	キョウ「経文」「読経」	⑤（　　）「経世済民」	⑥（　　）「看経」「諷経」
請	ショウ「請来」「勧請」	⑦（　　）「請求」「懇請」	⑧（　　）「普請」

[解答]

①コウ　②アン
③メイ　④ミン
⑤ケイ　⑥キン
⑦セイ　⑧シン

問　漢和辞典を用いて、次の表の空欄を埋めなさい。

	呉音	漢音	唐宋音
行	ギョウ「行住坐臥」	①（コウ）「行雲流水」	②（アン）「行脚」「行宮」
明	ミョウ「明旦」「灯明」	③（メイ）「明鏡止水」	④（ミン）「明末清初」
経	キョウ「経文」「読経」	⑤（ケイ）「経世済民」	⑥（キン）「看経」「諷経」
請	ショウ「請来」「勧請」	⑦（セイ）「請求」「懇請」	⑧（シン）「普請」

○**漢音**　隋・唐時代の都であった長安付近の発音を取り入れたもの。留学生や留学僧によって日本に輸入され、尊重された。桓武天皇が呉音の学習を禁じたことから、漢籍の読み方は漢音によるようになった。「京師」の「ケイ」、「頭髪」の「トウ」など。

○**唐宋音**　比較的新しい宋・元・明・清時代の発音を取り入れたもの。中国の現代音に近いものもある。「南京」の「キン」、「饅頭」の「ジュウ」など。

○**慣用音**　呉音・漢音・唐宋音以外の、わが国で古くから習慣的に使われている字音。字形や他の漢字の音から類推されたものが多い。「輸入」の「ユ」（呉音・漢音「シュ」）、消耗の「モウ」（呉音・漢音「コウ」）、偶然の「偶」（呉音「グ」、漢音「ゴウ」）など。

2　字音によって意味が異なる漢字

呉音・漢音・唐宋音の違いではなく、意味によって複数の字音を持つ漢字があります。その代表的なものが「悪」でしょう。

A　人之性《ハ》**悪**《ナリ》、其《ノ》善者《ナルハ》偽也。（荀子、性悪）

――人の性は**悪**なり、其の善なる者は偽なり。

B　無二羞《キハ》**悪**之心一、非レ人《ザルニ》也。（孟子、公孫丑上）

――羞**悪**の心無きは、人に非ざるなり。

それぞれの「悪」の読みは、「アク」「オ」のどちらでしょうか。Aは「わるい」の意味ですから「アク」です。一方Bは「にくむ」の意味で、「オ」と読まなければなりません。

次に挙げる語も、字音と意味のつながりが重要です。

悪 { アク　わるし。あし。みにくし。「悪行」「醜悪」
　　オ　にくむ。「好悪」「憎悪」

塞 { サイ　とりで。「塞翁馬《ガ》」「要塞」
　　ソク　ふさぐ。「充塞」「閉塞」

楽 { ガク　しらべ。かなづ（かなでる）。「礼楽」「楽人」
　　ラク　たのし。たのしむ。「楽土」「歓楽」
　　ゴウ　このむ。ねがふ。「楽思」

漢和辞典で確認しておきましょう。

7【悪】11画 3531 教3 アク・オ わる-い 1613 88AB
8〔惡〕12画 3532 人 5608 9CA6
音アク 薬 è
音漢オ(ヲ)・呉ウ 遇 wù
音漢オ(ヲ)・呉ウ 虞 wū

筆順 一 亍 亓 亜 亜 亜 悪 悪 悪

字義 音❶わる-い《わるし》。あ-し。↕善(1607)・良(9783)。㋐正しくない。よくない。「積悪」「諸悪」㋑好ましくない。いや。不快。また、みに**く-い**《くし》。きたない。用例〔唐、杜甫、兵車行〕信知生レ男悪《まことにしる おとこをうむはあしく》、反是生レ女好《かえって これ おんなをうむはよきを》。🔃ほんとうにわかりました。男を生むのはわるく、かえって、女を生むことこそよいということが。㋒おとっている。下等。粗末。「悪衣」「粗悪」❷わるい人。わるいこと。「善悪」❸病気。やまい。❹きず。欠点。音❶にく-む。憎く思う。きらう。用例〔孟子、公孫丑上〕非下悪二其声一而然上也《そのこえ(あ)をにくみて。しかするにあらざるなり》。🔃世間に悪いうわさの立つのをおそれてそのようにしたのではない。❷そしる。悪くいう。助いず-くに《いづくに》。いず-くにか《いづくにか》。いず-くんぞ《いづくんぞ》。ああ。⇩助字・句法解説。

大修館書店『新漢語林　第二版』より

●「和尚」の宗派は？

「和尚」は、真言宗では呉音で「**ワジョウ**」、天台宗では漢音で「**カショウ**」、浄土宗では唐宋音で「**オショウ**」と読み分けられているそうです。

「口腔」は、病院によっては「コウコウ」ではなく「コウクウ」と慣用的に読まれています。いずれ慣用音として定着するかもしれません。

●「楽」のいろいろ

中国に「乐（樂）」という姓がありますが、読み方は「ロー」と「ユエ」の二通りあります。「ロー」は字音の「ラク」に、「ユエ」は字音の「ガク」に対応しています。

もう一つ、「楽」についての話題です。「音をたのしむから音楽だ。」というのは、こじつけです。「たのしむ」の場合は字音が「ラク」ですし、熟語の構成は「楽音」となるはずです。

字訓のいろいろ

前項までは、字音について詳しく見てきました。本項は、字訓について考えます。前項でも例にあげたように、食器のスプーンには匙《さじ》という訳語がありますが、フォークには適切な訳語がありません。これを漢字と字音・字訓の関係に置き換えると、「スプーン」という漢字には字音と字訓があり、「フォーク」という漢字は字音しか持たない、といえるでしょう。また、「スプーン」と「匙」の関係も、必ずしも実体を正確に反映したものとはいえません。字音と同様に、字訓にも厄介な側面があるのです。

1 三種の字訓

字訓には、次の三種があります。

○正訓 「雪《ゆき》」「月《つき》」「花《はな》」など、漢字本来の意味に忠実な日本語の読み方。

○義訓 「団扇《うちわ》」「長閑《のどか》」など、漢字の熟語に対して、熟語全体に対する日本語の読みを与えたもの。熟字訓ともいう。

○国訓 「蓬《よもぎ》」「柏《かしわ》」「萩《はぎ》」「薇《ぜんまい》」「鮎《あゆ》」「鮭《さけ》」「鮨《すし》」など、日本語で、漢字固有の意味と関係のない読みを当てはめたもの。

このうち漢文訓読に主に用いるのは正訓です。義訓は、「所謂《いはゆる》」「所以《ゆゑん》」「何如《いかん》・如何《いかん》」などを除いて、訓読にはほとんど用いることはありません。「団扇」や「長閑」は熟語ですから、音訓の読み分けの原則（→9ページ）に従って「ダンセン」「チョウカン」と読み、「うちわ」「のどか」とは読みません。

国訓については既に触れたように、読みが漢字本来の意味を反映していませんから、音訓読み分けの例外として、一字の語であっても字音で読みます。

「蓬」を例にとると、日本のよもぎはキク科の多年草ですが、中国の「蓬」はアカザ科の二年草です。よもぎは餅草とも呼ばれ、春に若葉を茂らせる、生命力にあふれた植物であるのに対して、「蓬」には秋の寂しいイメージが強くあります。「蓬」は秋に枯れ、まるまって原野を転がるところから、放浪することを表す「転蓬《テンポウ》」の語もあるのです。このように、「蓬」とよもぎはまったく別物です。実体を誤認していては、正しい解釈は望めません。次のようなプリントを用いて確認しておくとよいでしょう。

問　漢和辞典を用いて、次の空欄を埋めなさい。
（×印は国訓、○印は本来の意味を表す。）

〈例〉楓　×かえで　○「フウ」というマンサク科の樹木
萩　×はぎ　○（①　　）
薇　×ぜんまい　○（②　　）
桂　×かつら　○（③　　）
鮎　×あゆ　○（④　　）
鮭　×さけ　○（⑤　　）
鮨　×すし　○（⑥　　）
嵐　×あらし　○（⑦　　）
霞　×かすみ　○（⑧　　）
鬼　×おに　○（⑨　　）

2　和漢異義語

先に挙げた名称と実体が異なる漢字は、和漢異義語と呼ばれるものの一部です。

主な和漢異義語には、国訓のほかに次のものがあります。

故人　遠慮　公卿　丈夫　新月　人間　大人　大丈夫
多少　馳走　百姓　迷惑

このうち「公卿（コウケイ・クギョウ）」「丈夫（ジョウフ・ジョウブ）」「人間（ジンカン・ニンゲン）」「大人（タイジン・おとな）」「大丈夫（ダイジョウフ・ダイジョウブ）」「百姓（ヒャクセイ・ヒャクショウ）」は、和漢で読みも異なりますから、注意が必要です（↓145ページ）。

「故人」は、漢語では「古くからの知り合い、昔なじみ」の意味が中心ですが、『広辞苑』などの国語系の辞書では「死んだ人」の意味が最初に表示されます。王維の「送㆔元二使㆓安西㆒（元二の安西に使ひするを送る）」詩の結句「西出㆓陽関㆒無㆓故人㆒（西のかた陽関を出でなば故人無からん）」を例として、「『西に進んで陽関を出てしまったならば、もう死んだ人はいないのだから』と訳すとおかしいでしょう。」と説明すると、生徒も納得するはずです。（↓89ページ）

和漢異義語には、次のような例もあり、おろそかに扱うと文脈を誤解しかねません。

漸《やうやク》　×やっと　○しだいに
初《はじメテ》　×はじめて　○やっと、…したばかり
新《あらタニ》　×あたらしく　○はじめて、…したばかり

3　同訓異義語

「よしこ」さんという名の女性は多くいますが、その漢字表記は様々です。良子、美子、好子、佳子、嘉子、喜子、淑子、祥子（祥子）、善子、芳子、義子、吉子、宜子……。いずれも「よし（よい）」という意味の、名にふさわしい佳字を冠しているものの、「よし」にあたる漢字の意味は微妙に異なります。

●漢文には漢和辞典を

電子辞書を使う生徒には、何でも国語系の辞書で調べる傾向が見られます。「漢文の時間は、まず漢和辞典を引こう。」と機会あるごとに注意しましょう。

［解答］

①よもぎ。くさよもぎ。
②のえんどう。からすのえんどう。
③もくせい。
④なまず。
⑤ふぐ。
⑥魚のしおから。
⑦山中のもや。山気。
⑧あさやけ。ゆうやけ。
⑨死者のたましい。

問　漢和辞典を用いて、次の空欄を埋めなさい。
（×印は国訓、○印は本来の意味を表す。）
〈例〉楓　×かえで　○「フウ」というマンサク科の樹木
萩　×はぎ　○（①よもぎ。くさよもぎ。）
薇　×ぜんまい　○（②のえんどう。からすのえんどう。）
桂　×かつら　○（③もくせい。）
鮎　×あゆ　○（④なまず。）
鮭　×さけ　○（⑤ふぐ。）
鮨　×すし　○（⑥魚のしおから。）
嵐　×あらし　○（⑦山中のもや。山気。）
霞　×かすみ　○（⑧あさやけ。ゆうやけ。）
鬼　×おに　○（⑨死者のたましい。）

たとえば、「美」はすぐれているという意味の「美徳」「美風」の「よし」であり、「義」は道にかなっているという意味で「正義」「仁義」の「よし」です。この例からわかるように、日本語はある面では微妙な意味の違いを追求する姿勢を持つのに対して、一面ではかなり大雑把に物事をひとくくりにする性格をもっているようです。日本語のこの性質が、漢文訓読では同訓異義語として問題になってきます。

一例を挙げれば、「つひに」という字訓を持つ漢字には、「遂」「終」「卒」「竟」がありますが、「遂」と他の三字との間には意味の断絶があります。「遂」は、事態の進行の速さと因果関係を示し、「終」「卒」「竟」はいずれも「おわる、おえる」という語感を持っているのです。「遂」は行為や事態の中間点に、「終」「卒」「竟」はその終着点に用いる、ともいえましょう。例文を見てみます。

管仲囚《とら》ヘラル焉。鮑叔**遂**ニ進ム二管仲ヲ一。（史記、管晏列伝）

――管仲囚《とら》へらる。鮑叔**遂に**管仲を進む。

この「遂」を「とうとう」と解釈してしまっては、鮑叔の友情の厚さと決断の速さをまったく理解できません。ここは「管仲は（仕えていた公子糾に連座して）投獄された。（管仲の才能を高く評価していた）鮑叔は、こういうわけで、すぐに管仲の採用を（桓公に）進言した。」と解釈すべきであって、「とうとう採用を進言した。」ではダイナミックな展開をまったく味わえないことになります。

同様に、「また（「又」「亦」「復」）」（→96ページ）「すなはち（「則」「即」「乃」）」などの同訓異義語も、解釈にあたって慎重に取り扱う必要があります。

同訓異義語は、訳語だけではちがいを鮮明にすることは難しいものです。次の例のように、具体的な訳語と説明を並べて示すとよいでしょう。

◎板書例◎

「また」の意味のちがい

又　さらにまた。動作や状態の累積の意を示す。他の「また」と区別して「さらまた」と呼ぶことがある。

亦　〜もやはり、〜も同様に。前に述べられていることと同様であることを示す。「もまた」と呼ぶことがある。

復　繰り返し、ふたたび、かさねて、もう一度。動作や状態の反復・継続の意を示す。

4 多訓多義語

あまり一般的な名称ではありませんが、多くの読みと意味を持った語のことです。例を挙げましょう。

与
あたふ〈贈与〉　あづかる〈関与〉　くみす〈与党〉
ともに　ともにす　ために
…と　…より　…や　…か　…かな

●「若」と「如」

「若」と「如」は、古くは音が近かったといい、意味が類似しています。次のように意味の共通点と相違点を表にして示すとわかりやすいでしょう。

若	如
ごとし	
しく	
もし	
もしくは	
なんぢ	ゆく

他には「若」「如」「見」「故」「之」「故」などが多訓多義語として知られています。これらの語に限らず、漢和辞典を引いたときには、字義欄を広く見る必要があることを生徒に伝えたいものです（→50ページ）。

熟語を用いて漢字の意味を確認する方法は、字訓の場合でも効果的です。たとえば「故」には、次のように多くの字訓があります。熟語で確認することで、読みと意味を確実に把握することができます。

◎板書例◎

「故」の字訓と熟語

ゆえに・ゆえ	「無故」
もと・もとより	「故郷」
ふるし	「故人」「温故知新」
こと	「事故」
ことさらに	「故意」「故殺」

5 国字

日本で作られた漢字の総称です。その性格上、多くは字訓しか持ちませんが、「働（ドウ・はたらク）」のように字音を持っているものもあります。国字の存在を知ることで、字音と字訓の関係を再確認することができるでしょう。

問 次の語を国字（日本製の漢字）で書き表してみよう。

①はたけ（二種類）　②つじ　③こがらし
④ささ　⑤さかき　⑥こうじ
⑦たすき　⑧しつけ　⑨たら　⑩いわし
⑪まろ（人名）　⑫くめ（人名）
⑬すい臓の「すい」　⑭リンパせんの「せん」
⑮センチメートル　⑯フィート　⑰キログラム　⑱トン

最後に、ここまで読んできた皆さんに字音と字訓の確認テストです。

問 次の文の読み方を、ひらがなとカタカナで記しなさい。（字訓および送り仮名の部分はひらがなで、字音はカタカナで記すこと。）

子曰《ハク》、「学《ビテ》而時《ニ》習《フ》レ之《ヲ》、不二亦《タ》説《よろこバシカラ》一乎《や》。有《リ》下朋《ノ》自《リ》二遠方一来《タル》上、不二亦《タ》楽《シカラ》一乎。人不《シテ》レ知《ラ》而不レ慍《いきどほラ》、不二亦《タ》君子《ナラ》一乎《ト》」。

（論語、学而）

ここまで漢字の音訓について、詳しく見てきました。繰り返しますが、音訓の読み分けで不安が生じた時は必ず漢和辞典などで確認し、知識をより確実にしたいものです。

[解答]

①畑／畠　②辻　③凩
④笹　⑤榊　⑥糀
⑦襷　⑧躾　⑨鱈　⑩鰯
⑪麿　⑫粂
⑬膵　⑭腺
⑮糎　⑯呎　⑰瓩　⑱瓲

▼解説

⑥「麹」は「こうじ」と読みますが、国字ではありません。音は「キク」です。

[解答]

シいはく、「まなびてときにこれをならふ、またよろこばしからずや。とものエンポウよりきたるあり、またたのしからずや。ひとしらずしていきどほらず、またクンシならずや。」と。

▼解説

字音は、わずかに「子」「遠方」「君子」の三語に過ぎません。他はすべて字訓で読みます。原則から外れるのは「子」で、「こ」と読んだのでは、息子の意味になってしまいます。ここは「先生」の意味ですから、字音で「シ」と読まざるを得ません。

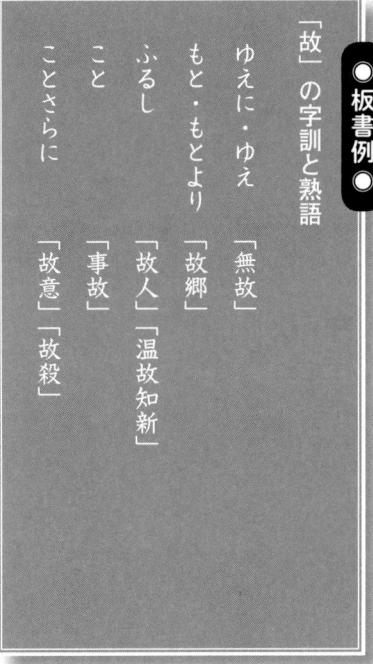

もう送り仮名に迷わない！

本項では、漢文訓読の重要なツールである送り仮名に取り組むことにしましょう。

実は、教科書出版社に寄せられる漢文関係の質問で、最も多いのが送り仮名についてのものだそうです。また、現場の教師の多くが漢文教材の改善点として挙げるのが、教科書間の送り仮名の相違であるとも聞きます。

送り仮名の基準は古くは「句読・返点・添仮名・読方法」（漢文ニ関スル文部省調査報告、明治四五年）に遡ります。戦後は現代文の送り仮名の基準を示した「送り仮名の付け方」（昭和四八年、内閣告示）も取り入れながら、現在の送り仮名のルールができあがったといってよいでしょう。しかし、最終的には教科書出版社が独自に基準を持ち、教科書を編集しています。その結果、送り仮名の「ゆれ」を招いているのが実情です。なお、「（訓読の）ゆれ」とは、解釈の相違には至らない訓読のちがいや、表記のばらつき、不統一などの総称であることをお断りしておきます。

ここでは、教科書に見られる送り仮名の原則と現実を探ってゆくことにします。

1 送り仮名とは

そもそも、送り仮名の必要性はどこにあるのでしょうか。当然のことですが、中国語と日本語は別の言語です。両者の間には様々なちがいがあり、その一つが語の並び方です。

○**中国語**　一字一音節で、活用や語形変化を持たない。意味は語順で決まる。＝孤立語

○**日本語**　実質的意味を持たない語によって、実質的意味を持つ語と語を膠《にかわ》のようにつなげてゆく。＝膠着語《こうちゃくご》

日暮《レテ》道遠《シ》。

大器《ハ》晩成《ス》。

右の例文は、もともとは中国語で「日暮道遠」「大器晩成」と書かれたものですが、これを日本語に翻訳して読む時に、助詞（ここでは「テ」「ハ」）や用言の活用語尾（ここでは「レ」「シ」「ス」）を補う必要があります。これが送り仮名です。送り仮名は句読点・返り点と並んで、中国語を日本語に変換するためのツールの一つです。

2 送り仮名に関する原則

送り仮名に関する原則は、現在では次のような形で定着しています。

> 1　送り仮名は、漢字の右下にカタカナで、文語文法に従い、歴史的仮名遣いを用いて付ける。ただし、再読文字の再読された部分は、漢字の左下に付ける。
>
> 2　用言（動詞、形容詞、形容動詞）は、原則として活用語尾を送り仮名として付ける。

1については例を示すまでもありませんが、最近の大学入試の問題文に次のような再読文字の送り仮名が見られました。

且《ニ》〜《セント》《スレ》。　未《ダ》〜《セ》《ザルレニ》。

これでは慌て者の生徒は、「〜せんとす」「〜せざるに」と誤読しかねません。この送り仮名の付け方は間違いとはいえませんが、現在の教科書の方式には合致していません（↓133ページ）。

2の例を挙げましょう。

A　是《モ》亦《タ》**走**《ル》也。（孟子、梁恵王上）

B　是《モ》亦《タ》**走**《グル》也。（同）

「走」の読みは、Aの「はしる」でも、Bの「にぐ」でも、「逃げる」という意味にちがいはありません。この例では、活用語尾の「ル」「グル」が、読みを導くヒントにもなっていることがわかります。

「曰はく」は、以前は「曰《ク》」と「曰《ハク》」の二種類の表記がありましたが、現在の高等学校用教科書では「曰《ハク》」に統一されています。「曰《ク》」でも「いはく」と読むのは明らかですが、「曰《ハク》」の方が原則に適っています。

以上の二項目は、高等学校の教科書を見る限りでは漏れなく踏襲されています。これに対して、完全に市民権を得ているとは言い難いのが、次の三項目です。

> 3　助詞は、原則として送り仮名として処理する。
>
> 4　誤読のおそれがある場合は、一、二字多く送る。
>
> 5　読みにくい漢字は、一字送ってヒントとする。

3は少々わかりにくいかもしれませんが、次の「於」と「自」の例で確認できます。

C　千里之行、始《マル》二**於**《モ》足下一。《ヨリ》（老子、第六四章）

D　有《リ》下朋《ノ》**自**《リ》二遠方一来《タル》上、……。（論語、学而）

Cでは「於」を直接読まずに「足下」に「ヨリ」を送り、Dでは「自」を直接訓読しています。この例では「於」の処理が原則どおりで、「自」の処理は例外といえるでしょう。

●困った送り仮名

「於」を「おいて」と読むときの送り仮名は「於イテ」で、「於ヒテ」ではありません。「おいて」は「おきて」の音便ですから、「おひて」となるはずがないのです。大学入試の問題でも、「於ヒテ」を見かけることがあります。困ったものです。

4の例としては、「故《ゆゑ》に」と「故《ことさ》らに」、「自《みづか》ら」と「自《おの》づから」があります。そこには、送り仮名に差違をつけることで読みを区別しようとする意図がありますが、「故《ゆゑ》に」と「故《ことさ》らに」のように、読みが異なっても送り仮名を区別しない教科書もあり、この項が徹底されているとは言い難い状況です。

5については、「又《また》」「亦《ま》た」「復《ま》た」の例が挙がるでしょう。常用漢字である「又」に対して、なじみの薄い「亦」と「復」は「た」を送ることによって読みが導かれるのです。しかし、これも教科書によって扱いが異なり、「亦《ま》た」を「亦《また》」と表記するものも相当数あります。

3 送り仮名の実際

では、詳しく実例を見ましょう。

① 死馬《スラ》且《ツ》買《フ》レ之《これヲ》。（十八史略、春秋戦国・燕）
② 此《これヲ》之《こレ》謂《フ》二物化《ト》一。（荘子、斉物論）
③ 此《こレ》惟《ダ》救《ヒテ》レ死《ヲ》、而恐《ル》レ不《ルヲ》レ贍《たラ》。（孟子、梁恵王上）

例文①・②では、「之」に「これ」という共通の訓が与えられていますが、②では「れ」が送り仮名として扱われています。また、例文②・③の「此」を見ると、③では「れ」が送り仮名とされています。

例文①では「之」に「ヲ」が送られていますから、「これ」と読むことに紛れはありません。一方②では、「レ」を送らないと「此をの物化と謂ふ。」という珍妙な訓読が生まれるおそれがあります。原則の4「誤読のおそれがある場合は、一、二字多く送る。」の条項を適用したことになります。②・③の「此」も、誤読のおそれはないものの、同訓の「之」の送り仮名の原則を準用しているのです。

さらに「是」の例を見ましょう。

④ 吾《ガ》党之直《キ》者《ハ》異《ナリ》二於是《これニ》一。（論語、子路）
⑤ 是《こレ》罔《スル》レ民《ヲ》也。（孟子、梁恵王上）
⑥ 於《イテ》レ是《ここニ》、士争《ヒテ》趨《ク》レ燕《ニ》。（十八史略、春秋戦国・燕）
⑦ 是《こノ》故《ニ》、明君制《シテハ》二民之産《ヲ》一、……。（孟子、梁恵王上）

読み方は、④「これ」、⑤「これ」、⑥「ここ」、⑦「この」です。④・⑤では前の「之」「此」の例と同じように「れ」を送り仮名とするか否かというちがいが見つかります。先に確認した原則が当てはまり、⑤は「ここ」や音の「ぜ」と誤読されないように「レ」を送っていることが確認できます。

以上のことから、漢文の送り仮名はけっして無原則に付けられているわけではないことがわかります。

余談になりますが、生徒が書き下し文を作成するときに最も悩むのが「之」のような多義語の書き分けのようです。生

[例文の解説]

①書 死馬すら且つ之を買ふ。
訳 死んだ馬ですら買うのである。

②書 此を之れ物化と謂ふ。
訳 これをつまり物化（万物が変化すること）というのである。

③書 此れ惟だ死を救ひて、贍らざるを恐る。
訳 これではただ死からまぬがれるだけで、なおその努力が足りないのではないかと心配することになる。

④書 吾が党の直き者は是に異なり。
訳 わたしどもの仲間で言う正直者というのは、それとは違う。

⑤書 是れ民を罔するなり。
訳 人民を法の網にかけることだ。

⑥書 是に於いて、士 争ひて燕に趨く。
訳 すると、天下の有能な人々は先を争って燕にやってきた。

⑦書 是の故に、明君 民の産を制しては、……。
訳 このようなわけで、すぐれた君主は、人民の職業をうまく調整して、……。

徒の多くは、「この漢字はいつも漢字で（ひらがなで）記す」と思い込んでいて、漢字の意味や働きによって書き下し文の表記が異なってくることがなかなか飲み込めないのです。そこで、折にふれて次のように黒板に整理することも有益ではないでしょうか。

◎板書例◎

多義語の書き分け

之　之《これ》、之《こ》れ、之《こ》の、之《ゆ》く　←漢字で書く
　　の〈格助詞〉　←ひらがなで書く

為　為《な》す、為《な》る、為《つく》る、為《ため》に　←漢字で書く
　　たり〈断定の助動詞〉　←ひらがなで書く
　　る・らる〈受身の助動詞〉　←ひらがなで書く

若　若《し》く、若《も》し、若《も》しくは、若《なんぢ》　←漢字で書く
　　ごとし〈比況の助動詞〉　←ひらがなで書く

如　如《し》く、如《も》し、如《も》しくは、如《ゆ》く　←漢字で書く
　　ごとし〈比況の助動詞〉　←ひらがなで書く

4　送り仮名の「ゆれ」への対処法

送り仮名の「ゆれ」の根本的な解決策は、関係者が話し合って送り仮名を統一することです。過去には大学漢文教育研究会が「送り仮名法私案」を発表し、送り仮名の統一を提案しました。近いところでは、全国漢文教育学会が「訓読のゆれ」の事例を広く収集し、教科書出版社も巻き込んだ形で「ゆれ」の解消を目指しましたが、抜本的な解決には至っていません。送り仮名の「ゆれ」の解消には、まだまだ時間がかかりそうです。

では、現実的には送り仮名の「ゆれ」にどのように対処すればよいでしょうか。それは、細かな送り仮名のちがいを気にしないことです。乱暴に聞こえるでしょうが、原則を知った上で、教科書によって送り仮名はちがって当然と考えていれば、右往左往することはありません。生徒にも送り仮名の原則と現実を、機会あるごとに伝えてゆきたいものです。

送り仮名について正確な知識を持ち、賢く送り仮名と付き合おう——これが本項の結論です。

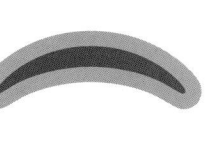

返り点指導のポイント

送り仮名と並んで漢文訓読の重要なツールである返り点を扱うことにしましょう。返り点には、送り仮名のような教科書間の表記の異なり（いわゆる「ゆれ」）は見られず、その意味では指導しやすいものです。本項では、返り点の必要性の理解と、返り点への習熟という二つの側面から、指導のポイントをご説明します。

1　返り点はなぜ必要か

漢文の訓読で、返り点はなぜ必要になるのでしょうか。前の送り仮名の項でも触れましたが、中国語と日本語の間には様々なちがいがあり、その一つが語の並び方です。「日暮《レテ》　道遠《シ》。」や「大器《ハ》　晩成《ス》。」のように中国語の語順のままで訓読できることは少なく、多くの場合は中国語の語順を日本語のそれに変更して読むことになります。この、読む順序を示すために付けた記号を返り点と呼びます。

返り点の必要性を説明するためには、次のように熟語の構造を用いるとよいでしょう。

漢語の基本構造

1　**「地震・日没」型〔主語―述語の関係〕**
「地　震ふ・日　没す」と訓読できる。→日本語の語順と同じなので、語順を変更して読む必要はない。
▼返り点は不要。

2　**「美人・博愛」型〔修飾語―被修飾語の関係〕**
「美しき人・博く愛す」と訓読できる。→日本語の語順と同じなので、語順を変更して読む必要はない。
▼返り点は不要。

3　**「変遷・上下」型〔並列の関係〕**
「変り遷る・上と下と」と訓読できる。→日本語の語順と同じなので、語順を変更して読む必要はない。
▼返り点は不要。

4　**「読書・帰郷」型〔述語―補語の関係〕**
「書を読む・郷に帰る」と訓読できる。→日本語の語順とは異なるので、語順を変更して読む。
▼「読㆑書・帰㆑郷」のように返り点を付けて読む順番を示す。

●訓読は文語文法で

上にあげた熟語を生徒に訓読させると、「地が震える」「美しい人」のように現代語で読んだ答えが返ってきます。その際には、「漢文訓読では、文語文法に従って、『地震ふ』『美しき人』のように読みます。」と丁寧に対応することが肝要です。

5 「不明・多雨」型〔認定の関係〕

「明らかならず・雨　多し」と訓読できる。↓日本語の語順とは異なるので、語順を変更して読む。

▼「不ㇾ明・多ㇾ雨」のように返り点を付けて読む順番を示す。

2 返り点の種類と用法

高等学校の教科書に使われている返り点は、主に次の三種です（↓131ページ）。

○**レ点**《れてん》　一字上に返って読むことを示す。

○**一二点**《いちにてん》　二字以上隔てて返って読むことを示す。「一・二・三」「一・二・三・四・…」のように用いることもある。

○**上下点**《じょうげてん》　「一二点」の付いた句をはさんで返って読むことを示す。「上・中・下」の形で用いることもある。

返り点にはこの他に「甲乙点」と「天地点」があります。

○**甲乙点**《こうおつてん》　「上下点」では足りない時に、「甲・乙」あるいは「甲・乙・丙・…」の形で用いる。「一二点」をはさんで四回返らなければならない時には、「上・中・下」では足りないので、一段階上の「甲・乙・丙・丁」を用いる。

○**天地点**《てんちてん》　「甲乙点」では足りない時に、「天・地」あるいは「天・地・人」の形で用いる。

以上の二種は、高等学校の教科書ではまず目にしません。数年前のセンター試験に「甲・乙・丙・丁」が使われたことがあり、まったく無視はできませんが、入門の段階でこれらの詳細な説明は不要でしょう。

なお再読文字については、一度目はその位置で読み、二度目は返り点に従って読むという、例外的な存在であることを実例を踏まえて確認しておきたいものです（↓133ページ）。

3 返り点の練習

教科書の入門単元には、「『□□二□□一。』はどのような順序で読むか。□に番号を入れなさい。」式の練習問題が必ず用意されています。生徒は喜んで取り組みますが、この種の練習問題に時間を費やすことには、あまり賛成できません。お薦めできるのは、実際の漢文に即した次のような問題です。

練習1

次の文はどのような順序で読むか。漢字の右に番号を付けなさい。

①李下ニ不ㇾ正サㇾ冠ヲ。　〔解答〕 [1][2][5]ㇾ[4]ㇾ[3]。

②過ギタルハ猶ホ不ㇾ及バ。シㇾ ルガ　〔解答〕 [1][5 2]ㇾ[4]ㇾ[3]。

●**レ点はどこに付く？**

行が変わる位置に「レ点」を付ける必要が生じた時に、「レ点」はどこに付くのでしょうか。「レ点」は下の文字の返り方を示す記号と考えると、「レ点」は次の行の先頭に来ます。しかし、現在の教科書はすべて行末に「レ点」をぶら下げる形になっています。おそらく行頭の文字の位置を揃えたいという欲求が働いているのでしょう。

練習2

（　）の読み方に従って、次の白文に訓点を付けなさい。

①不 入 虎 穴 不 得 虎 子

（虎穴に入らずんば、虎子を得ず。）

〔解答〕　不ンバレ入ラ二虎　穴ニ一、不レ得二虎　子ヲ一。

②君 子 不 以 言 挙 人

（君子は言を以て人を挙げず。）

〔解答〕　君　子ハ不二以テレ言ヲ挙ゲ一レ人ヲ。

練習3

次の語を訓読し、漢和辞典で意味を調べなさい。

①勧善懲悪

〔解答〕　訓読＝善を勧め悪を懲らしむ

意味＝よいことをすすめ、悪いことをこらしめること。

②不倶戴天

〔解答〕　訓読＝倶には天を戴かず

意味＝父のかたきは同じ天の下には生かしておかないということ。

4　間違いやすい返り点

返り点について生徒が間違いやすい項目をいくつか取り上げます。

① **「二点」からさらに上に返るときの返り点**

○　欲スレ洗ハント二其ノ耳ヲ一。……a

×　欲ス三洗ハント二其ノ耳ヲ一。

○　聖人ハ不三凝二-滞セ於物ニ一。……b

×　聖人ハ不レ凝二-滞セ於物ニ一。

② **「レ点」と他の返り点との複合**

○　宜シクシレ取ル二其ノ所ヲ一レ長ズル。

×　宜シクシ二レ取ル其ノ所ヲレ長ズル一。

③ **「一二点」で熟語に返るときの「二点」を付ける位置**

○　摂二-行セシム天下ノ事ヲ一。

×　摂-行セシム二天下ノ事ヲ一。

《指導のポイント》

①　aとbのちがいは「レ点」と「一二点」の機能の差にあることを確認させましょう。

②　「レ点」は「一点」と「上点」以外の返り点とは複合しないことを、折にふれて強調しましょう。「レ点」と「甲点」、あるいは「レ点」と「天点」が複合する可能性もありますが、高等学校の現場では無視してもよいで

●「不倶戴天」は部分否定

「不倶戴天」を「倶に天を戴かず」と訓読している辞書が多くありますが、後に学ぶ部分否定の形（→110ページ）との整合性を考えると、「倶には天を戴かず」の形で定着させたいものです。

しょう。

③ もともとは「-」を付けずに表記したと説明すると、大方の生徒は納得します。なお、「-」の用途については次に説明します。

5 返り点以外の記号

漢文訓読に用いられる代表的な記号に触れておきます。

○ハイフン（-）

正式には合符、竪点《たててん》、連続符などといい、使用例を整理すると三つの用途が確認できます。

ハイフン使用の原則

1 二字以上の熟語に返って読むことを示す。
2 二字以上の熟語を熟字訓で読むことを示す。
3 「-」の下の文字を読まないことを示す。

1のケースでは、現在発行されている高校教科書は、すべて「-」を採用しています。本来はなくても訓読できるのですが、混乱を避けるために「-」を付けた形を指導するのが得策でしょう。

2・3のケースでは、教科書によって表示の基準が異なります。

2には「何-如《いかん》」「以-為《おもヘラク》」「嗚-呼《ああ》」などの例があり、3の例では「塡然《トシテ》 鼓《シ》-之、兵刃既《ニ》接《ス》。」（孟子、梁恵王上）がよく知られています。

1のケースと同様、本来「-」がなくても訓読できますが、いずれも漢文を読みやすくするための工夫として、認められてよいと考えます。

○踊り字（〻）

繰り返し記号の俗称で、「益〻《ますます》」「交〻《こもごも》」のように、読みが繰り返し構造の語に付けられます。高校教科書からは姿を消しましたが、大学入試の問題では時折目にします。機会があれば触れておきましょう。

○カギ括弧（「」『』）

高校教科書では漏れなく採用されていますが、大学入試ではいまだにカギ括弧の付かない問題文を多く見かけます。作問上都合の悪い個所を除いて、会話文や引用には必ずカギ括弧を付けることを要望します。

入門期の指導というと、真っ先に返り点の練習を思い浮かべる方も多いでしょう。しかし、少ない授業時間の中で返り点の説明と練習に時間を取られるのは、もったいなく思えます。

漢文を読む進めるうちに、生徒は自然と返り点に習熟していきます。誤りやすい点は必要に応じて補足していけば、十分ではないでしょうか。

書き下し文指導のポイント

ここまでは、漢文指導の基礎的トレーニングとして、漢字の字音と字訓、送り仮名、返り点を扱ってきました。本項では漢文指導の必須アイテムである書き下し文を取り上げ、その意義と効果的な指導法を探ることとします。

1 書き下し文とは何か

書き下し文とは、訓読した漢文を漢字仮名交じり文に書き改めたものをいいます。読み下し文や訓読文などとも呼びますが、現在の漢文教育界では「書き下し文」という呼称に統一されています。

不入虎穴不得虎子（後漢書）〔原漢文〕

不ンバレ入ラ二虎穴ニ一、不レ得二虎子ヲ一。〔訓読漢文〕

虎穴に入らずんば、虎子を得ず。〔書き下し文〕

虎の棲む穴に入っていかなかったら、虎の子を手に入れることはできない。〔現代語訳〕

ところで、書き下し文にはどのような歴史があるのでしょうか。江連隆『訓読百科』（漢詩・漢文解釈講座別巻、一九九五年、昌平社）の解説を要約すると、次のようになります。

初期　平安時代中期以降、仮名文学に漢詩文を引用したことが書き下し文の始まり。『源氏物語』や『枕草子』への「長恨歌」の引用は、その一例。

中期　鎌倉時代の経典類の仮名書き本や室町時代の『かながきろんご』など、一般の人々に広めるために作られた書籍に、書き下し文が確認できる。

後期　大正期の『国訳漢文大成』（一九二二年、国民文庫刊行会）は、書き下し文を積極的に活用し、本文が書き下し文、漢文は一括して巻末に置くという画期的なスタイルをとった。

「書き下し文」という呼称が漢文教育の中に定着したのは戦後のようです。たとえば昭和二六（一九五一）年改訂版「中学校・高等学校学習指導要領　国語科編（試案）」には、

●「書き下し文」の名称

意外なことに、『広辞苑』には「書き下し文」という見出しがありません。「書き下し」の語に「順に下の方へ書いてゆくこと。また、漢文を仮名交り文に書き改めること。」という説明があり、そこに用例として「書き下し文」の形で登場するだけです。学校では当たり前に使っている語ですが、一般にはなじみが薄いのかもしれません。

「必ずしも原形漢文だけによらずに、書き下し文、かなまじり文のものを使ってもよい。」と記載されています。「書き下し文」と「かなまじり文」が並んでいるのは不思議に思えますが、ここでいう「かなまじり文」は、「書き下し文」の言い換えと推察されます。

このように見てくると、「書き下し文」という呼称自体は歴史が浅いものの、漢文の読み方をわかりやすく示すという機能そのものは、古くから利用されていたことがわかります。現在の漢文教育においても、書き下し文の役割には大きなものがあります。以下、書き下し文の原則、メリットとデメリット、効果的な指導法を順に見ていくことにしましょう。

2 書き下し文の原則

書き下し文の原則は、次の四項目に集約されます。

1 送り仮名は、ひらがなで、文語文法に従い、歴史的仮名遣いを用いて書く。
2 訓読しない漢字（置き字ともいう）は、書かない。
3 日本語の助詞・助動詞に当たる漢字は、ひらがなに改める。
4 再読文字の二度目に読む部分は、ひらがなに改める。

この原則は、原漢文にある漢字はそのまま書き下し文にも表示することを前提にしています。同訓の「又」「亦」「復」を「また」、「遂」「終」「卒」「竟」を「つひに」、「則」「即」「乃」を「すなはち」と仮名書きしてしまったら、それぞれの漢字の持つ意味を無視することになり、読解が正しく行われません（→14ページ）。漢字をひらがなに改めるのは、3と4のケースに限定すべきです。

したがって、上の原則に「国語として不自然なものはひらがなに改める。」という一項を加えることには、筆者は反対の立場です。「不者」を「しからずんば」、「遮莫」を「さもあらばあれ」と訓読する場合など、ごくまれなケースを除いてこの四項目だけで処理できますし、処理すべきです。

なお、言わずもがなのことですが、本書が対象にしているのは学校現場での漢文学習であり、この「原則」が注釈書や研究書、社会人向けの一般書などの記述を拘束するものではありません。

●小中教科書の書き下し文

小・中学校の国語教科書の「伝統的な言語文化」単元を見ると、次のような無原則な書き下し文が散見されます。「書き下し文の原則」があまり広く認知されていない一例でしょう。

学びて時にこれを習う、（学《ビテ》而時《ニ》習《フ》レ之《ヲ》、）
ある人曰わく、（或《ルヒト》曰《ハク》、）
西の方（西《ノカタ》）

考えてみます。

3 書き下し文のメリット

高等学校の漢文教育に書き下し文を採り入れるメリットを考えてみます。

○視覚的抵抗感を軽減

訓読漢文と書き下し文を併記することにより、漢文に対する視覚的抵抗感を減じることができます。特に入門期には効果的であり、教科書の入門単元では定番になっています。

○多読の効果

『史記』項羽本紀の「鴻門の会」や「四面楚歌」のような長い教材を扱う場合にも、書き下し文の出番があるでしょう。一部の教科書に採用されている手法ですが、訓読漢文と書き下し文とを適宜織り交ぜて、教材を再編成するのです。少ない授業時間の中で、できるだけ多くの作品を読ませたいときに、書き下し文の利用は効果があります。

○訓読の確認手段として有効

書き下し文を書かせることによって、漢文を正しく読めるかどうかをチェックできます。そのため、漢文の考査には、「傍線部を書き下し文にせよ。」式の問題が必ず出題されます。しかし、採点者が「書き下し文の原則」に固執すると、「～の如し」や「～自り」のような解答が誤答とされ、漢文嫌いの生徒を増やすことにもなりかねません。後でも述べますが、「原則」の運用には慎重さが求められます。

○予習の手段としての利用

漢文学習は読みに始まり、読みに終わるといわれます。授業の予習として教科書の音読を義務づけたいところですが、確認の手段がありません。そこで筆者は、受け持ちのクラスで、「予習として次に学ぶ作品の書き下し文を作ってきなさい。」と指示しています。ノートは授業の後に提出させ、添削して次の授業で返却します。当初は「原則」に反した書き下しが多く、一ページに何か所も赤字の修正が入りますが、慣れてくるにしたがって修正箇所は減っていきます。「書き下し文を『正しく』書きたい」という生徒の欲求に応えるには、ノート添削がもっとも有効です。なお、筆者の場合はノート提出は希望者のみで、平常点の対象にもしていません（→「ノート指導の要点」45ページ）。

4 書き下し文のデメリット

一方、書き下し文を利用する場合には、次のようなデメリットに注意を払う必要があります。

○訓読への習熟が遅れるおそれ

授業中に詩や文章を斉読する場面で、教科書を見ずに、ノートの書き下し文を読む生徒がまれにいます。当然のことですが、書き下し文ばかり読んでいては訓読に習熟できません。

○読みが上滑りする危険

訓点の付いた漢文に比べて、書き下し文は速く読むことができます。そのために、引っかかりを感じず、表面的な読みに流れてしまう危険も指摘されます。

○**置き字に注意を払わなくなる心配**

文中の「而」や「於」、文末の「矣」や「焉」など、いわゆる置き字として処理される助字は、書き下し文には表記されません。書き下し文だけを読解の材料にしていると、「表記されない→大事ではない」という短絡した思考に陥るおそれがあります。

○**誤った読み方や解釈を誘発**

日常よく聞く「間髪《かんぱつ》をいれず」に代表されるように、漢文の漢字仮名交じり表記だけを見ていると、誤った読み方をしてしまうことが往々にしてあります。

間不容髪（文選）〔原漢文〕
間不レ容《い》レレ髪ヲ。〔訓読漢文〕
間《かん》髪《はつ》を容《い》れず。〔書き下し文〕
その間に、髪の毛一本も入れるすきもない。〔現代語訳〕

漢文を見ずに書き下し文だけを見た結果、「かんぱつをいれず」などという誤読が生じています。これをさらに「かんぱつ」と省略するに至っては、あいた口がふさがりません。

同様の例は、教科書によく採り上げられる教材にも見られます。

A　孤極知燕小不足以報（十八史略）〔原漢文〕
孤極メテ知ル二燕ノ小ニシテ不ルヲレ足ラ二以テ報ズルニ一。〔訓読漢文〕
孤極めて燕の小にして以て報ずるに足らざるを知る。〔書き下し文〕
私は、わが燕が小国で、とても（斉に）報復できないことを、十分認識している。〔現代語訳〕

B　有婦人哭於墓者而哀（礼記）〔原漢文〕
有リテ下婦人ノ哭スル二於墓ニ一者上而哀シゲナリ。〔訓読漢文〕
婦人の墓に哭する者有りて哀しげなり。〔書き下し文〕
墓に向かって泣き叫んでいる婦人がいて、その様子はとても悲しそうであった。〔現代語訳〕

Aは「極めて」が直下にある「知る」を修飾していることがポイントです。書き下し文だけを見ていると、Aでは「燕がきわめて小国で」という誤読が生まれます（→70ページ）。

Bでは、「婦人」と「墓に哭する者」の関係が問題となります。両者はここでは同格の関係で、「婦人であって墓に哭する者」と説明できます。ところが、書き下し文だけを見ていると、「誰かが婦人の墓の前で泣いていて」と誤読されてしまいます。

二つの例文は、いずれも漢文の語順や構造に注意を払えば、正しく読めるはずです。日々の指導の中で、書き下し文だけに頼ってはいけないことを強調しておきましょう。

○**書き下し文偏重の誤まった風潮**

生徒は、書き下し文作成が最終目的であるかのような錯覚にとらわれやすいようです。書き下し文の作成は助走段階であり、その先に読解という段階が待っていることを常に念頭に置くように指導したいものです。

5 書き下し文の効果的な指導法

生徒のノートや考査の答案に見られる書き下し文の「間違い」を整理すると、次の二点に集約できそうです。

(1) 助詞・助動詞に当たる漢字をひらがなに直さない。
(2) 会話文末の「と」を「　」内に入れてしまう。

(1)の例としては、「自」「之」「也」などが挙げられますが、多くの生徒が漢文と初めて出会う高校一年の段階で、国語の助詞・助動詞に当たる漢字を見分けることには、かなり無理があります。生徒が文語文法に習熟するまでは、次のような形で漢字とひらがなの書き分けを示すと効果的でしょう。

◎板書例◎

「自」の書き下し方

自《みづから》 → 自ら ……「自分で」という副詞なので、漢字で書く。
自《おのづカラ》 → 自から ……「ひとりでに」という副詞なので、漢字で書く。
自《より》 → より ……「〜から」という助詞なので、ひらがなで書く。

また、先に掲げた「書き下し文の原則」に具体例を添えることも一法です。

◎板書例◎

書き下し文の原則

(1) 送り仮名は、ひらがなで、文語文法に従い、歴史的仮名遣いを用いて書く。〈例〉曰《ハク》 → 曰はく（「曰わく」としない）
(2) 訓読しない漢字（置き字ともいう）は、書かない。〈例〉文中の「而・於」、文末の「矣・焉」など
(3) 日本語の助詞・助動詞に当たる漢字は、ひらがなに改める。〈例〉不《ず》・自《より》・如《ごとシ》・若《ごとシ》・為《たり》・也《なり》・夫《かな》・耳《のみ》など
(4) 再読文字の二度目に読む部分は、ひらがなに改める。〈例〉過ぎたるは猶ほ及ばざるがごとし。

なお、「如」「若」を「ごとし」、「為」を「たり」と読むときに、原則に従ってこれらの漢字をひらがなに直すことは、相当学力のある生徒でも見逃しがちです。ノート添削などを

●大らかだった書き下し文

筆者が高等学校の教員になって初めて使った漢文の教科書は、『精選高等漢文』（古典Ⅰ乙）（大修館書店、一九七六年初版）です。書架から引き出してページをくってみると、内容の重厚さに比して、書き下し文の扱いがとても素っ気ないことに気づかされます。

この教科書は、訓読の説明に先んじて、まず漢文の実例をあげている点が特徴的です。冒頭には、杜甫の「絶句」の訓点付き漢文とその書き下し文が併載されています。

江　碧にして　鳥　いよいよ白く
山　青くして　花　燃えんと欲す
今春　みすみすまた過ぐ
何れの日か　是れ帰年ならん

現在の教科書に比べると、書き下し方に何点かちがいがあります。

またこの教科書には、書き下し文とは何かという説明はなく、いきなり【研究の手引き】に「次の文を書き下し文に改め、……。」の形で「書き下し文」の語が登場します。ましてや「書き下し文の原則」は、どこにも見つかりません。

つい四〇年前は、書き下し文はこのように大らかに扱われていたのです。

通じて、たび重ねて指導する必要があります。

(2)の会話文末の「と」は、訓読入門期にはほとんどの生徒が「曰はく、『～と。』」のように書き下します。訓読漢文には句点が一つしかないのに、書き下し文では「『曰はく、～。』と。」と句点が増えることに違和感を覚えるからでしょうか。「曰はく」の結びに「と」が必要になる理由と併せて、丁寧に説明したいものです。

6 書き下し文とのつきあい方

便利で有益な書き下し文も、使いようによっては漢文嫌いを作り出す元凶ともなりかねません。たとえば、定期考査の書き下し文の問題で、次のような解答はどう採点すればよいでしょうか。

問 次の各文を書き下し文に改めなさい。

C 有レ備無レ患。
（備えあれば患ひなし。）

D 苛政猛二於虎一。
（苛政は於虎よりも猛なり。）

E 一寸光陰不レ可レ軽。
（一寸の光陰軽んず可からず。）

F 未二之有一也。
（未だ之れ有ら未るなり。）

それぞれ「書き下し文の原則」に反した箇所があります。Cは傍線部が原則の(1)と(3)に、Dは傍線部が原則の(2)に、Eは傍線部が原則の(3)に、Fは傍線部が原則の(4)に抵触しています。筆者の採点基準では、いずれも減点の対象です。

書き下し文を書かせる目的が、漢文を正しく読めるかどうかの判別にあるとすれば、「原則」に反しただけでバツとすることには、疑問が残ります。近年、「全文ひらがなで書き下せ。」や「正しい読み方はどれか。」式の設問が増えているのは、こうしたことの回避策とも考えられます。

書き下し文は便利なものですが、反面デメリットも指摘されます。そのことをしっかりとわきまえ、くれぐれも「原則」を独り歩きさせたり、「書き下し文原理主義」に陥ったりしないように、指導者自身が「正しく」書き下し文と向き合っていくことが望まれます。

［採点例］

C 備え → 備へ
　なし → 無し

D 於 → 書かない。

E 可からず → べからず

F 未る → ざる

音訓確認テスト

問　次の各文字の読み方から字音だけを選び、〇で囲め。

①亜	あ　つぐ
②愛	あい　めずる
③悪	あく　お　わるい　にくむ
④圧	あつ　おさえる
⑤案	あん　つくえ
⑥医	い　いやす
⑦一	いち　いつ　ひとつ
⑧絵	え　かい　えがく
⑨菊	きく
⑩行	ぎょう　こう　あん　ゆく　おこなう
⑪人	にん　じん　ひと
⑫肉	にく　じく　しし
⑬明	みょう　めい　みん　あかるい　あきらか
⑭峠	とうげ
⑮働	どう　はたらく

学生証番号（　　　　　　　）　氏名（　　　　　　　　　　）

＊筆者が教育実習生に課している音訓確認テスト（↓6ページ）の全体です。もう簡単ですね。

［解答］

①ア　②アイ　③アク　オ
④アツ　⑤アン　⑥イ
⑦イチ　イツ　⑧エ　カイ
⑨キク　⑩ギョウ　コウ　アン
⑪ニン　ジン　⑫ニク　ジク
⑬ミョウ　メイ　ミン
⑭（なし）　⑮ドウ

第2章 漢文指導の実践〈準備編〉

教師は授業がすべて。下準備には手を抜かないこと。

【ツカダ先生のアドバイス】

＊自分自身がおもしろいと思うまで教材研究を積み上げましょう。ただし、調べたことをすべて授業に詰め込まないこと。

＊声に出して読むことは、内容理解への近道です。音読・暗唱を含んだ授業の型を確立しましょう。

＊授業開きにノート・辞書の使い方を説明しましょう。

教材研究の十箇条
——すべては教材研究のために

1 七つの顔を持つ教師

若い方はご存じないでしょうが、昭和二、三十年代に「七つの顔の男」というシリーズ映画がヒットしました。映画小僧だった筆者は、その主人公、片岡千恵蔵扮する多羅尾伴内《たらおばんない》の「ある時は……、またある時は……。しかしてその実体は……」という決めぜりふを、今でも覚えています。

私たち高等学校の教員も、「七つの顔」は大げさですが、「ある時は国語教師、ある時はクラス担任、ある時は生徒指導部の一員、またある時は野球部の顧問」というぐあいに、いくつもの「顔」を持っています。この中で、教科教育のプロとしての「顔」がもっとも重要であることは、いうまでもありません。理想としては、授業とその準備に勤務時間の大半が費やされるべきでしょう。しかし、現実はそうではありません。近年は教員を取り巻く環境が変化し、生徒指導や保護者対応、会議、報告書類の作成など、教科教育以外の仕事に忙殺されて、教材研究にあてる時間が減少しつつあるのが実情です。

筆者には、教材研究をめぐって苦い思い出があります。実は長年教員をしていると、教材研究が十分でなくとも、授業ができてしまうのです。筆者も四十歳代に、生徒指導の合間を縫って教室に駆けつけ、授業が終わると再び生徒指導の場に駆け戻るという経験を何度もしています。正直にいえば、教材研究に割く時間は、ほとんどありませんでした。その頃の授業は、おそらく形だけの、中身のない薄っぺらなものだったにちがいありません。当時を振り返ると、自らの傲慢さと考えの浅さに、恥ずかしさを覚えます。

本項では、よりよい漢文の授業を作り上げるための教材研究に焦点を絞り、そのあるべき姿と手順を探ってみましょう。

2 広義の教材研究

前段で述べたように、多岐にわたる教員の仕事の中核に位置するのが授業と教材研究です。教材研究というと、語の響きから授業の予習が連想されるかもしれません。しかし、直

●「空き時間」は空いている時間?

「空き時間」とは、時間割上で授業が入っていないコマを表す学校用語です。筆者の勤務校は、週に三二時間授業があります。ここから持ち時間一四時間を引くと、筆者には一八時間の「空き時間」がある計算になります。

最近、立て続けに三人の方から、「先生は授業のない時間に、何をしているのですか。」と質問されました。三人とも、共通して教師が「空き時間」に何をしているのか、イメージできないようなのです。

「空き時間」は、教材研究や授業の準備にあてられるべき時間です。しかし現実には、教師は様々な業務に忙殺され、「空き時間」はたまった仕事を片付ける時間と化しています。よりよい授業を作り上げるために、本来の「空き時間」を取り戻したいものです。

近の授業とは直接関係のない様々な活動も、広義の教材研究といえましょう。たとえば読書がそうです。漢文の教材研究に漢文関係の書籍を読むのは当然ですが、直接漢文に関わらない幅広い読書も、豊かな授業作りに役立つはずです。ある公立高校の若い先生が職員室で読書していたところ、教頭先生から「本など読まずに、仕事をしろ。」と叱責されたと聞きました。学校現場で教材研究が軽んじられている象徴的な出来事です。

旅行、映画鑑賞、講演会や研修会への参加なども、広い意味での教材研究といってよいでしょう。旅行と聞いて奇異に感じる方もあるでしょうが、中国旅行経験者の行う漢詩の授業と、中国旅行未経験者のそれとでは、どこか異なるところがあるはずです。同様に、その他の活動も、漢文を教えるための土壌を豊かにし、授業にふくらみを与えてくれるにちがいありません。

同僚との情報交換も、教材研究に大いに役立ちます。さらに、先輩教員に漢文の専門家がいたら、しめたものです。何気ない一言にヒントが見つかることもありますし、書籍からは得られない、貴重なアドバイスを受けることもできます。

3 教材研究の十箇条

では、狭義の教材研究、直近の授業に備えての教材研究は、どのように進めるべきでしょうか。その手順と留意点を以下のように考えます。

1 ノートを用意する
2 参考文献を探す
3 教材を音読する
4 語句の意味を調べる
5 重要句法を確認する
6 現代語訳を作る
7 授業計画を立てる
8 板書のイメージを考える
9 発問事項を想定する
10 補助プリントを作成する

1 教材研究用のノートを用意する

まず担当学年別にノートを一冊ずつ用意します。資料のコピーも、このノートに貼ります。気をつけなければならないのは、必ず縦書きにすることです。板書も含めて、国語の授業はすべて縦書きです。余談ですが、筆者が教育実習生に最初に課すのは、教室の黒板に自分の氏名を縦に書く練習です。国語教師を志す以上は、平素から縦書きに親しんでおく必要があります。

2 参考文献を探す

教科書に直結した指導書だけに頼るのではなく、教材に関係する書籍を幅広く探します。たとえば『論語』を扱う前には、『論語』に関係する文庫や新書を最低でも一冊は読んでおきたいものです。故事成語や史伝、漢詩の単元も同様です。文献探しには、指導書の「ブックガイド」などが役立ちますが、新しく出版されるものも多いので、普段からアンテナを高くして、情報を集めておく必要があります。全国漢文教育学会発行の雑誌「新しい漢字漢文教育」（年二回発行）には、教材研究に役立つ新刊書が毎号数点ずつ紹介されていて、重宝します（→153ページ）。

3 教材を音読する

漢文の授業は、教科書の音読から始まります。筆者の場合は、生徒に読ませる前に、自身が範読します。教師の読みがあやふやでは、生徒の理解は深まりません。音訓読み分けの原則（→7ページ）を手引きとして、読みを確定すると同時に、思い込みで誤った読み方をしないように、指導書や注釈書でも読みを確認しましょう。また、音読の練習も欠かせません。授業の直前には、必ず教材を音読する習慣をつけたいものです。

4 語句の意味を調べる

教科書の脚注や指導書の語釈を参照しながら、語句の意味を確認し、重要な点はノートに書き込みます。必要に応じて注釈書にも当たりますが、教員の習性として、調べた結果をすべて授業に出してしまいがちです。調べたことをすべて授業に出すと、想定した授業時間が足りなくなるばかりでなく、場合によっては生徒が消化不良を起こすこともあります。これでは逆効果です。学年や到達段階を意識しつつ、何を、いつ、どの教材で教えるのかを、長期的な視野で構想することが求められます。

例を挙げると、訓読入門期に『韓非子』の「矛盾」を扱う場合に、「何如《いかん》」の意味・用法の説明は不可欠です。しかし、「如何《いかん》」との比較は、この時期には必要ないでしょう。「何如」と「如何」の意味・用法を並べて説明するのは、もっと先でよいのです。

本書の第3章では、取り上げた各教材に「授業で触れる語句」の項目を設けています。授業で触れるものとそうでないものとの取捨選択の参考にしてください。

5 句法を確認する

語句と同様に、句法（句形）についても調べ、ノートにまとめます。ここでも、どの句法を詳しく教えるかという吟味が必要になります。教科書によっては、巻末に「重要句法のまとめ」などの名称で句法を一覧できるページを設けているものがあります。巻末の付録の存在を知らない生徒も多いので、授業中に情報を提供して、利用を促しましょう。

6 現代語訳を作る

指導書や注釈書を参照しながら、オリジナルの現代語訳を作ります。これをノートに書き込んでいけば、自然と記憶に残り、ノートやメモを見ながら授業せずに済みます。授業は生徒の表情を見ながらするものです。ノートやメモに頼っていては、生き生きとした授業は実現しません。

7　授業計画を立てる

授業計画は、採用試験で要求されるような綿密な指導案ではなく、ラフなものでよいのです。「ここはしっかり理解させよう」「この点は全員に考えさせよう」という形で、授業の柱を何点か立てておきましょう。

8　板書のイメージを考える

できればノートに板書のイメージ図を書いてみましょう。もちろん縦書きです。句法の説明などは、前もって板書内容を考えておかないと、授業が停滞してしまいます。

9　発問事項を想定する

授業が平板にならないように、積極的に発問を取り入れたいものです。教科書にある脚問に加えて、オリジナルの発問も用意しましょう。発問の内容は、「漢和辞典で意味を調べてみよう。」という平易なものから、「登場人物の心情を考えよう。」のような高度なものまで、できるだけ多く用意し、生徒の反応を見ながら使い分けます。

10　必要に応じて補助プリントを作成する

教材の性質にもよりますが、プリントはあくまでも補助的な存在であることを忘れてはいけません。プリントが配られると、途端に安心して、授業を聞かなくなる生徒も少なからずいるのです。中学校でよく用いられるワークシートも、使用の目的や場面を考えて、慎重に扱うべきでしょう。

以上が直近の授業に向けた教材研究の、最低限の内容です。新しい教材を扱う時には、一時間の授業のために、ベテラン教員でも、教材研究に三、四時間を要します。新任教員の場合には、さらにその数倍の時間がかかるでしょう。もし勤務時間内に教材研究が終わらなければ、勤務終了後も居残って続けるか、家に持ち帰らざるを得ません。

では、どこまで教材研究を行えばよいのでしょうか。現実的には、授業が滞りなく行える段階まで準備できれば可とされるでしょう。しかし理想としては、その教材を教師自身がおもしろいと思えるまで教材研究を積み上げるべきです。教師がおもしろみを感じない教材が、生徒を惹きつけるはずがありません。

あるベテラン教員が、「教材研究を十分に行った授業は、生徒の食いつきがちがう。」としみじみと語るのを聞いたことがあります。これには、筆者もまったく同感です。痩せた授業ではなく、豊かでふくらみのある授業を常に展開して、漢文好きの生徒を多く生み出したいものです。

注釈書はこう使おう！
――参考文献の上手な使い方

1 教育実習が始まるまで

あなたは間もなく教育実習を迎える大学四年生である、と仮定しましょう。通常大学では、教育実習を控えた学生を対象にガイダンスが開かれます。筆者の勤務校の母体である筑波大学でも、例年三月末から四月初めにかけて、三日間の日程で教育実習ガイダンスが行われます。その内容は、教育実習の意義や実習生の心構えから始まり、教科別の指導法の講義、模擬授業と、多岐にわたります。

大学のガイダンスが終わると、いよいよ実習校での打ち合わせです。指導担当の先生との顔合わせがあり、あなたが受け持つ学年・クラスと科目、授業で扱う教材が決まります。これが実質的な教育実習の始まりといえましょう。そして、実習の開始までに、前項で述べた「狭い意味での教材研究」、つまり授業に備えての教材研究を完成させることになります。筆者の勤務校（以下、本校とします）では、打ち合わせから実習開始まで、約三週間しかありません。この間も大学の授業があるはずですから、教育実習を控えた学生は多忙な日々を送ることになります。

さらに条件を重ねます。本校では、実習生は現代文と古典の二科目を受け持つのが通例です。ここでは、一年生の漢文を受け持つ実習生を想定します。大多数の高校では、教育実習の時期は漢文の入門期と重なりますから、実習生が故事成語の単元を担当する確率が高くなります。そこでここでは、「矛盾」というポピュラーな教材を用いて授業するという場面を想定することにしましょう。

2 教材研究の手順

教材研究の一般的な手順は、前項で述べたとおりです。簡単におさらいすると、まず専用のノートを用意し、参考文献を探して読み込み、教材を何度も音読します。次の段階として、語句の意味を調べ、重要句法を確認し、自分なりの現代語訳を作ります。ここまでは、授業準備の材料集めともいえます。この材料を使って、授業計画を立て、板書のイメージを作り、発問事項を考えます。この作業で、ようやく授業らしい形が見えてくるはずです。いわゆる「授業計画案」を作成するのは、最後の最後でよいのです。

ところで、「矛盾」という故事は、どんな話だったでしょう。念のために、簡単に紹介します。

> 矛盾
>
> 楚《そ》人《ひと》ニ有リ下鬻《ひさ》グ二盾ト与《と》ヲレ矛者上。誉《ほ》メテレ之《これ》ヲ曰ハク、「吾《わ》ガ盾之《の》堅キコト、莫《な》キ二能《よ》ク陥《とほ》ス一也ト」。又誉メテ二其《そ》ノ矛ヲ一曰ハク、「吾ガ矛之利《と》キコト、於《お》イテレ物ニ無キレ不ルレ陥サ也ト」。或《ある》ヒト曰ハク、「以テ二子《し》之矛ヲ一陥サバ二子之盾ヲ一、何‐如ト」。其ノ人弗《ざ》ルレ能《あた》ハレ応《こた》フルコト也。
>
> （韓《かん》非《ぴ》子《し》）

実は「矛盾」の故事は、中学校の全社の教科書（東京書籍、学校図書、三省堂、教育出版、光村図書の五社。配列は、教科書番号順）に漢文教材として掲載されています。また最近では、小学校の教科書にも、「矛盾」の語の原義と転義を簡略に示したものが散見されます。このことから考えると、ほとんどの高校生にとって「矛盾」は「学習済み」の教材と言ってよいでしょう。

いい方を変えれば、「楚人に盾と矛とを鬻ぐ者有り。」で始まる故事の部分だけを扱い、「この話から『矛盾』という語が生まれ、現代でも使われています。」と解説するだけでは、中学校の学習と何ら変わりがないことになります。「学校教育で古典との出会いは二度ある」といわれますが、高等学校での「矛盾」の学習がこの程度であっては、二度目の「出会い」とはいえません。

では、高校の授業で「矛盾」を扱う場合は、何を、どのように、どの程度まで研究して授業に臨めばよいのでしょうか。そのヒントは、教科書のリード文（教材の前に置かれた導入文）にあります。一例として、ある教科書のリード文を引用してみます。

> 孔子《こうし》は、伝説時代の尭《ぎょう》・舜《しゅん》の二人を万民を感化した聖人として高く評価していた。これに対して韓非《かんぴ》は、「矛盾」のたとえを用いて、二人がともにこの上ない聖人であるというのはつじつまが合わないと批判した。
>
> （大修館『国語総合　古典編』）

百字に満たない短文ですが、中国哲学や中国文学専攻の学生は別にして、このリード文の内容を正確に理解し、説明できる教育実習生は多くはないでしょう。「伝説時代の尭・舜の二人」とはどんな人で、二人はどのような関係だったのか。「万民を感化」とあるが、二人は何をしたのか。「聖人」とはどういう意味か。「二人がともにこの上ない聖人である」ことは、どうして「つじつまが合わない」ことなのか。そもそも、韓非がこれほど強く孔子に反発するのはなぜか……。疑問は尽きないはずです。

3 参考文献の探し方と生かし方

先に挙げた疑問は、授業で「矛盾」を扱う前に必ず解決しておかなければなりません。では、何を使い、どのようにすれば疑問を解決できるのでしょうか。

1 故事成語辞典で故事のアウトラインを把握する

故事成語を広く集めた便利な辞典があります。『故事成語名言大辞典』（鎌田正・米山寅太郎著、一九八八年、大修館書店）はその代表的なものですが、その「矛盾」の項には、次のような解説があります。

> 韓非はこの故事を、儒家のあいまいな論理を批判するための寓話として記した。すなわち、韓非は、儒家が堯《ぎょう》・舜《しゅん》のことを万民を感化した聖人であると賞賛するのを批判して、堯が真に万民を感化したのなら、もはや舜はその後を受けて人民を感化する必要はないし、舜が堯に代わってさらに感化する必要があったとすれば、堯は聖人として不十分であったという証拠になると言う。したがって堯・舜両方とも聖人であるというのはつじつまが合わないとして、この寓話を記している。

どうでしょうか。この記述を読むと、先ほどの疑問の答えのいくつかが見つかったはずです。

2 注釈書を探し、読み込む

授業で「矛盾」を扱うにあたっては、その出典である『韓非子』を一冊まるごと読むのが理想です。しかし、現実的にはそれは不可能であり、注釈書を使って教科書の出典にあたる部分と韓非の思想に関する解説を読み、教材を理解することになります。

『韓非子』の注釈書の代表的なものは、『新釈漢文大系』（上・下、竹内照夫著、一九六〇年、明治書院）と『全釈漢文大系』（上・下、小野沢精一著、一九七八年、集英社）でしょう。この二種なら、どの大学の図書館にも常備されているはずです。コピーが許されるなら、注釈書の該当部分をコピーしておくと、今後の教材研究に役立ちます。

ところで、注釈書を使い慣れないと、その本のどこに「矛盾」の故事が載っているのか、見当がつかないかもしれません。このような時には、巻末の索引を利用します。『全釈』を例にとると、下巻の巻末に語句索引があり、そこを検索すると容易に「矛盾」説話が載っているページが見つかります。『全釈』の索引は、次のような表記になっています。

●小中学校の漢文教材

小中学校の学習指導要領が改訂され、「伝統的な言語文化と国語の特質に関する事項」が新設されたことは、既にご存じでしょう。その結果、従来よりも早い時期に漢文との初めての出会いが設けられています。小学校教科書を例にとると、五社中三社が四年生で「故事成語」の単元を設定し、「矛盾」「五十歩百歩」「蛍雪の功」などの語を紹介しています。中学校教科書では、五社全社が杜甫「春望」を掲載し、李白「黄鶴楼にて孟浩然の広陵に之《ゆ》くを送る」は四社に採用されています。（81ページ）

高校の教材との重複は、以前にも増して広がっています。機会があれば、他校種の教科書も見ておきたいものです。

矛楯の説……下四七六・六二一

この案内に従って本文を探すと、「難一編」と「難勢編」の二箇所に「矛盾」の故事が見つかります。一般的に中学校や高校教科書の「矛盾」の出典は、「難一編」ですが、ほぼ同じ内容の故事を載せた「難勢編」も、後々のために併せてコピーしておくとよいでしょう。

ところで、索引の指示に従って「難一編」の四七六ページだけをコピーしたのでは、役に立ちません。数ページ前にさかのぼり、尭と舜が万民を感化し、孔子がそれを高く評価したというエピソードまで含めて読まなければ、先ほどの疑問は解決しないからです。

欲をいえば、『韓非子』注釈書の「五蠹《ごと》編」で、「守株《しゅしゅ》（株を守る）」の故事とその前後の文章も読んでおきたいものです。「五蠹」とは国家を害する五つの虫のことで、学者（とりわけ儒家の学者）、遊説家、侠客、君主の側近、商工業者の五者をいいます。遊説家や侠客と並んで儒家の学者が害虫としてあげられていることを不思議に思うかもしれませんが、「守株」、いわゆる「待ちぼうけ」の故事だけでなく、その前後も併せ読むことによって、韓非が儒家を鋭く批判する根拠を理解できるはずです。

なお、二つの故事の共通点は、下のように図式化して示すことができます。

ここまで読んできて、あなたは、一時間か二時間の授業のために、なんと手間をかけることかと驚いたかもしれません。筆者は常々、「教師がおもしろいと思わない教材で、生徒を惹きつけられるはずがない」と考え、教育実習生にも「あなたがおもしろいと感じるまで、徹底的に作品を読み込みなさい」と指導しています。「矛盾」というありふれた教材の場合は、注釈書を頼りに読みを深めるという過程を抜きにしては、おもしろさを感じ取ることは不可能です。

教育実習で求められるのは、授業のうまさではなく、生徒と真正面から向き合おうという誠意と、教材研究に対する真剣さです。筆者は以前ある実習生を、「君は授業はうまい。しかし、熱が伝わってこない」と評したことがあります。授業の展開の仕方は、教壇に立てばじきに身につき、誰でも「うまい授業」ができるようになるのです。

教育実習が終わった後で、担当の先生から「君は授業がうまいね」と褒められるよりも、「教材研究に真面目に取り組んでいた」という評語を得るほうが、数段価値が高いはずです。これから教育実習に向かう皆さんは、教材研究を十分行って教材のおもしろさを発見し、自分なりの読み方を確立した上で、授業に臨んでほしいものです。

●「矛盾」と「守株」の共通点

「矛盾」の故事

盾と矛とを売り歩く人〈批判の対象〉＝儒家の学者

「或るひと」〈批判者〉＝韓非

「守株」の故事

待ちぼうけをした農夫〈批判の対象〉＝儒家の学者

音読・暗唱の意義と指導上の注意点
――暗唱のための暗唱に終わらせないために

数年前、中国のいくつかの中学で「国語」の授業を参観したことがあります。ある中学では、日本の高校三年に相当するクラスの授業を見学しました。教材は曹植《そうち》の「七歩詩」。中国の中学生にとっては「古文」の授業でしょうが、私たち漢文関係者から見ると、「漢文」の授業そのものに思え、興味深く見守りました。

授業で最も印象的だったのは、音読に相当な時間を費やしていたことです。授業開始時と終了時に教材を斉読することは日本でも行われますが、数句の解釈が終わるごとに斉読を行うことには、新鮮な驚きを覚えたものです。そのクラスでは、授業時間の四割ほどを音読に費やしていたように記憶しています。

音読や暗唱の効果は誰もが認めるところです。しかし、現実には時間的な余裕がなく、なかなか踏み切れない先生方も多いようです。ここでは、音読・暗唱の効果を再確認するとともに、授業への効率的な導入についても考えてみましょう。

1 音読・暗唱の意義と効果

漢文を訓読して書き下し文に改めると、文字数は二倍以上に増えます。さらにそれを現代語訳してみると、より多くの字数を要します。

〔漢文〕　不入虎穴不得虎子（8字）
〔書き下し文〕　虎穴に入らずんば、虎子を得ず。（15字）
〔現代語訳〕　虎の棲んでいる穴に入っていかなかったら、虎の子を手に入れることはできない。（37字）

高等学校の漢文の授業では原漢文を読むわけではなく、訓点の施された漢文を読むのですが、それにしても訓読した漢文が簡潔であることが右の比較から見て取れます。これが漢文を読解するのに時間と手間がかかるゆえんであり、音読の効果が期待される理由でもあります。

音読と黙読を比べると、黙読は時間がかからず、効率的に見えます。しかし、実は黙読では読み落としや読み過ごしがあって、結果的に非効率的な読みに終わることがあります。音読は時間はかかるものの、繰り返しや言い換えに容易に気づくことができ、文脈の理解が促進されます。読みに詰まる箇所は解釈上重要な箇所であることも多く、音読は解釈の重点を見分ける作業も兼ねることにもなります。漢文の正確な理解と深い鑑賞には、音読が欠かせません。

作品の意味内容を念頭に置いて何度も音読したり、文の構造を意識して音読を繰り返したりすると、その作品は自然と記憶に定着するはずです。これが暗唱のスタートです。最初から暗唱を強制するのではなく、自然と音読に至るように導きたいものです。

ところで、「なぜ漢文を暗唱しなければならないのか。」と生徒に質問されることがあります。これに対して、筆者は次の四点を挙げて答えています。

1　自ら考え、理解を深めるために

授業中に説明を聞いただけでは、本当にわかったことにならないのではないか。『論語』の「学びて思はざれば則ち罔《くら》し。」ではないが、自分で何度も考え、理解を深める必要がある。そのためには、作品の文字テキストを脳内に保存し、いつでもアクセスできる環境を整えておくことが求められる。

2　生涯にわたる思索のために

高校生の段階では十分に理解できない事柄でも、年齢を重ねると自然と理解できることがある。特に『論語』などの思想教材では、その傾向が強い。暗唱は、将来に向かっての思索の種蒔きともいえる。

3　自らの文章に生かすために

訓読された漢文を多く暗唱することで、知らず知らずのうちに簡潔で力強い漢文脈が身に付く。自分の書く文章は、過去に読んで無意識に覚えているものに影響されるが、意識的に暗唱したものがあれば、文章の骨格を鍛える効果がより期待できるはずである。

4　豊かな人生のために

人生のふとした瞬間に、「人生 別離足る」とか「剛毅木《ごうきぼく》訥《とつ》仁に近し。」という漢文のフレーズが口をついて出ることがあるとしたら、とてもすてきなことではないだろうか。人生を豊かにするためにも、暗唱は有効であろう。

2　授業の中での音読・暗唱の扱い

授業で音読・暗唱を実践しにくい最大の原因は、時間確保の難しさでしょう。現今の漢文の授業時間数削減の状況にあっては、なおさらです。その解決法の一つが、音読・暗唱を含んだ授業の型を確立することです。

筆者の国語総合の授業では、授業始めの五分と終わりの五分は、必ず音読にあてています。授業始めには、筆者の勤務校国語科が編集出版した音読・暗唱のためのテキスト『「声に出して読む」ということ—力をつける三〇の文学作品—』（二〇一一年、東洋館出版社）を用います。このテキストは、現代文・古文・漢文の三編からなり、漢文編は漢詩四首と短文四句、文章一編で構成されています。

ここでは『詩経』の「桃夭」を使って、授業の流れをご説明しましょう。

桃《たう》夭《えう》

桃之《の》夭夭《タル》　灼《しやく》灼《しやくタリ》其《そノ》華《はな》

之《こノ》子于《ゆキ》帰《とつグ》　宜《よろシカラン》二其《ノ》室家《ニ》一

桃之夭夭《タル》　有《リ》レ蕡《ふんタル》其《ノ》実

之《ノ》子于《キ》帰《グ》　宜《シカラン》二其《ノ》家室《ニ》一

桃之夭夭《タル》　其《ノ》葉蓁《しん》蓁《しんタリ》

之《ノ》子于《キ》帰《グ》　宜《シカラン》二其《ノ》家人《ニ》一

（詩経）

一時間目　範読と斉読
二時間目　斉読とグループ読み
三時間目　斉読・指名読みと簡単な解説
四時間目　テキストを伏せての斉読と押韻の説明

テキストには、書き下し文・現代語訳・語釈・解説・鑑賞の項目があります。しかし授業ではほとんど触れず、生徒各自に自分で読むように促しています。正直にいえば、詳しい説明をしていると、とても授業始めの五分では収まりません。

このようなサイクルで数首を授業で扱い、生徒には暗唱するように指示します。暗唱の成果は、授業中に諳《そら》んじさせたり、定期テストでは筆記で確認したりします。

授業の終わりには、その時間の復習のために必ず音読の時間を置きます。生徒に「漢文の授業では音読と暗唱は当たり前」と思わせてしまえば、しめたものです。「漢文は読みに始まり読みに終わる」という理想を授業の場でも実現できます。

音読の形態は、指名読み、斉読、群読、シナリオ化による音読と多様に考えられます。しかし、いずれの形態でも指導者の範読が前提となることはいうまでもありません。「範読」というくらいですから、読みが正確であるのは当たり前です。指導書や注釈書の総ルビの書き下し文に目を通し、読み誤りがないかどうか、念には念を入れて確認します。授業の前には何度も声に出して読み、場合によっては同僚や家族に聞いてもらうことも必要でしょう。案外自分では気づかない読み誤りがあるものです。

授業始めには範読→斉読、授業終わりには指名読み→斉読のように場面に応じて使い分けてもよいでしょう。また、教室がうるさくなることを覚悟すれば、隣同士や少人数の班で音読を確認し合う方法もあります。

なお、筆者が近年用いている方法に、白文を用いた音読があります。単元のまとめとして、句読点だけを付したプリントを配布し、それを見て全員で音読するという形で、学習効果の確認に役立っています。生徒によっては、自分だけが読めないことに気づくという逆の効果も期待できます。このプリントは、以前は定期考査前に試験勉強用に配布していたものですが、このような形に転用して良好な結果を得ています。

桃夭

桃之夭夭　灼灼其華
之子于帰　宜其室家
桃之夭夭　有レ蕡其実
之子于帰　宜其家室
桃之夭夭　其葉蓁蓁
之子于帰　宜其家人

（詩経）

3 指導上の注意点

音読・暗唱を授業に取り入れるにあたっての注意点をいくつか記します。

○音読・暗唱には良質なテキストを用いたい。教科書以外から教材を採ってプリントを自作する場合は、細心の注意を払って校正する必要がある。誤ったテキストによる音読・暗唱は、逆効果である。

○指導者の範読には、教材に対する深い理解と自信が表れていなければならない。指導者も音読を練習し、できれば暗記して授業に臨み、音読の最良の見本を提示したいものである。

○教材には、暗唱に適したものとそうでないものとがある。漢詩は概ね暗唱に適しているが、文章の場合は種類、分量、内容などを見極め、好適のものを選んで暗唱させるよう配慮が求められる。

○暗唱というとまず『論語』を思い浮かべがちだが、生徒の生活と無縁な内容の文章や、お説教調の文章は、反発を招くだけであり、暗唱教材には向かない。

○長編の詩や文章は、短く区切って暗唱させることも考えられてよい。最初から完璧な暗唱を求めず、生徒のやる気を引き出す工夫が欲しい。

暗唱のための暗唱は避けたいものです。意味のわからない

● 一般書やネット情報の扱い方

一般書やインターネット上で手に入る情報には、「誰《たれ》」を「だれ」と読ませたり、「曰はく」の結びの「と」が付いていたりいなかったりと、教室で扱うには不適当なものがあります。ネット上の唐詩関連のサイトでは、「送元二使安西」の起句を「渭城朝雨潤軽塵」としている例が多く見られます。正しくは「浥軽塵」ですね。

音読ブームのさきがけとなった有名な書籍にも、『史記』項羽本紀の「垓下の歌」の解説に、「その歌を聞いて」という珍妙な表記が見られます。「四面楚歌」の場面ですから、「楚の歌」の誤りであることは、いうまでもありません。

指導者による音読の代替としてCDやポッドキャストの音源を利用する場合にも、細心の注意を払う必要があります。漢字の読みが間違っていたり、アクセントが違っていたりすることがあるからです。

詩文を暗唱させることは、無意味であるばかりでなく、漢文嫌いを産み出しかねません。暗唱は授業で取り上げた教材を中心にし、それ以外のものを暗唱させる場合には、現代語訳を添えるなどの処置が必要です。その意味で、世田谷区発行の「日本語」教科書が、漢詩・漢文の大意を巻末に掲載しているのは、一つの見識といえましょう。

4　評価方法の一例

次に挙げるのは、定期テストでの暗唱確認問題の一例です。この時の暗唱関係の試験範囲は、「桃夭」、岑参「磧中作」、杜甫「兵車行」（部分）、白居易「長恨歌」（部分）で、配点は百点中の三十点です。生徒にとっては、確実な得点につながり、日々の学習の励みにもなるのではないでしょうか。

問　次の詩を読み、後の問いに答えよ。

A　桃の夭夭たる、灼灼たり其の[ア]
之の子于き帰ぐ、其の室家に[イ]しからん
桃の夭夭たる、蕡たる有り其の[ウ]
之の子于き帰ぐ、其の家室に[イ]しからん
桃の夭夭たる、其の[エ]蓁蓁たり
之の子于き帰ぐ、其の家人に[イ]しからん
（詩経）

B　臨別殷勤重寄[オ]　詞中[カ]誓両心知
七月七日長生殿　夜半無人私語時
在天願作[キ]　在地願為[ク]
[ケ]有時尽　此恨[コ]無絶期
（白氏文集）

C　車轔轔　馬蕭蕭
行人の弓箭〔　サ　〕
耶嬢妻子〔　シ　〕
塵埃に見えず　咸陽橋
衣を牽き足を頓し　道を攔りて哭す
〔　ス　〕（唐詩三百首）

問1　A詩の空欄[ア]～[エ]に当てはまる文字を、それぞれ正確に記せ。
問2　B詩の空欄[オ]～[コ]に当てはまる文字または句を、それぞれ正確に記せ。
問3　C詩の空欄〔サ〕～〔ス〕に当てはまる句を、書き下し文の形で記せ。
問4　B・C詩の題名と作者名を、それぞれ正確に記せ。
問5　岑参の「磧中作」を白文で記せ。（題名・作者名は不要。白文で書けない場合は、書き下し文でもよい。ただし、白文で書いた方が高い得点が与えられる。）

［解答］

問1　ア＝華　イ＝宜　ウ＝実　エ＝葉
問2　オ＝詞　カ＝有　キ＝比翼鳥　ク＝連理枝　ケ＝天長地久　コ＝綿綿
問3　サ＝各《おのおの》腰《こし》に在《あ》り　シ＝走《はし》りて相送《あいおく》り　ス＝哭声《こくせい》直上《ちょくじょう》して雲霄《うんしょう》を干《おか》す
問4　B　題名＝長恨歌　作者＝白居易
C　題名＝兵車行　作者＝杜甫
問5　走馬西来欲到天　辞家見月両回円
今夜不知何処宿　平沙万里絶人煙
（書き下し文）
馬《うま》を走《はし》らせて西来《せいらい》　天《てん》に到《いた》らんと欲《ほっ》す
家《いえ》を辞《じ》してより月《つき》の両回円《りょうかいまど》かなるを見《み》る
今夜《こんや》は知《し》らず　何《いず》れの処《ところ》にか宿《しゅく》するを
平沙万里《へいさばんり》　人煙絶《じんえんた》ゆ

ノート指導の要点
——ノート添削で生徒とキャッチボール

1 基本的なノートの使い方

ノートは、教科書や辞典、筆記用具とならんで「勉強四宝」の一つです。筆者は例年授業開きにあたって、ノートの使い方について次のように話しています。

○必ず漢文専用のノートを用意する。現代文や古文との併用は不可。
○できればA４判のノートを用意したい。罫の幅は、広い方がよい。
○ノートは縦書きにする。漢文は横書きには向かない。
○見開き二ページを一面と考える。余白は無駄ではない。
○予習として、次の授業で扱う作品の書き下し文を書いてくる。無理に現代語訳に取り組まなくてもよい。
○書き下し文は、必ず一行おきに書く。行を詰めて書かれると、添削できない。
○書き下し文を記したノートは、適宜提出して添削を受ける。ただし、提出回数が成績評価に反映することはない。
○ノートの紙面は、次の図を参考にするとよい。

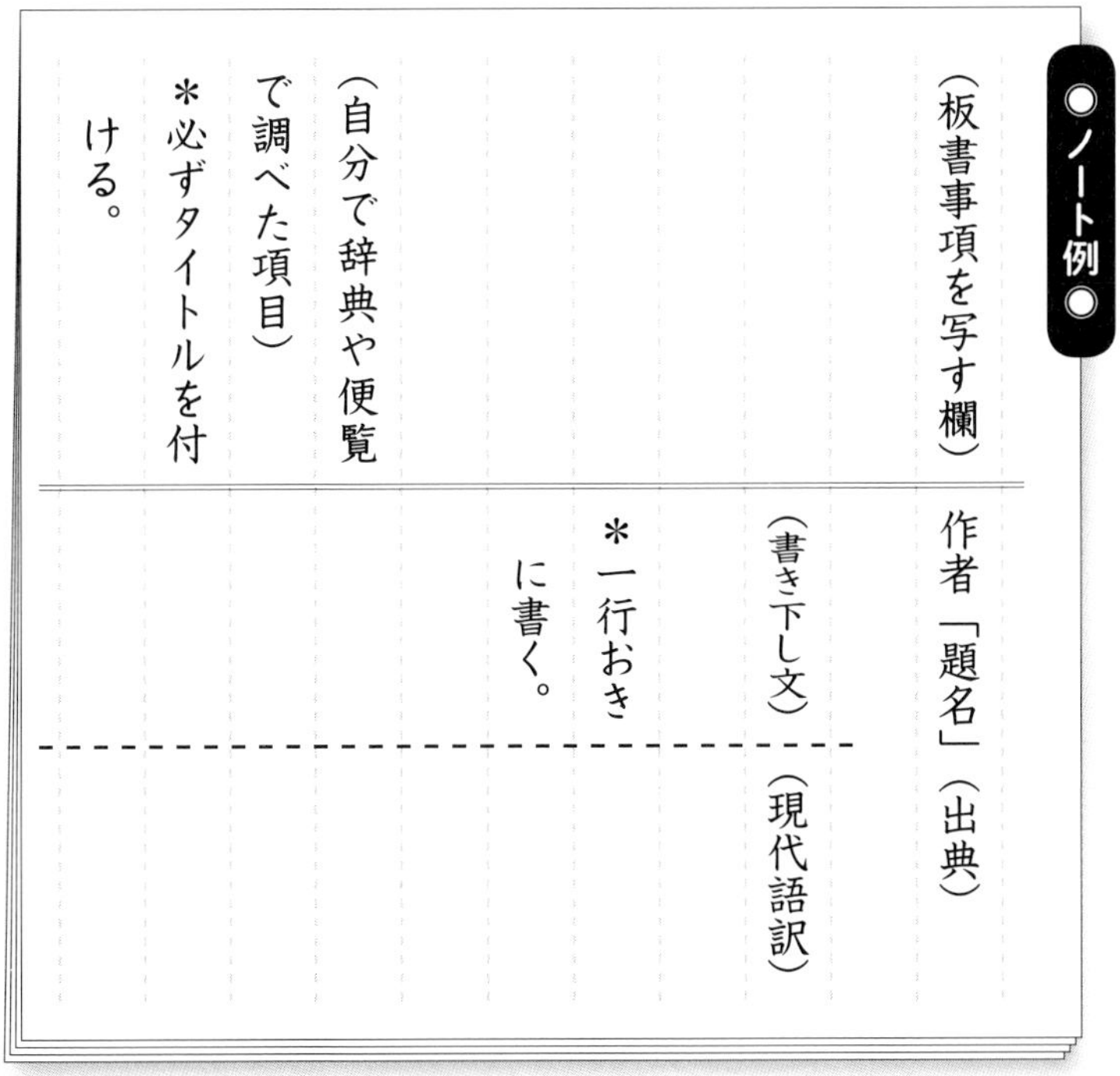

●ノートの「自由」？

ノートの作り方には、生徒一人一人の主義主張がありますから、強制ではなく、推奨にとどめるのがよいでしょう。ただし、書き下し文を行を詰めて書かれては添削に困ります。この点だけは譲れないことを強調しておきましょう。

2 良いノートの条件

毎年、一クラスに数人は素晴らしいノートを作ります。ここでは二人のノートの一部を紹介しましょう。

どちらも完璧なノートです。良いノートにはいくつかの共通点があります。

○文字が大きく、丁寧である。文字がくっきりしていて、老眼でも読みやすい。
○スペースをゆったりと使い、無理に詰め込んでいない。
○誤字・脱字がない。
○授業中に発した「○○についても調べておこう。」という指示を書き留め、調べた結果も記してある。
○自分で漢和辞典や便覧を使って調べた事柄が、見出しを付けて整理されている。
○色遣いは少なめ。マーカーの使い方も控えめである。

ときには優れたノートをコピーし、クラスの生徒に紹介してもよいでしょう。

3 添削の実際

予習として書かせた書き下し文を添削します。書き下し文の項（→24ページ）でも述べたように、「書き下し文の原則」はあくまでも便宜的なものであって、この「原則」を絶対視してはいけません。

一方生徒は、「原則」の内容が抽象的に感じられるせいか、なかなか書き下し文作成に慣れないようです。特に一年生の場合は、古典文法に不慣れですから、「助詞・助動詞に当たる漢字はひらがなに改める。」と聞いても、ピンと来るはずがありません。そのような状態で「書き下し文の原則」を金科玉条のごとく振り回すと、いとも簡単に漢文嫌いの生徒ができあがってしまいます。書き下し文の個別添削は、厳しさを表に出さずに、ゆっくりと書き下し文に習熟させる最良の方法と信じています。

添削には赤のボールペンを用い、誤りを正していきます。筆者は面倒くさがりなので、よほどひどい場合でなければ評語を書きません。過去に出会った「ひどい場合」の例です。

○全文ひらがなである。全文カタカナで書く生徒も、まれにいる。
○中学校教科書の影響なのか、ふりがなの付いた漢字を全部ひらがなに改めている。
○「或《ルヒト》」を「ある人」、「西《ノカタ》」を「西の方」のように、送り仮名を無視して勝手に書き換えている。これも中学校教科書の悪影響である（→25ページ）。
○訓読が明らかに異なっている。参考書ならまだしも、ネット上の情報を安易に書き写す生徒もいるようである。

添削作業の最後に日付を書き、次の授業で返却します。所要時間は、短い教材であればノート一冊に一分ほどです。長いものだと数分を要することもありますが、時間を見つけて

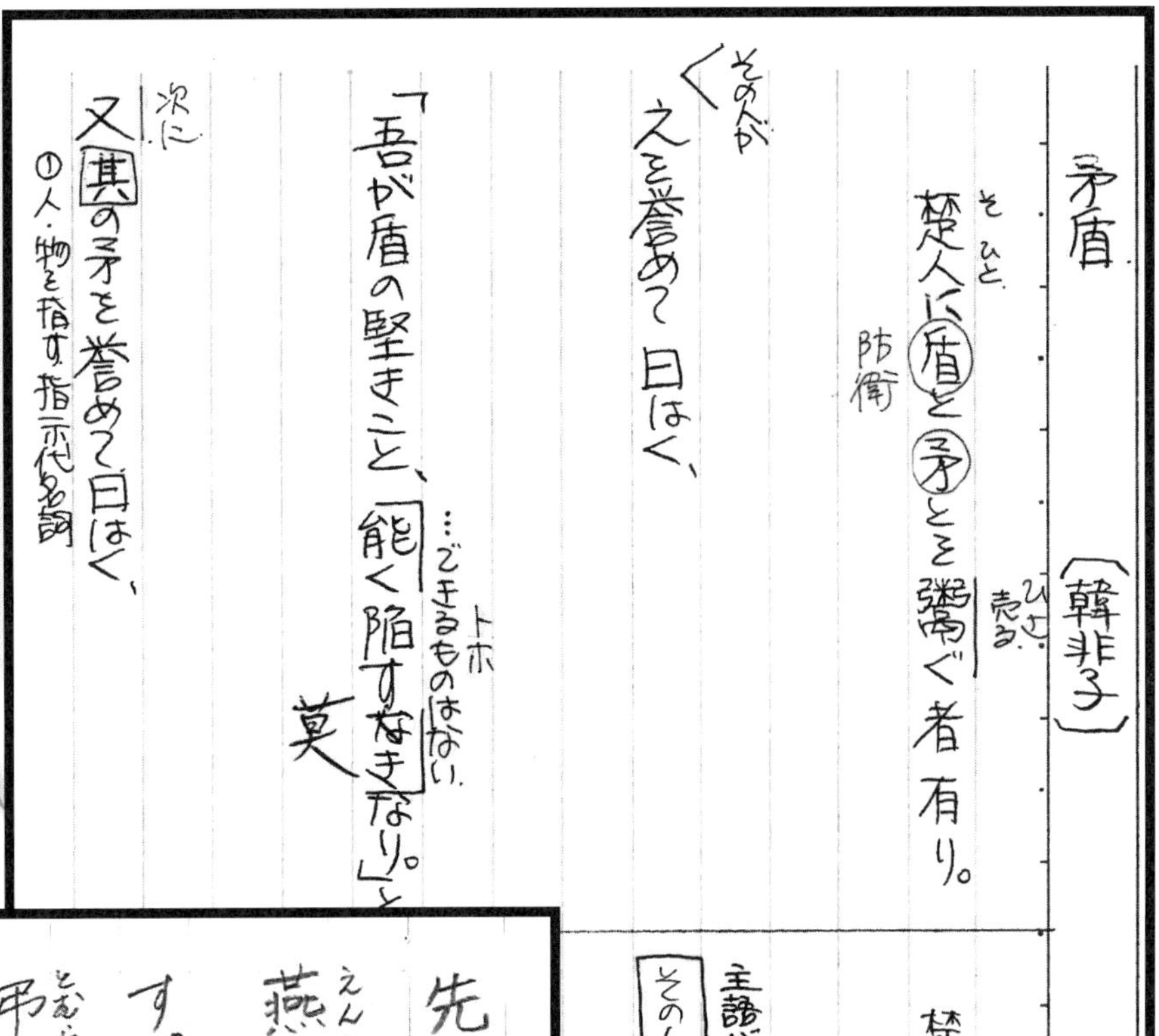
この時代に店舗を持つ人はいない。
楚の国の人に 盾と矛とを売り歩く人がいた。
主語が分からないときに便利!!
その人が自慢して、

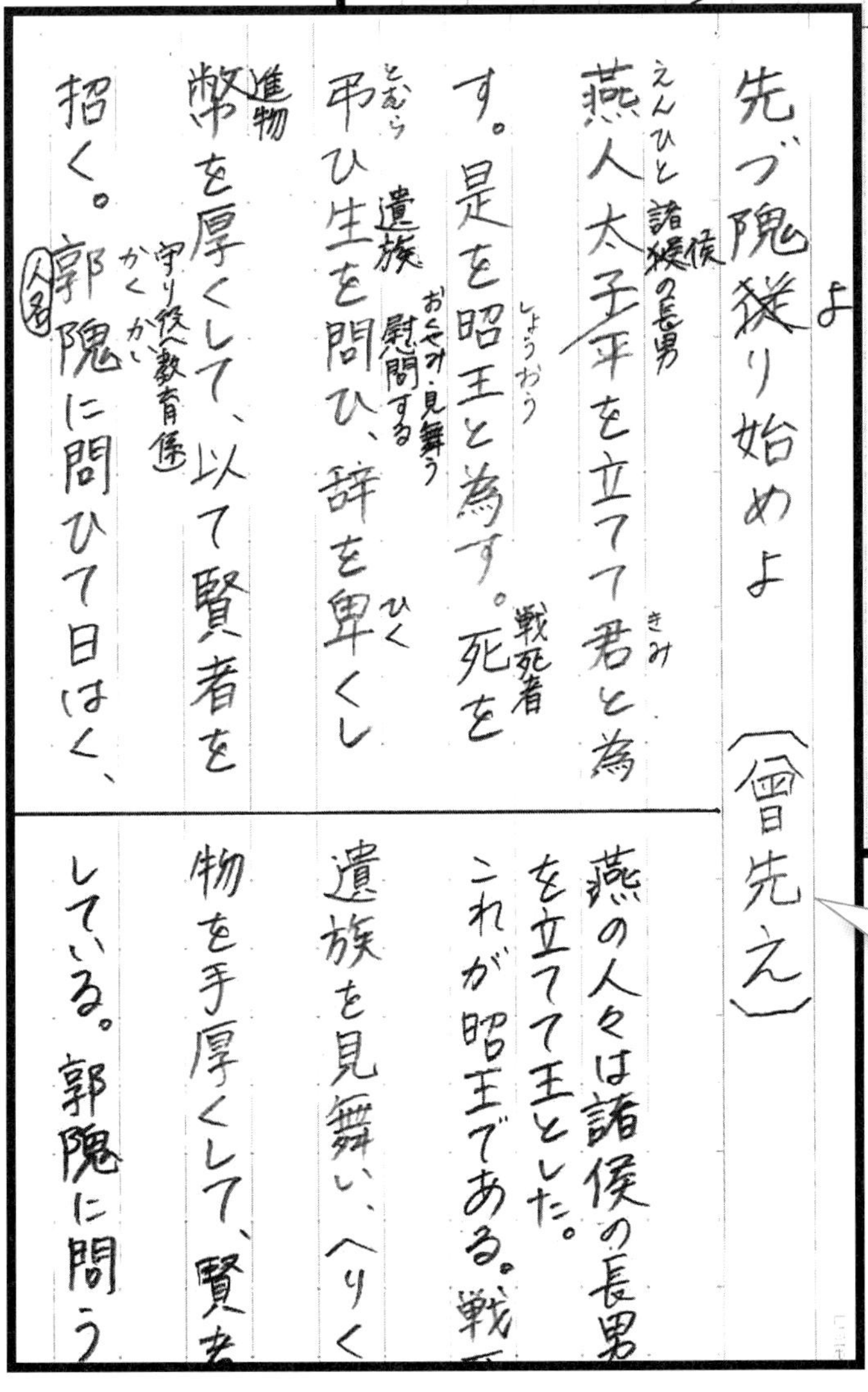

◉文字の位置

・書き下し文は一行おきに書く。

・授業中に訂正やメモができるよう、余白を十分に空けておく。

◎ノートのポイント◎

◉タイトルをつける

・教材名と作者・出典を必ず記す。

・調べた内容やメモにはタイトルをつけて整理するとわかりやすい。

◀添削の実例は次ページ

少しずつこなしていきましょう。

具体的な教材に基づいて、書き下し文添削の練習をしてみます。丸印が添削した箇所です。

【文例】

推敲

賈島赴《キテ》レ挙《ニ》至《リ》レ京《ニ》、騎《リテ》レ驢《ニ》賦《シ》レ詩《ヲ》、得《タリ》二僧《ハ》推《ス》月下《ノ》門之句《ヲ》一。欲《ス》二改《メテ》レ推《ヲ》作《サント》レ敲《ト》。引《キテ》レ手《ヲ》作《スモ》二推敲之勢《ヲ》一、未《ダ》レ決《セ》。不レ覚《エ》衝《タル》二大尹韓愈《ニ》一。乃《チ》具《サニ》言《フ》。愈曰《ハク》、「敲《ノ》字佳《シ》矣《ト》。」遂《ニ》並《ベテ》レ轡《ヲ》論《ズ》レ詩《ヲ》。

（唐詩紀事）

◎添削例◎

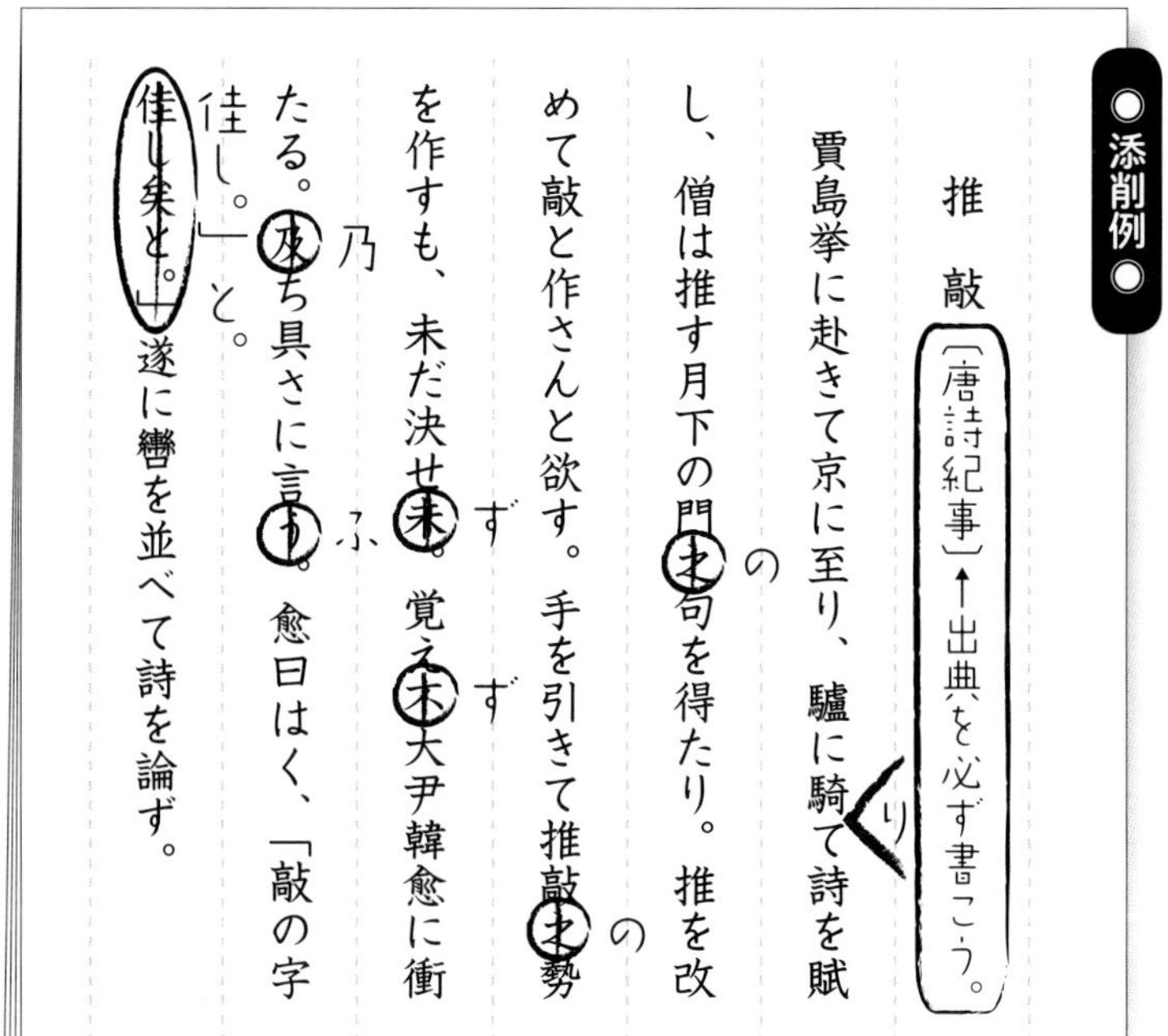

この程度であれば、一冊一分ほどで添削できるでしょう。慣れてくると、生徒が決まって間違う箇所が見えてきますから、添削のスピードも上がります。入門段階で生徒がつまずくポイントを列挙してみます。

○送り仮名を勝手に新仮名遣いに直す。

○送り仮名を落とす。特に「へ」と「り」はカタカナとひらがなの区別がつきにくいようだ。

○「乃↓及」、「其↓基」のように、文字を書き誤る。
○再読文字の再読部分を漢字で書いてしまう。「一つの漢字が二つに増えたら変でしょう。」と注意を促したい。
○置き字の「而」や「矣」、「焉」などを表記してしまう。
○最も多いのは、会話文末の処理。ほとんどの生徒が「ト」をカギ括弧の中に入れて「…と。」としてしまうので、丁寧に指導したい。句点が二つに増えることに違和感を持つ生徒に対しては、次のようにしてもかまわないことを教えてもよいだろう。

子曰、「剛毅木訥、近レ仁。」
×子曰はく、「剛毅木訥、仁に近しと。」
○子曰はく、「剛毅木訥、仁に近し。」と。
○子曰はく、「剛毅木訥、仁に近し」と。

4 ノート添削から得られるもの

先生方の中には、定期考査の解答用紙の余白に授業の感想を書かせたり、生徒に授業評価をさせたりする方があるようですが、小心者の筆者には縁遠いことです。筆者はそれに代えて、ノート添削によって生徒が自分の授業に抱いている印象や評価を知るように心がけています。

書き下し文添削のついでに他のページを見ると、板書の意図が正確に伝わったかどうかがチェックできます。一般に生徒は教師の板書を忠実に写そうとしますから、生徒のノートを見て、「板書が下手だった。」と反省させられることもしばしばあります。

時にはノートの余白に授業の内容について質問が添えられていることもあり、生徒がつまづいている箇所や関心の方向を知ることができます。質問内容によっては授業で取り上げて解説したり、当人宛に回答を記した「手紙」をノートに挟んで返すこともあります。

前にも述べましたが、筆者はものぐさですので、誰が何回ノートを出したかという記録はつけませんし、そのことを生徒にも広言しています。ノート提出を純粋な学習意欲の発露と見なしたいからです。しっかりノートを作り、タイミングよく提出する生徒が、確実に力をつけていく——長年の経験から、そのように確信しています。

研究会などの場で、「ノート指導は大変ではありませんか?」とか、「ノート添削にあてる時間をどのように確保していますか?」と質問されることがあります。たしかに新学期当初には九割以上の生徒がノートを提出しますから、忙しさを感じることは事実です。しかし、提出されるノートの冊数は段々と減ってきます。年間を通して考えれば、ノート添削に要する時間は微々たるものです。

ノート添削は生徒とのキャッチボールにたとえられ、双方が様々なものを得ることができます。ぜひノート添削に取り組んでみませんか。

●魯魚章草の誤り

「魯」と「魚」、「章」と「草」は、形が似ていて書き誤りやすいところから、「魯魚章草の誤り」という言葉ができました。しかし、高校生のノートや答案では、このような書き誤りはまず目にしません。

高校生で最も多い書き誤りは、「諸侯」と「沛公」です。上級生になっても「諸候」と書いたり、「沛公」と書き誤る生徒は多くいます。「沛」はマイクロソフト社のフォントも字体を誤っていて、高校生が間違うのは無理からぬことですが、「柿《かき》」と「柿《こけら》」の違いとも関連づけて、確実に理解させたいものです。

辞書指導の効果的な方法
――生徒の実態に即した指導を

1 漢和辞典と国語辞典・漢字辞典との違い

国語辞典や漢字辞典は、漢文の学習には使えません。これは私たち教師にとっては自明なことですが、案外生徒には理解されていないようです。その証拠に、漢文入門期に辞書を用意するように指示すると、国語辞典や漢字辞典を持ってくる生徒が少なからずいるのです。

まずは漢和辞典・国語辞典で、同じ語を引いてみましょう。

【故人】

［漢和辞典］①昔なじみの人。②旧友や門人などに対して自分をいう語。③もとの夫または妻。④＝古人。⑤（国）死んでしまった人。

［国語辞典］①死んだ人。②旧友。③古老。

これは和漢異義語（→13ページ）の代表的な例です。国語辞典には、日本語の文章を読むために必要な意味しか掲載されていないため、熟語は漢和辞典で調べる習慣をつけることが大切です。

次は、漢和辞典・漢字辞典を比べてみます。

【若】

［漢和辞典］①わかい。②しなやかな桑の木。③なんじ。④したがう。⑤ごとし。⑥もしくは。⑦もし。⑧疑問詞を形成する語。⑨形容詞を形成する語。

［漢字辞典］①わかい。②状態を表す語を作る助字。③ごとし。④若狭の略。

漢字辞典は、主に漢字の画数や読み方などを調べるためのもので、小学生や社会人向けに様々なものが出されています。どちらの辞書も「わかい」の意味を最初に載せていますが、漢文に頻出の「③なんじ。」「⑥もしくは。」「⑦もし」の意味が、漢字字典には記載されていません。漢字辞典は「多訓多義語」（→14ページ）の学習には不向きなことがわかります。

もう一点、漢和辞典と他の二者とのちがいを挙げましょう。漢和辞典には漢文学習に役立つ様々な情報が、本文中のコラムや巻末の付録に豊富に収められています。「主要句形解説」や「中国歴史地図」、「中国学芸年表」など、付録の活用法にも触れておきたいものです。

● 「漢和」のつかない漢和辞典

書名に「漢和」の二字が入っていないと、漢和辞典ではないと早合点する生徒もいるようです。『漢語林』（大修館書店）や『漢字源』（学習研究社）、『新漢語辞典』（岩波書店）などは書名に「漢和」を冠していませんが、漢和辞典であることを教えてあげるとよいでしょう。

2 漢和辞典の選び方

現在、書店の棚に並んでいる漢和辞典のほとんどは、全訳のものです。せっかく例文が載っていても、意味がわからなければその価値は半減します。全訳をうたった漢和辞典を選べば、まず間違いないでしょう。

一つの教室で、生徒が全員同じ辞典を使っているという光景は、筆者には違和感があります。辞典にはそれぞれ特徴があり、得意不得意もありますから、時には相互に補完し合うことが求められます。入学準備として辞典を指定する場合にも、数冊から一冊を選ぶような示し方が望ましいのではないでしょうか。

3 電子辞書を使う場合の注意点

電子辞書を所持している生徒は、年々増えています。筆者の勤務校では、九割近い生徒が電子辞書ユーザーではないでしょうか。しかし残念なことに、電子辞書、特に電子漢和辞典の特性と限界を承知して使っている生徒は少数です。

電子辞書に搭載されている漢和辞典には、次のような弱点があります。

○ハードのメーカーが違っても、漢和辞典のブランドが限られていて、『漢語林』と『漢字源』しか選択できない。

○横書き表示という制約から、例文には送り仮名が添えられていず、学習効果が削がれている。横書きに返り点を施す表示方式には無理があり、賛成できない。

○電子版では付録が割愛されている。これは電子版の最大のデメリットである。

逆に、電子辞書ならではのメリットもあります。

○サイズが小さく、教室の狭い机上でも容易に扱える。

○携帯性に優れているので、家に持ち帰って予習や復習に使用できる。

○国語辞典や古語辞典、時には英和や和英など、他の辞典との引き比べが容易である。

○熟語の検索に威力を発揮する。紙の辞典では原則として上付きの熟語しか参照できないのに対して、電子版では中付きや下付きの熟語も同じ熟語画面で検索できる。

以上の理由から、筆者は授業中は電子辞書でもよいが、家庭学習ではできるだけ紙の漢和辞典を使おうと薦めています。紙か電子かの争いは不毛です。高校入学の時点で相当数の生徒が電子辞書を購入しているという現実を考えると、その存在は無視できません。漢文の時間でも、電子漢和の正しい使い方を教える時期に来ているのかもしれません。

文字検索も同様です。高校の漢文教育では、王道の部首索引だけにこだわる必要はないでしょう。速く引くためのツールである音訓索引を使わせないのは、もったいない話です。

辞書指導の最大の眼目は、辞書を引くことの重要性に気づかせることです。そのためには、生徒の実態に目を向け、それに即した指導が求められます。電子漢和を許容したり、音訓索引を推奨したりするのは、けっして妥協ではないはずです。

●電子辞書指導事始め

指導の始まりは、「先ず隗より始めよ」で、指導者自身が電子辞書の使い方に慣れることです。電子漢和の最大の特徴は熟語欄が別画面になっていることですが、画面の切り換えができなくては、宝の持ち腐れです。切り換え方はハードのメーカーによって異なりますから、各メーカーの操作法を一通り知っておくとよいでしょう。

手書き入力が可能な機種が増えたせいで、最近の生徒は漢字検索もタッチペンに頼る傾向があります。しかし、手書き入力は認知の精度が高くなく、検索できずに苦労している生徒を時折見かけます。現状では、手書き入力は補助手段と考えざるを得ません。

電子辞書の特徴の一つである辞書間のジャンプは、文字検索にも便利な機能です。たとえば「『畢竟』の『きょう』も『ついに』と読む。」という説明を聞いて、「竟」を検索する時に、『広辞苑』で「畢竟」を引き、そこから漢和辞典にジャンプすれば、速く正確に検索することができます。高価な電子辞書を死蔵しないように、折にふれて使い方のヒントを与えたいものです。

漢和辞典の引き方

◆まず、どの索引を使って引くかを決める。

「和」という漢字を引いてみよう。

1　読み方がわかる場合

●「和」を使った熟語の例
和解…〔ワ〕カイ
和尚…〔オ〕ショウ

●「和」を使った訓読みの例
和む…〔なご〕む
和らぐ…〔やわ〕らぐ
和子…〔かず〕こ

2　部首がわかる場合

●部首の見当をつける
和　くちへん・三画
和　のぎへん・五画
和　の・一画

3　読み方も部首もわからない場合

●すべての画数を数える
1　丿
2　二
3　千
4　禾
5　禾
6　和
7　和
8　和

＊漢字の四隅の筆形をみて、四桁の数字に置き換える「四角号碼索引」がついている辞典もある。

音訓索引

音は片仮名、訓は平仮名書き。巻頭に載っている。

ワ　8　・キ和 二五九
オ　8　・キ和 二五九
なご-む　・キ和 二五九
やわ-らぐ　・キ和 二五九

見当たらなければ他の読みに当たるか、**2**や**3**の方法で探す。

部首索引

表紙裏（見返し）に載っている。該当するページを開け、総画数から部首の画数を除いた所を見る。「和」の総画数は八画。

口部二三五ページの五画、二五九ページ
禾部一〇四五ページの三画、二五九ページ
ノ部四一ページの七画→見当たらなければ他の部首で探す。

総画索引

巻末に載っている。

八画（八ページ）口部
キ和 259

漢和辞典の構成は各社ともほぼ同じである。各辞典の最初に掲げられている「本辞典の利用法」などの凡例を必ず読むこと。それがその辞典に慣れる最も早い道である。例示は『新漢語林　第二版』（大修館書店）を用い、その他のものも参考にした。

◆漢和辞典を実際に見てみよう。

5 ─❷
【和】─❶
8画 ─❸
1433 ─❹
教3 ─❺
ワ・オ ─❻
やわ-らぐ・やわ-らげる・なご-む・なご-やか
熟字訓 日和《ひより》・大和《やまと》
4734
9861 ─❼
─
❽
一 漢カ(クヮ)・呉ワ　歌 hé
二 漢カ(クヮ)・呉ワ　箇 ─❾ hè, ②huò ─❿
唐オ(ヲ)

⓫ 筆順　丿 二 千 禾 禾 和 和 和 ─⓭

⓬ 【咊】1434 本字　【龢】14627 古字

字義　一 ❶やわ-らぐ《やはらぐ》。やわ-らげる《やはらぐ》。なご-む。なご-やか。㋐音声がほどよく響き合う。転じて、かなう。つりあう。また、ととのえる。用例〔礼記、楽記〕其声和而柔《そのセイワしてジュウなり》。㋑おだやかになる。何事もなく安らかである。「柔和」「緩和」㋒…なる。仲よくする。用例〔論…返して歌い、虞美人《グビジン》もこれにあわせ…
❷他人の詩に韻や題材などをあわせて詩を作る。「酬和《シュウワ》」
❸あ-える《あふ》。まぜ合わす。調合する。「飽和」

⓮ 国 ❶ワ。㋐やまと。日本。＝倭(402)。「和製」㋑接頭語。親愛の意を表す。「和御許《わおもと》」 ❷なぎ。海上の風波のおだやかなさま。 ❸にぎ。接頭語。くわしい・やわらかい・ととのったの意。

⓯ 名前　あい・あき・か・かず・かた・かつ・かのう・たか・ちか・とし・とも・な・のどか・ひとし・ふみ・まさ・ます・みき・た・やす・やすし・やまと・やわ・やわら・よし・より・わ・わたる ⓰ 難読 和宇慶《おうけ》・和介《わけ》・和気《わけ》・和会《かずえ》・和寒《わっさむ》・和珥《わに》・和爾《わに》・和邇《わに》・和仁《わに》・和泉《いずみ》・和束《わづか》・和田《にぎた》・和坂《かにがさか》・和布《にぎめ》・和布《わかめ》・和布刈《めかり》・和物《あえもの》・和毛《にこげ》・和蘭《オランダ》・和蘭陀《オランダ》・和林《カラコルム》

⓱ 解字　金文 𪚦 篆文 咊　**形声**。口＋禾音。音符の禾《カ》は、會（会）に通じ、あうの意味。人の声と声とが調和する、なごむの意味を表す。

⓲ 逆 違和・温和・穏和・緩和・休和・共和・協和・講和・酬和・唱和・昭和・親和・随和・大和・中和・調和・同和・不和・平和・飽和・鳴和・融和・陽和・養和

⓳ 【和易】《イワ》おだやかでやさしい。〔礼記、学記〕
【和一・和壱(壹)】《ワイツ》やわらぎ合って一つになる。わけへだてなくむつみあう。和合。

❶見出しの親字　❷部首内画数
❸総画数　❹親字番号（見出しの親字につけた一連の番号）
❺常用漢字・教育漢字・人名用漢字の種別表示（数字は配当学年）
❻常用漢字表音訓・熟字訓
❼JISコード（上段＝日本工業規格の第一～第四水準集合の区点コード、中段＝第一・第二水準のシフトJISコード、下段＝情報交換用漢字符号―補助漢字に含まれる区点コード）
❽字音（漢音・呉音・唐音・慣用音）
❾韻目（韻分類と四声）
❿中国語音（現代中国語の発音）
⓫筆順（書き方の順序）
⓬異体字（字体の異なる文字）
⓭字義（親字の意味）
⓮国訓（わが国独自の読みと意味）
⓯名前（名乗・人名の特別な読み）
⓰難読（姓氏・地名の特別な読み）
⓱解字（漢字の成り立ちの解説）
⓲逆引き熟語（見出しの親字が下に来る熟語の例）
⓳熟語（読み・意味・出典を示す）

◆索引の説明と索引を利用した実際の例

索引の使い方が分かったら、例示してある漢字を引いてみたり、自分の姓名や好きな漢字をなるべく多く引いてみるとよい。

音訓索引
▼ページ数だけでなく、次のような区別が記号を用いて説明してある。
1　送り仮名の付け方
2　旧仮名遣い
3　常用漢字・教育漢字・人名用漢字
4　常用漢字表で認められた音訓
例　コウ・ひろい・ひろがる→広
オウ・へこむ→凹
さかき（音がない）→榊
カン（訓がない）→咸

部首索引
▼文字の中には部首の紛らわしいものがある。『新漢語林』は参照見出しを立て、「○部。→○○ページ」と示されているので、それで探すことができる。また、部首見出しに部首内文字索引を置き、直接該当部首の文字を引くこともできる。
例　光→儿（にんにょう）部の四画
乱→乙部の六画。ほかに舌部の一画、ノ部の六画からも引ける
黙→黒部の四画。ほかに灬部の一一画
昆→日部の四画。活字では第六画目が二筆のように見えるが、書くときはレのように続けて書くから一画と数える。

総画索引
▼新旧字体で部首の画数が違うので注意を要する。
例　込→五画　辻→六画　他に黒（黑）、歯（齒）など。

第3章

漢文指導の実践〈教材編〉

漢文も国語の一分野。
教材の特性を活かした学習計画を立てよう。

【ツカダ先生のアドバイス】

*「故事成語」「史話」「詩文」「思想」の四分野からバランスよく教材を選びましょう。

*「訳して終わり」の授業にしないため、段階ごとに発問を準備しましょう。

*語句・句法は、教材に即して板書し、繰り返し指導しましょう。

国語総合の年間タイムテーブル

国語総合の年間タイムテーブルを考えてみましょう。

国語総合の標準単位は四単位です。その内訳は、近代以降の文章（現代文）が二単位、古典（古文と漢文）が二単位となっています。古文と漢文の配分は一対一とされていますから、漢文には一単位が配当されるはずですが、現実はそうではありません。国語総合を四単位で行っている多くの高等学校では、漢文には一単位に満たない時間数しか割けないのが現状です。

ここで考えるタイムテーブルは、いわゆるシラバスや「年間学習計画案」とは異なります。できるだけ現状に即しながら、漢文にはせめて一単位を配当して欲しいという願いも込めています。

なお、一単位の法定時間数は三十五時間ですが、現実には学校行事などの都合により、二十七時間前後しか実施できません。ここでは、年間二七時間として計画を作成しました。

授業時間数は、三学期制と二学期制のどちらを採用しているかによっても異なります。その他にも、学校ごとに異なる条件があります。実情に応じて時間数を増減してお考えください。

本書では、国語総合の漢文学習を三期に分け、第Ⅰ期（漢文入門期）、第Ⅱ期（学力充実期）、第Ⅲ期（発展学習期）と呼ぶことにします。各期に具体的な単元と教材を配置したのが次の表です。

第Ⅰ期（漢文入門期）　漢文に親しみを持ち、訓読の基礎を身につけることを目標とする。

第Ⅱ期（学力充実期）　漢文の構造や句法を意識しながら、多くの作品を読み、漢文訓読に習熟することを目指す。

第Ⅲ期（発展学習期）　「読んで訳す」ことにとどまらず、作品の内容と現代とのかかわりを考える学習を志向する。

漢文入門期にあたる第Ⅰ期は、中学校で学習した事項の復習から始まり、訓点に従って読むための基礎技能の習得を目指します。故事成語の学習では必ず出典を意識し、その語の背景を理解させることを通じて、中学校との差異化を図ります。

学力充実を目標とする第Ⅱ期では、音読に重点を置き、知識だけに偏った漢文学習からの脱却を旨とします。史話、思想、漢詩など、できるだけ幅広いジャンルから教材を選びましょう。

発展学習期と位置づけられる第Ⅲ期は、やや長めの小説や、論理構成のしっかりした文章を扱います。作品と向き合う中で登場人物の心情をくみ取ったり、思索をめぐらしたりすることは、国語総合の漢文学習のまとめにふさわしい活動でしょう。

時間数に余裕がなく、教科書を全部終えることが難しい場合でも、故事成語、史話、詩文、思想の四分野をできるだけカバーしたいものです。

	第Ⅰ期 漢文入門期	第Ⅱ期 学力充実期			第Ⅲ期 発展学習期	合計
時間 ＊1	8	13			6	27
単元名「本書で採り上げた作品名」	**漢文入門**…4時間 **故事成語** 「矛盾」…1.5時間 「先従隗始」…2.5時間	**史話** 「臥薪嘗胆」…5時間	**唐代の詩** 唐詩…4時間 ＊2	**孔子の思想** 『論語』…4時間 ＊2	**唐代の文章** 「人面桃花」…3時間 「雑説」…3時間	
学習時期	一学期	二学期			三学期	
	前期		後期			

＊1 時間数はおおよその目安であり、学校の実情に応じて設定されたい。

＊2 「唐代の詩」と「孔子の思想」の教材は、本書所収のものを中心に適宜選択されたい。

「矛盾」の授業に向けて

——教材研究の具体的な手順

Ⅲ発展
Ⅱ充実
Ⅰ入門

矛盾

楚《そ》人《ひとニ》有《リ》下鬻《ひさグ》二盾《ト》与《とヲ》一レ矛《ほこ》者。上誉《ほメテ》レ之《これヲ》曰、《ハク》「吾《わガ》盾之《の》堅、《キコト》莫《なキ》二能《よク》陥《とほス》一也。」《ト》又誉《メテ》二其《その》矛《ヲ》一曰、《ハク》「吾《ガ》矛之利、《とキコト》於《おイテ》レ物《ニ》無《キ》レ不《ル》レ陥《サ》也。」《ト》或《あるヒト》曰、《ハク》「以《テ》二子《し》之矛《ヲ》一陥《サバ》二子之盾《ヲ》一、何—如《いかんト》。」其《ノ》人弗《ざル》レ能《あたハ》レ応《こたフルコト》也。

（韓非子《かんぴし》）

◎注意させる語句◎

【語句】

2 楚人 そひと 国名＋「人」は、習慣的に「ひと」と読む。

之 これ／の これ。指示語。／…の。主格・修飾を表す。

3 能 よク （否定語を伴って）あたハず。〜することができる（できない）。

莫二能…一 よク…なシ …できるものはない。

子 し あなた。男子に対する敬称。

【句法】

3 莫二…一 …（スル）なシ …することはない。［否定］

4 無レ不レ… …（セ）ざル（ハ）なシ …しないこと（もの）はない。［二重否定］

6 何如 いかん どうであるか。どんなものか。［疑問］

弗レ… （セ）ず …しない。…でない。［否定］

書き下し文

楚《そ》人《ひと》に盾《たて》と矛《ほこ》とを鬻《ひさ》ぐ者《もの》有《あ》り。之《これ》を誉《ほ》めて曰《い》はく、「吾《わ》が盾《たて》の堅《かた》きこと、能《よ》く陥《とほ》す莫《な》きなり。」と。又《また》其《そ》の矛《ほこ》を誉《ほ》めて曰《い》はく、「吾《わ》が矛《ほこ》の利《と》きこと、物《もの》に於《お》いて陥《とほ》さざる無《な》きなり。」と。或《ある》ひと曰《い》はく、「子《し》の矛《ほこ》を以《もっ》て子《し》の盾《たて》を陥《とほ》さば、何如《いかん》。」と。其《そ》の人《ひと》応《こた》ふること能《あた》はざるなり。

現代語訳

楚の国の人で、盾と矛とを売る者がいた。（まず商品の盾を）自慢して、「私の盾の堅固なことといったら、（どんな鋭利なものでも）突き通すことのできるものがないほどだ。」と言った。さらに、今度は、矛を自慢して、「私の矛の鋭利なことといったら、（どんな堅固なものでも）突き通すことのできないものがないほどだ。」と言った。見ていたある人が、「あなたの矛であなたの盾を突いたらどうなるのか。」と言った。その商人は答えることができなかった。

1 語句の意味を調べる

教材研究は教材の音読から始まります。教室で範読する時に、つかえながらでは生徒の信頼を得られません。また、音読することで、語句の読みや意味がはっきりしない箇所をあぶり出すことができます。

説明の便宜のために、送り仮名を省いた「矛盾」の本文を掲げ、漢和辞典や注釈書で確認すべき語句を傍線で示します。

楚人有下鬻二盾与レ矛者上。誉レ之曰、「吾盾之堅、莫二能陥一也。」又誉二其矛一曰、「吾矛之利、於レ物無レ不レ陥也。」或曰、「以二子之矛一陥二子之盾一、何如。」其人弗レ能レ応也。

（韓非子）

調べる語句が多くあって、驚く方があるかもしれません。しかし、最低限これくらいは読みと意味を調べておかないと、授業を進めるのに支障があります。本稿ではすべての語について触れる余裕がありませんので、代表的な二つの語句「楚人」と「之」について、教材研究のポイントを示します。

○**楚人**　教科書（ここでは大修館書店の『国語総合古典編』を用います）には、〈「楚」は、春秋・戦国時代の国名。訓読では、国名の下の「人」は、習慣的に「ひと」と読む。〉という注があります。生徒のレベルではこれで十分かもしれませんが、指導する側としてはもう少し詳しく知っておく必要があります。漢和辞典を引いてみましょう。

国名。周の成王のとき、熊繹《ゆうえき》の封ぜられた国で、春秋の初め、王を称し、長江中流の地域を領有した。後、戦国時代の七雄の一つとなる。四十一代、五百余年で、秦《しん》に滅ぼされた。（？—前二二三）

（鎌田正・米山寅太郎著『新漢語林　第二版』二〇一一年、大修館書店）

この記述で注目すべきは、「長江中流の地域を領有した」という箇所です。教科書や漢和辞典には必ず「戦国時代関連地図」などの名称で戦国時代の地図が載っていますから、楚の国の位置を確認してみましょう。（→71ページ）戦国の七雄の中で、楚一国が南に偏って位置していることに気づくはずです。司馬遼太郎の小説『項羽と劉邦』（新潮社、一九八〇年）には、次のような興味深い一節があります。

「江南」と、のちによばれる揚子江以南の地は、この時代（紀元前二百年代）、北方の中《ちゅう》原《げん》（黄河流域）のひとびとからは、異国めいた地域としてみられ、そこにいるひとびと（呉とか越、あるいは楚）は、異民族とみられていたにおいがある。〈中略〉古代、中原では、江南の連中のことを蛮族とし、「荆蛮《けいばん》」とよんでいた。荆一字だけでも、その地域をあらわす。

『韓非子』の作者韓非は、中原の国である韓の王族です。韓非の優越感が、「矛盾」という寓話の設定に反映していることは疑いない事実と思われます。これと同様に、『韓非子』の「株を守る（守株）」の寓話では宋人《そうひと》が、また「履《くつ》を買《か》ふに度《ど》を忘《わす》る」の寓話では鄭人《ていひと》が主人公に設定されています。ここでも、斉に滅ぼされた宋の遺民や韓に敗れた鄭の民に対する軽侮の念が見て取れます。

先に引用した『項羽と劉邦』の記述に類した説明は、多くの注釈書でも見ることができます。ここまでの知識を教室で生徒に示す必要はありませんが、このような情報を得ることによって、それまで気づかなかったおもしろさが発見でき、教材研究にさらに身が入るにちがいありません。

「楚人」の「人」を「ひと」と字訓で読むことは、忘れずに授業で強調しましょう。中には、なぜ「ひと」と読むのかと疑問を持ち、質問する生徒がいるかもしれません。それに対しては、「昔からの読み癖、習慣で、国名の下は『ひと』と読むことになっている。」と説明すれば十分ですが、場合によっては次のような説を紹介してもよいでしょう。

地名、国名などの下の「人」の字は、「ひと」と訓で読む習慣になっている。その国の人という意で、熟語や人名ではないことをはっきりさせるためであろう。
（漢詩・漢文教材研究会編『故事・寓話Ⅰ』「漢詩・漢文解釈講座」第16巻、一九九五年、昌平社）

○之　「誉レ之」の「之」についても漢和辞典で読みと意味をしっかり調べておきたいものです。漢和辞典の中には『新漢語林』のように助字の解説を囲み記事にしているものがあって、便利です。また、教科書にも「助字一覧」などの名称で付録が設けられているものがありますから、教科書は授業で扱う部分だけでなく、少なくとも漢文編全体と巻末付録には目を通しておきましょう。

筆者の経験では、漢文入門期の生徒は「之」の読みと書き下し方に苦労するようです。指導者自身が確実な知識を身につけると同時に、生徒にわかりやすく説明する工夫も必要になります。次に示すのは、板書の一例です。

◎板書例◎

「之」の読みと意味、書き下し方
誉レ之曰、
〈これ〉これ。之を誉《ほ》めて曰《い》はく、
吾盾之堅、
〈の〉…の。吾《わ》が盾《たて》の堅《かた》きこと、
以二子之矛一陥二子之盾一、
〈の〉…の。子《し》の矛《ほこ》を以《もつ》て子《し》の盾《たて》を陥《とほ》さば、

2 句法を確認する

この教材で確認すべき句法は、次の四項目です。

A　**莫**二能陥一也。（否定）

B　**無**レ**不**レ陥也。（二重否定）

C　以二子之矛一陥二子之盾一、**何**-**如**。（疑問）

D　其人**弗**レ能レ応也。（否定）

AとDは、「莫は無と同じ。」「弗は不と同じ。」という教科書の脚注程度の説明で、多くの生徒は納得するはずです。またBも、英語の授業で得た知識も利用して、「突き通さないものはない。（＝何でも突き通す。）」と理解させるのは容易でしょう。

これに対して、「何如」は難度が一気に上がります。指導する側は、漢和辞典の巻末付録にある「句法一覧」や句法を集約した書籍を用いて、正確な理解を得ておきたいものです。『漢文語法ハンドブック』（江連隆著、一九九七年、大修館書店）や『語法・句法』（國金海二著、研究資料漢文学10、一九九二年、明治書院）は、説明が詳しく、一冊持っていると重宝します。簡便なものでは、『漢文学習ハンドブック』（田部井文雄他共著、一九九〇年、大修館書店）の「基本句形」と「主要助字」の項目が充実しています。本書にも「資料編」として「基本句形の整理」（↓135ページ）を設けています。

学校によっては、生徒全員に「便覧」や「図説」という名のついた資料集を購入させています。その場合には、必ず授業に用意させ、句法の確認に役立たせたいものです。また、先ほども触れましたが、教科書巻末付録の「句法一覧」などのページも活用しましょう。

3 参考文献と指導書の関係

ここまでお読みになって、「どうして便利な指導書の存在に触れないのだろうか。」という疑問をお持ちになった方もあるにちがいありません。それに対しては、筆者は次のようにお答えします。

「注釈書はこう使おう！」（36ページ）で触れたとおり、教育実習を控えた大学生は指導書と無縁であり、参考文献探しから教育実習の準備を始めてほしいという筆者の願いが込められています。

同時に、本書をお読みになる若い先生方への「指導書だけに頼らずに教材研究を積み重ねてほしい。」というメッセージも込めたつもりです。

筆者も四十年近く教員生活を続けてきましたので、現場の忙しさは十分に承知しています。また、漢文プロパーの教員が激減していることも肌身に感じています。指導書の役割は、たとえていえば、エナジードリンクのようなものです。忙しくて明日の授業の準備が間に合わない時には、指導書が役に立つでしょう。しかし、余裕がある時には、参考文献と指導書を併用して、手間暇をかけて教材研究を積んでほしい。これが若い先生方へのメッセージです。

筆者が高校生の頃に、ある先生が「勉強は本を買うことから始まる。」と語ったことが今でも耳に残っています。若い先生方にとっても「教材研究は本を買うことから始まる」はずです。（↓「漢文教育に取り組む先生のためのブックガイド」153ページ）。

4 発問

授業は、教師と生徒とのキャッチボールにたとえられます。授業時間のほとんどを一方的な講義に費やし、最後に質問の時間を設けるという授業スタイルは、少なくとも高校の授業には向いていません。常に多様な発問を用意し、生徒の学習意欲や理解状況に応じて質問を投げかけ、授業の活発化を図りたいものです。

筆者の勤務校には、「体後魔六」という言葉があります。学校によって言い方が異なるようですが、「体育の直後の時間と睡魔が襲う六時間目は、生徒の集中力が切れるので要注意」という意味です。こういう時こそ、生徒を覚醒させ、授業を活発にするために、発問の出番です。

授業中の発問には、いくつかの種類があります。

(1) **基本的な発問**……内容理解のために、間違いやすい箇所や難解な箇所について、一問一答の形で行う発問。時には既習事項や脚注にあるような事項も、確認のためにあえて質問する。

(2) **応用的な発問**……他の教材にも対応できるように応用を意識した発問。

(3) **発展的な発問**……より深い理解や鑑賞を促す発展的な内容の発問。

(1) 基本的な発問の例

○「楚人」は、何と読むか。関連して、「韓人」や「魏人」は、何と読むか。

○「無レ不レ陥也。」を現代語訳しなさい。また、ここには何という句法が使われているか。

○「或曰、」の「或」、「其人弗レ能レ応也。」の「其人」は、それぞれ誰をさすか。

○「弗レ能レ応也。」の「弗」と同訓・同義の漢字を答えなさい。

○「矛盾」の語を使って短文を作りなさい。

(2) 応用的な発問の例

○「莫二能陥一也。」の「莫」と同訓・同義の漢字を漢和辞典で調べなさい。

○「又誉二其矛一曰、」の「又」は、同訓の「亦」や「復」と意味がどのように異なるか、漢和辞典で調べなさい。

○「吾矛之利、」と同じ意味で「利」が用いられている熟語を挙げなさい。

○「弗レ能レ応也。」と同じ意味で「応」が用いられている熟語を挙げなさい。

(3) 発展的な発問の例

○『新釈漢文大系』などの注釈書で、教科書の文章の前後の部分を読んでみよう。

○同じく『韓非子』にある「守株」の説話を注釈書などで読み、「矛盾」との共通点を考えてみよう。

○「矛盾」や「守株」の説話で韓非子が批判の対象としたのは、何か。調べてみよう。

以上のように、基礎から発展まで様々なレベルの発問が用意できます。発問は多く用意し、状況に応じて使い分けることで、授業の活性化が図れます。

ただし、次のような発問は、安易に用いると弊害があります。

〈好ましくない発問の例〉

○「誉レ之曰、」の「之」は何をさすか。

この箇所では「之」は盾をさしており、問題として成り立ちます。しかし、一般的には「之」は指示語とは限りません。『之』は指示語」という先入観を生徒に与えかねないので、この発問は避けるのが無難です。

○「其人弗レ能レ応也。」とあるが、なぜか。

解答の幅が広すぎます。「答えに窮したので」から「つじつまの合わないことに自ら気づいたため」まで、いずれも正解でしょう。そもそも説話の中で、架空の人物の行動の意図を問うこと自体に無理があります。

5 現代語訳

授業中の現代語訳の作業には、いくつかのスタイルがあるようです。

①生徒を指名し、その場で現代語訳させる。
②現代語訳を予習として課し、授業中に発表させる。
③教師が口頭で現代語訳する。
④教師が現代語訳を黒板に書く。
⑤授業中は現代語訳に時間をかけず、後からプリントを配布する。

筆者は、③を中心にし、時折①を織り交ぜるスタイルを採っています。生徒に現代語訳させる場合でも、あまり長い箇所は選びません。長く現代語訳させると、生徒によって訳し方が異なり、修正に苦労することがあるからです。

まれに⑤の方法によることもありますが、②と④には否定的な立場です。まず、②のスタイルを採らない理由を説明しましょう。筆者は予習として書き下し文の作成を課しています。「訓読は六割の翻訳」という藤堂明保先生の名言を持ち出すまでもなく、教科書の漢文を丁寧に読み、書き下し文をノートに記した段階で、ある程度の読解はできている、と筆者は考えます。加えて現代語訳まで要求するのは、高校生には酷でしょう。

④については、教師が現代語訳を黒板に書き、生徒がひたすらそれを書き写すというのは、筆者には非生産的に映ります。また、生徒に「現代語訳こそすべて」という誤った考えを植え付けかねません。説明と現代語訳をうまく織り交ぜて授業するのが理想ではないでしょうか。

6 指導計画

「指導計画」の語の意味するところは多岐にわたりますが、ここでは授業ごとに作成する「学習指導計画案」（以下、「指導案」と略称します）について考えることとします。

例年、「指導案が書けなくて困っています。」と悩みを訴える実習生がいます。実情を聞いてみると、教材研究が不十分である場合が多いのです。教材研究を十分に行えば、その教材のどこが大事で、どこに重点を置いて授業すべきかが、自然に見えてきます。後は一時間で進む範囲を決め、その中を〈導入〉〈展開〉〈まとめ〉に分けるだけです。もちろん「指導案」通りには授業は進みません。次の時間には、前時の失敗や考え違いを修正して反映させる……、この繰り返しで現実的な「指導案」に近づくはずです。

なお、「指導計画」には、年間指導計画、学期ごとの指導計画、月間指導計画、週間指導計画などの広義の「指導計画」と、直近の授業に備えて立てる狭義の「指導計画」とがあります。最近では広義の「指導計画」をシラバスとしてホームページに掲載する学校が増え、そのために職場がますます多忙化しているとも聞きます。教材研究と指導計画作りの軽重を常に意識し、くれぐれも本末転倒することがないように心したいものです。

7 板書

板書の技術は、何年教師経験を積んでもなかなか上達しないものの一つです。筆者の反省も踏まえながら、注意点を列挙してみましょう。

○予め板書事項を精選しておく。板書事項が多いと、生徒はそれを書き写すことに心を奪われ、耳が留守になる。
○実際の板書のイメージを作り、授業用ノートに書き込んでおく。授業ではノートを見ずに板書するのが望ましい。
○板書は縦書きで、大きくまっすぐに、わかりやすい文字を心がける。文字はうまくても、走り書きや斜め書きはもってのほかである。

○チョークをしっかり持ち、ゆっくり力を入れて書く。
○必ず教室で板書の予行演習をしてみる。その際、同僚や先輩に、文字の大きさや字配りなどについて批評してもらう。同時に、自らも教室の後ろに立ち、自分の板書がどう見えるかをチェックする。
○授業が終わった後も、教室の後ろから自分の板書を確認する。さらに、ノート提出をさせる場合は、自分の板書が生徒にどのように伝わったかを確認するとよい。
○説明の都合上、文字で示す必要が出てきた場合は、正式な板書とは異なることを何らかの方法で示す。
○黄色や赤の色チョークの使用は、最低限にとどめる。色チョークの多用は見にくいだけでなく、生徒を混乱させる。真面目な生徒には、板書と同じ色数を使ってノートする傾向があることを知っておきたい。
○完全な板書よりも、意識的に不完全な板書を心がける。生徒が自分で言葉を補ったり、辞典で調べて説明を補完したりする余地を残すことも考えるとよい。

以前にも述べたように、常に生徒と向き合い、音読や発問なども交えながら進めるのが授業の基本スタイルです。そのためにも、教師が生徒に背を向ける時間はできるだけ少なくしたいものです。板書事項を厳選し、予めイメージを作っておく必要性はここにあります。

なお、「板書」という語は、「分掌」や「机間巡視」と同様に学校用語のようで、一般にはなじみがありません。『広辞苑』では「黒板などに字を書くこと。」と説明していますが、ホワイトボードや電子黒板も「など」に含まれるのかどうか、興味のあるところです。

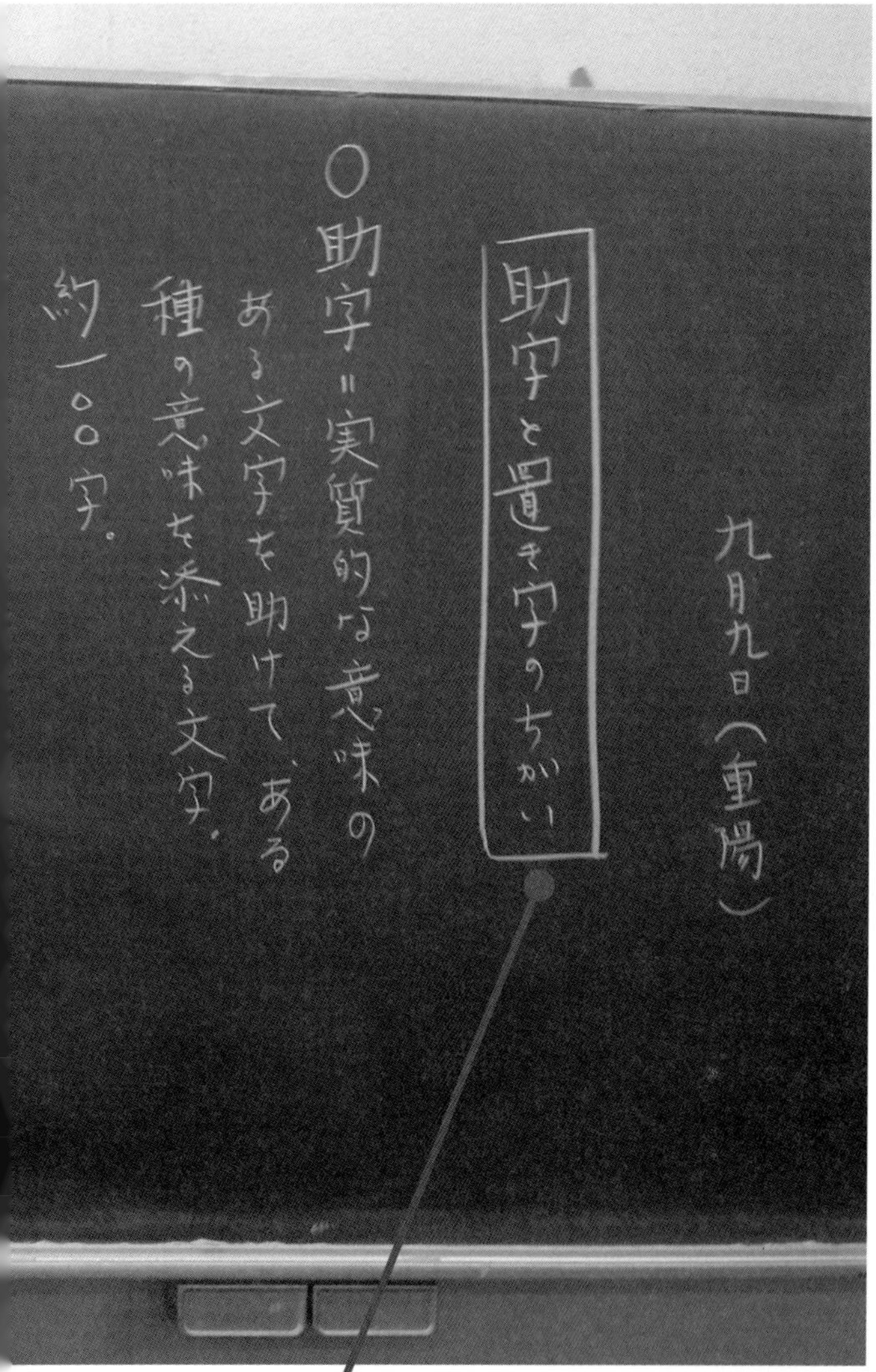
九月九日（重陽）
助字と置き字のちがい
○助字＝実質的な意味のある文字を助けて、ある種の意味を添える文字。
約一〇〇字。

◎板書のポイント◎

◉基本の三箇条
1　縦書きで書く。
2　大きく読みやすい字で書く。
3　色数はできるだけ少なく書く。

○置き字＝助字の中で、直接訓読しない文字（而・於《オ》・于《ウ》など）や、読読できない文字（矣《イ》・焉《エン》・兮《ケイ》など）。
◎「置き字イコール意味のない文字」ではない！
助字と置き字の関係
漢字の大きな集合
『大漢和辞典』では
約50,000字
助字
置き字

◉文字の位置
後ろの席からも見えるように、黒板の上いっぱいを使って書く。下は空けておく。

◉タイトルをつける
生徒が記憶を整理しやすいように、内容や図にはタイトルをつける。

◉左端にメモ欄を
漢字の確認などのためには、常に左端に余白を残しておくとよい。

「先従《ヅ》レ隗始《リ》」《メヨ》の授業に向けて

——教科書をフル活用する授業

Ⅲ発展
Ⅱ充実
Ⅰ入門

1

先《まヅ》従《より》レ隗《くわい》始《はじメヨ》

曾先之《そうせんし》

燕《えん》人《ひと》立《テテ》二太子平《ヲ》一為《なス》レ君《ト》。是《これヲ》為《ス》二昭王《ト》一。弔《ヒ》レ死《ヲ》問《ヒ》レ生《ヲ》、卑《ひくクシ》レ辞《ヲ》厚《クシテ》レ幣《ヲ》、以《もつテ》招《ク》二賢者《ヲ》一。問《ヒテ》二郭《くわく》隗《くわいニ》一曰《いハク》、「斉《せいハ》因《よリテ》二孤之《の》国《ノ》乱《ルルニ》一、而襲《ヒテ》破《ル》レ燕《ヲ》。孤極《メテ》知《ル》二燕《ノ》小《ニシテ》不《ざルヲ》レ足《ラ》二以《テ》報《ズルニ》一。誠《ニ》得《テ》二賢士《ヲ》一、与《と》二—共《もニシ》国《ヲ》一、以《テ》雪《すすガンコトハ》二先王之恥《ヲ》一、孤之願《ヒ》也《なり》。先

◎注意させる語句◎

【語句】

4 孤 こ わたくし。王侯がへりくだっていう自称。▼昭王が相手に敬意をはらっている様子がわかる。

6 報 ほうズ 復讐する。〈報復〉

7 雪 すすグ 晴らす。清める。〈雪辱〉

8 視 しめス 教える。指さす。▼推薦してほしいということ。

事 つかフ 仕える。〈師事〉

13 矣 〈読まない〉断定・強調の意味を表す。

14 致 いたス 招く。〈招致〉

従 より …から。

生視《しめせ》二可《ナル》者《ヲ》一。得《ント》二身事《つかフルヲ》レ之《これニ》。」

2

隗曰《ハク》、「古《いにしへ》之君《ニ》、有《リ》下以《テ》二千金《ヲ》一使《しムル》三涓《けん》人《じんヲシテ》求《メ》二千里《ノ》馬《ヲ》一者上。買《ヒテ》二死馬《ノ》骨《ヲ》五百金《ニ》一而返《ル》。君怒《ル》。涓人曰《ハク》、『死馬《スラ》且《かツ》買《フ》レ之《ヲ》。況《いはンヤ》生《ケル》者《ヲ》乎《や》。馬今《ニ》至《ラン》矣《ト》。』不《シテ》二期年《ナラ》一、千里《ノ》馬至《ル》者三《アリ》。今、王必《ズ》欲《ほつセバ》レ致《サント》レ士《ヲ》、先《ヅ》従《リ》レ隗始《メヨ》。況《ンヤ》賢《ナル》二於隗《ヨリモ》一者、豈《あニ》遠《シトセン》二千里《ヲ》一哉《やト》。」

3

於《おイテ》レ是《ここニ》、昭王為《ためニ》レ隗《ノ》改《メテ》築《キ》レ宮《ヲ》、師二|事《セリ》之《ニ》一。於《イテ》レ是《ニ》、士争《ヒテ》趨《おもむク》レ燕《ニ》。

（十八史略、春秋戦国・燕）

17 於レ是　ここニおイテ　そこで。そうして。

【句法】

9 使二AB一　AヲシテB（セ）しム　AにBさせる［使役］

11 A且B、況C乎　AスラかツB、いはンヤCヲや　AでさえBである。ましてCはなおさらである。［抑揚］

14 A二於B一　BヨリモA　BよりもAである。［比較］

15 豈…哉　あニ…や　どうして…か。［反語］

書き下し文

1 燕人《えんひと》 太子平《たいしへい》を立《た》てて君《きみ》と為《な》す。是《これ》を昭王《せうわう》と為《な》す。死《し》を弔《とむら》ひ生《せい》を問《と》ひ、辞《じ》を卑《ひく》くし幣《へい》を厚《あつ》くして、以《もつ》て賢者《けんじや》を招《まね》く。郭隗《くわくくわい》に問《と》ひて曰《い》はく、「斉《せい》は孤《こ》の国《くに》の乱《みだ》るるに因《よ》りて、襲《おそ》ひて燕《えん》を破《やぶ》る。孤《こ》 極《きは》めて燕《えん》の小《せう》にして以《もつ》て報《ほう》ずるに足《た》らざるを知《し》る。誠《まこと》に賢士《けんし》を得《え》て、国《くに》を与共《とも》にし、以《もつ》て先王《せんわう》の恥《はぢ》を雪《すす》がんことは、孤《こ》の願《ねが》ひなり。先生《せんせい》可《か》なる者《もの》を視《しめ》せ。身《み》 之《これ》に事《つか》ふるを得《え》ん。」と。

2 隗《くわい》曰《い》はく、「古《いにしへ》の君《きみ》に、千金《せんきん》を以《もつ》て涓人《けんじん》をして千里《せんり》の馬《うま》を求《もと》めしむる者《もの》有《あ》り。死馬《しば》の骨《ほね》を五百《ごひやく》金《きん》に買《か》ひて返《かへ》る。君《きみ》 怒《いか》る。涓人《けんじん》曰《い》はく、『死馬《しば》すら且《か》つ之《これ》を買《か》ふ。況《いは》んや生《い》ける者《もの》をや。馬《うま》 今《いま》に至《いた》らん。』と。期年《きねん》ならずして、千里《せんり》の馬《うま》 至《いた》る者《もの》三《さん》あり。今《いま》、王《わう》 必《かなら》ず士《し》を致《いた》さんと欲《ほつ》せば、先《ま》づ隗《くわい》より始《はじ》めよ。況《いは》んや隗《くわい》よりも賢《けん》なる者《もの》、豈《あ》に千《せん》里《り》を遠《とほ》しとせんや。」と。

3 是《ここ》に於《お》いて、昭王《せうわう》 隗《くわい》の為《ため》に改《あらた》めて宮《きゆう》を築《きづ》き、之《これ》に師事《しじ》せり。是《ここ》に於《お》いて、士《し》 争《あらそ》ひて燕《えん》に趨《おもむ》く。

現代語訳

1 燕の大臣たちは、皇太子の平を立てて王とした。これが昭王である。（昭王は、斉との戦争で戦死した者の霊をとむらい、遺族を慰問し、丁重な言葉で手厚い進物を用意して（誠意を十分に表して）、天下の賢者を招こうとした。（ある時、家臣の）郭隗に尋ねて言った、「斉は、わが国の内乱につけ込んで、わが燕国を襲撃し、破った。私は、燕が小国で、報復するには力が足りないことをよく理解している。ぜひとも天下の賢人を得て、国事をともに謀り（国力を充実させて）、それで亡き父王の恥をすすぐことは、私の願いである。先生、どうかふさわしい方を推薦してくれ。その方を師として敬い仕えたいと思う。」と。

2 隗が答えて言った、「昔の王で、涓人（召使い）に千金を持たせて千里の馬（一日に千里走る名馬）を買いに行かせた方がいました。（その涓人は）死んだ馬の骨を五百金で買って帰ってきました。王が怒ると、涓人が言いました、『死馬の骨さえ大金で買ったのです。まして生きた名馬は高く買うに違いない。（世の人々はそう考えるでしょう。ですから）名馬はいまにやって参ります。』と。（はたして予言どおり、）まる一年も経たないうちに、千里の名馬が三頭もやってきたということです。今もし、王様がなんとしても天下の賢人を集めたいとお考えでしたら、先ず私（隗）からお始めください。（そうすれば）私より賢い人たちは、なおさらのこと、どうして千里の道を遠いと思うでしょうか。（遠いとも思わずやってくるにちがいありません。）」と。

3 そこで昭王は（なるほどと思い、）隗のために邸宅を新たに造り、隗を先生として敬い仕えた。これを聞いて、天下の有能な人々は先を争って燕にやってきた。

1 注釈書の使い方

史伝教材の学習では、その史実が、いつ、どこで、どんな原因で起こったのかを、常に念頭に置く必要があります。そのためには、教科書のリード文の活用が有効です。「先づ隗より始めよ」(『十八史略』)に付いているリード文を、大修館「国語総合」から引用してみましょう。

戦国時代(前四〇三―前二二一)の大国の一つであった燕《えん》は、紀元前三一四年、その内乱のすきをねらって侵攻してきた斉《せい》に敗れ、王は殺された。新たに位についた昭王は、国家を再建するために、優れた人材を集めようとした。

(大修館「国語総合 古典編」)

生徒にはこの程度の情報で十分でしょうが、教える側はこれでは不足です。リード文にある「その内乱」は、「子之《しし》の乱」と呼ばれるものですが、原因は何だったのか。殺された王は、何という名だったか。これらは事前に調べ、必要があれば授業で紹介することになります。教科書の「先づ隗より始めよ」が『十八史略』に拠っている場合は、オリジナルの『戦国策』を調べる必要も出てきます。ただし、『戦国策』の「子之の乱」に関する記述は少々長いので、ここではコンパクトにまとめられた記事を利用することにします。

戦国時代、燕では、燕王噲《かい》が、位を宰相の子之に禅譲してしまった。尭・舜を気取ったのである。このため、燕では反子之派がこれに対抗し、内乱状態となってしまう。これに乗じて斉が燕に侵攻し、燕は大混乱に陥る。子之は逃亡し、燕王噲は殺される。韓に亡命していた噲の庶子の太子平が、推されて跡を継いだ。これが昭王である。昭王は即位すると、疲弊した燕を建て直し、父の敵である斉に復讐するため、賢者を集めようと腐心した。その時の話である。

(大竹修一・渡辺雅之『故事と語録』漢文名作選第2集6、大修館書店、一九九九年)

以上の記事を、すべてを授業で紹介する必要はありません。しかし、この事実を知って授業をするか否かで、説得力は明らかに異なってきます。

この他にも、『戦国策』で確認しておきたい事柄が二点あります。一点は、「買二死馬骨五百金一而返。」の部分です。生徒の中には、「死んだ馬の骨を大金を出して買うとは、非現実的で、たとえ話にならないのでは。」と思う者もあるかもしれません。このような疑問に対しては、『戦国策』の該当部分を予め読んでおくと、うまく対処できます。その部分の現代語訳を引用します。

いにしえ、ある君主で、千金を出してでも一日千里を踏破するといわれる名馬を手に入れたいと願った人がいました。しかし、三年たっても名馬を手に入れることはできませんでした。すると、宮中の小間使が君主に、「買い求めて参りましょう」と申し出(まし)た。君主は彼を買いに出させました。三ヶ月して、彼は千里の馬を見出しましたが、その時には、馬は死んでいました。そこで、彼はその死んだ名馬の首を五百金で買って帰り、君主に報告いたしました。

(福田襄之介・森熊男『戦国策 下』新釈漢文大系第四九巻、明治書院、一九八八年)

*( )内は、引用者が補った。

千里の馬の骨を五百金で買って帰ったことを紹介することで、涓人の行動がけっして荒唐無稽なものではないことが理解されるでしょう。

もう一点は、「於レ是、士争趨レ燕。」の部分です。これについても、前項と同様に現代語訳を引用しておきます。

（すると）楽毅《がくき》が魏の国から、鄒衍《すうえん》が斉の国から、劇辛《げきしん》は趙の国からと、優れた人物がぞくぞくと燕の国に集まってきた。燕王は、戦死者をねんごろに弔い生存者を見舞い、燕の国人と苦楽を共にして二十八年。国は富み栄え、士卒は休養を十分にとって戦争を恐れなくなった。これを見はからって、楽毅を上将軍とし、秦・楚・三晋と連合して斉を伐った。斉軍は敗れ、閔王《びんおう》は国外へ脱出した。

（前掲『戦国策　下』）

この部分も、前もって知識を得ておくことで、自信を持って授業に臨むことができます。なお筆者は、郭隗の提案の効果を確認するために、次のように板書して説明しています。

◎板書例◎

郭隗のたとえと現実

〈郭隗のたとえ〉
「死馬の骨」を大金で買う
←
「千里の馬」が集まる

〈現実〉
郭隗を優遇する
←
魏から楽毅（後の上将軍）、
斉から鄒衍（陰陽家の学者）、
趙から劇辛（五代の燕王に仕える）
らが来燕し
⇩斉に報復する力となる

注釈書の中には、訓読の仕方や表記が高校の教科書とは異なっているものがあります。たとえば「故往見二郭隗先生一曰、」（『戦国策』）は、多くの注釈書では、「故に往《ゆ》いて郭隗先生を見て曰《いは》く、」と訓読されています。しかし、これを現代の高校教科書に載せるとすれば、「故に往きて郭隗先生を見て曰はく、」と改めるはずです。というのは、「往きて」を音便で「往いて」と読むと、いかにも古めかしい印象を与えます。「曰く」を「曰はく」と改めるのは、送り仮名を統一するためです。（↓17ページ）また、中には、「往」が「住」と誤植されている本もあります。注釈書を参照して補充プリントを作る際には、十分注意を払う必要があります。

2 脚注の扱い方

高校生にとって、脚注を参照しながら解釈することは、なかなか難しい作業のようです。しかし、脚注を抜きにした解釈はあり得ず、徐々に慣らしていかなければなりません。漢文入門期には、生徒を指名して脚注を読ませることも効果的です。

現在の教科書には、次の三種類の脚注が載っています。各項目の例は、大修館「国語総合」の「先従レ隗始」に付いているものを挙げました。

(1)　**辞書的な説明**

○**昭王**　在位、前三一一―前二七九。
○**幣**　進物。
○**郭隗**　昭王の臣。

漢和辞典を引けば簡単に意味がわかる語も含まれますが、読解を行う上で共通理解が必要な項目がここに盛られています。

(2) (1)をさらに詳しくし、現代語訳としてもそのまま使えるもの

○弔_レ死問_レ生　戦死者をとむらい、遺族を慰問する。

○与_二共国_一　国政をともに担当する。

○可者　適当な人物。国政を相談するのにふさわしい賢明な人物。

現代語訳として通用する形で提示されていますから、筆者は「現代語訳にはそのまま取り入れてよい。」と指示しています。ただし、(1)との区別がつかず、困惑する生徒がいるのも事実で、教科書によってはこの種の脚注に[訳]のような記号を付しているものも見られます。

(3) 句法の説明

○使…　…に…させる。使役の形。

○…且…。況…乎　…さえ…だ。まして…ならなおさらだ。抑揚の形。

○従…　…から。起点を表す助字。

○賢_二於隗_一者　隗よりも優れた者。「於」は、比較の意味を表す助字。

句法の名称と代表的な意味が示されます。「賢_二於隗_一者」の項目は、(2)と(3)の複合型です。

句法に関しては、漢文入門期と学力充実期では、句法関連の脚注に少し補足する程度で十分でしょう。

十年ほど前のセンター試験に、語注を参照しないと時間の流れを正確に把握できない問題が出されたことがあります。この年に漢文の得点が低かった生徒は、後日「語注をきちんと見ておけばよかった。」と反省することしきりでした。

3 脚問の生かし方

講義中心の一方的な授業ではなく、生徒とのやりとりをメインに据えた活発な授業を行うためには、多種多様な発問の用意が欠かせません。「矛盾」の教材研究でも述べたように、グレード別に発問を考えておくとよいでしょう。(→59ページ) その際には、教科書の脚問（教科書によって名称が異なります）が参考になります。

(1) 基本的な発問

大修館「国語総合」では、「★『弔_レ死問_レ生、卑_レ辞厚_レ幣、以招_二賢者_一。』の主語は何か。」や「★『先従_レ隗始。』とあるが、郭隗は王に対して何を求めているのか。」という脚問が、これにあたります。両問とも解答は容易ですが、生徒全員の理解レベルを揃えるためには、必要な質問です。

発問例1 [1][2]

「以雪_二先王之恥_一、」(7)「得_二身事_レ之。」(8)「今、王必欲_レ致_レ士、」(13~14)の「雪」「事」「致」を含んだ熟語を答えよ。

——雪＝雪辱（雪冤、雪恥）

事＝師事、事大（父事、兄事）

致＝招致・召致、誘致、拉致

漢字の多義性を実感させるためにも、できるだけ取り入れたい発問です。ただし、生徒の解答の正否を即座に判断するためには、念入りに下調べしておくことが求められます。

「雪辱」の訓読は「はぢをすすぐ」のはずですが、一般書には時折「はぢをそそぐ」という表記が見られます。最近では、「漱石（いしにくちすすぐ）」を「くちそそぐ」と読むこともあるようです。将来はこのような「誤読」が正しい読み方として定着するかもしれませんが、今は「すすぐ」「くちすすぐ」と読ませましょう。

「縦・仮令（たとひ）」、「嘗・曾（かつて）」も同

様で、少なくとも漢文の時間では「たとえ」「かって」と読むべきではありません。漢文教師たるもの、言葉の変化に関しては「抵抗勢力」でありたいものです。

(2) 応用的な発問

他の作品にも応用できるような力をつけるための発問です。次例のように、生徒がつまずきやすい点を予測し、それに対処するための発問も、ここに含まれます。

発問例2　1

「孤極知二燕小不レ足二以報一。」（5～6）の文で、「極」は直接どの語を修飾しているか。

こう質問すると、多くの生徒は即座に「『小』にかかります。」と答えます。この傾向は、筆者が四十年近く高校生を見ていて、ほとんど変化がありません。原漢文を見ると、「孤」が主語、「知《ル》」が述語、「極《メテ》」が「知《ル》」の修飾語であることがわかります。「わたしはよく理解している、わが燕は小国で斉に報復するには力不足であることを。」と直訳してみると、「極」が「知」を修飾することは明らかです。しかし生徒たちは、「燕の小にして……」という「訓読文の文脈」で考えたている。

結果、「『小』です。」と答えるのです。このようにわざと間違わせ、注意を喚起することは指導上効果があります。

他の例を挙げましょう。

有《リテ》下婦人《ノ》哭《スル》二於墓《ニ》一者上而哀《シゲナリ》。（『礼記』檀弓下）
婦人《ふじん》の墓《はか》に哭《こく》する者《もの》有《あ》りて哀《かな》しげなり。

一人の婦人が墓の前で哭していて、その様子が哀しげであった。

「苛政猛《ハ》二於虎《ヨリモ》一也」（↓147ページ）にある有名な文ですが、ここでも同様の誤解が生まれます。原漢文の語順を見ると、「墓の前で『哭』している婦人がいて、その様子が『哀』であった。」という構造であることがわかります。ところが、「婦人の墓に哭する者有りて哀しげなり。」という訓読文をベースに考えると、「誰かが婦人の墓の前で哭していて、その様子が悲しげであった。」と誤解してしまうのです。

もう一例挙げます。

吾聞《ク》三北方之畏《ルルヲ》二昭奚恤《ヲ》一也。（『戦国策』楚策）
吾《われ》北方《ほっぽう》の昭奚恤《せうけいじゅつ》を恐《おそ》るるを聞《き》くなり。

私は、北方の国々が昭奚恤を恐れていると聞いている。

ここでは、「私は北方の昭奚恤を恐れていると聞く。」という誤解が生じます。以上の二例は、いずれも主格の「の」と連体格の「の」を混同したことに直接の原因があります。

文語文法に慣れない高校生が、うっかり誤解するのは無理もありませんが、いつまでも同じ誤りを繰り返すことは許されません。訓読文で考えるのではなく、原漢文に立ち返り、語順に注意しながら読解することの重要性を繰り返し訴えたいものです。

「間髪《かんぱつ》を入れず」や「きら星《ぼし》のごとく」という言い方は、すっかり現代語に定着した観がありますが、もともとの漢文に遡ると誤った読み方であることがわかります。

間　不レ容《レ》レ髪《ヲ》。→　間　髪《はつ》を容れず。
綺　羅　如《シ》レ星《ノ》。→　綺羅　星《ほし》のごとし。

誤読を避けるためには、常に原漢文を意識し、訓読文だけで意味を考えないことが肝要です。また、書き下し文では右のように一字空けることも、誤読回避の手段として効果的です。

蛇足ですが、ロックバンドの「怒髪天《どはってん》」というグループ名は、「怒髪衝《ク》レ天《ヲ》」に由来するそうです。これも訓読文「怒髪　天を衝く」のぶった切りで、老ファンとしては残念に思えてなりません。

(3) **発展的な内容の発問の例**

国語の中の漢文であることを意識させるための発問です。漢文は「訳して終わり」ではないこと示すために、この種の発問は不可欠です。

発問例3
郭隗の提言のすぐれている点は何か。

発問例4
このような提言をした郭隗の人となりを想像してみよう。

発問例5
「まず隗より始めよ」を使って短文を作ってみよう。

4 図版の活用

もう一点、忘れてはならないのは、図版の活用です。戦国時代の史伝・史話を収録した教科書には、必ず「戦国時代要図」などの名称で図版が載っているはずです。

「先従㆑隗始」の学習では、燕と斉の位置関係を確認しておく必要があります。また、楽毅や鄒衍、劇辛がそれぞれどこの国から来燕したかを地図上で確認すると、郭隗の「況賢㆓於隗㆒者、豈遠㆓千里㆒哉。」という確信に満ちた発言を、リアルに感じ取ることができます。

筆者は「戦国時代要図」を使って、「戦国の七雄」と呼ばれる国々の名とその位置を生徒全員に覚えさせています。「戦国の七雄」の国名と位置関係は、戦国時代のパワーバランスの理解に欠かせないからです。

各国の位置は、韓から始めて渦巻き状に、「韓→魏→趙→燕→斉→楚→秦」と覚えさせるとよいでしょう。「韓」を「漢」と書き間違えたり、「魏」が正しく書けない生徒もいますから、国名を書いて覚えさせることも大切です。

また、「戦国の七雄」の国名とその位置を知ると、蘇秦の合従策（「従」は、縦。南北のこと）や張儀の連衡策（「衡」は、横。東西のこと）についての理解も深まります。

教科書にはこれ以外にも、「春秋時代要図」「唐詩関連地図」をはじめ、様々な図版が掲載されています。新しい教科書を受け取ったら、どこに何があるのかを確認し、利用計画を立てるとよいでしょう。

戦国時代要図

「臥薪嘗胆」の授業に向けて

——史伝のおもしろさが伝わる授業に

Ⅲ発展
Ⅱ充実
Ⅰ入門

臥《ぐわ》薪《しん》嘗《しやう》胆《たん》

曾《そう》先《せん》之《し》

1 呉王闔《かふ》廬《りよ》、挙ゲテ二伍《ご》員《うん》ヲ一謀《はか》ラシム二国事ヲ一。員、字《あざな》ハ子《し》胥《しよ》、楚《そ》人《ひと》伍《ご》奢《しや》之子ナリ。奢誅《ちう》セラレテ而奔《はし》リレ呉ニ、以《ひき》ヰテ二呉ノ兵ヲ一入ルレ郢《えい》ニ。

2 呉伐《う》ツレ越ヲ。闔廬傷ツキテ而死ス。子ノ夫差立ツ。子胥復《ま》タ事《つか》フレ之ニ。夫差志スレ復セントレ讎《あだ》ヲ。朝夕臥《ふ》シ二薪中ニ一、出入スルゴトニ使メテ二人ヲシテ呼バ一

◎注意させる語句◎

【語句】

2 挙 あグ 登用する。〈推挙〉
3 字 あざな 呼び名。成人した時につけられる。
4 誅 ちうス 罪をとがめて殺す。
奔 はしル 亡命する。
以 ひきヰル 率いる。
5 伐 うツ 攻める。〈征伐〉
6 立 たツ （王に）即位する。
事 つかフ つかえる。
8 而 なんぢ おまえ。
10 于 〈読まない〉 場所を表す助字。

曰《ハク》、「夫差、而《なんぢ》忘《レタル》越人之殺《シシヲ》而《ノ》父《ヲ》邪《かト》。」周《ノ》敬王《ノ》二十六年、夫差敗《ル》越《ヲ》于夫《ふ》椒《せうニ》。

3

越王句《こう》践《せん》、以《ひき井テ》余兵《ヲ》棲《すミ》会《くわい》稽《けい》山《ざんニ》、請《フ》為《リ》臣《ト》妻《ハ》為《ラント》妾《せふト》。子胥言《フ》、「不可《ナリト》。」太《たい》宰《さい》伯《はく》嚭《ひ》受《ケ》越《ノ》賂《まひなヒヲ》、説《キテ》夫差《ニ》赦《ゆるサシム》越《ヲ》。句践反《かへリ》国《ニ》、懸《かケ》胆《きもヲ》於坐《ざ》臥《ぐわニ》、即《チ》仰《ギ》胆《ヲ》嘗《なメテ》之《ヲ》曰《ハク》、「女《なんぢ》忘《レタル》会稽之恥《ヲ》邪《ト》。」挙《ゲテ》国政《ヲ》属《しよくシ》大《たい》夫《ふ》種《しようニ》、而《しかシテ》与《と》范《はん》蠡《れい》治《メ》兵《ヲ》、事《トス》謀《ルヲ》呉《ヲ》。

12 請 こフ お願いする。〈請願〉
15 即 すなはチ すぐに。
女 なんぢ おまえ。
19 乃 すなはチ そこで。
28 北 にグ 敗れてにげる。

【句法】
7 使[一]AB[二] Aヲシテ B（セ）しム AにBさせる。［使役］
9 邪 …か …か。［疑問］

4

太宰嚭、譖《しん》ス下子胥恥ヂテ二謀《はかりごと》ノ不ルヲレ用ヰラレ怨《ゑん》望《ばう》スト上。夫差、乃チ賜フ二子胥ニ属《しよく》鏤《る》之剣ヲ一。子胥告ゲテ二其ノ家人ニ一曰ハク、「必ズ樹《う》ヱヨ二吾《わ》ガ墓ニ檟《か》ヲ一。檟ハ可ベキレ材トス也。抉《ゑぐ》リテ二吾ガ目ヲ一懸ケヨ二東門ニ一。以テ観《み》ント二越兵之滅ボスヲレ呉ヲ」。乃チ自《じ》剄《けい》ス。夫差取リ二其ノ尸《し》ヲ一、盛ルニ以テシ二鴟《し》夷《い》ヲ一投ズ二之ヲ江ニ一。呉人憐《あは》レミレ之ヲ、立テ二祠《ほこら》ヲ江上ニ一、命《な》ヅケテ曰フ二胥山ト一。

5

越、十年生《せい》聚《しう》シ、十年教訓ス。周ノ元王ノ四年、越伐ツレ呉ヲ。呉三タビ戦ヒ三タビ北《に》グ。夫差上リ二姑《こ》蘇《そ》ニ一、亦《ま》タ請フ二成《たひら》ギヲ於越ニ一。

書き下し文

1 呉王闔廬《ごわうかふりよ》、伍員《ごうん》を挙《あ》げて国事《こくじ》を謀《はか》らしむ。員《うん》、字《あざな》は子胥《ししよ》、楚人《そひと》伍奢《ごしや》の子《こ》なり。奢《しや》 誅《ちう》せられて呉《ご》に奔《はし》り、呉《ご》の兵《へい》を以《ひき》ゐて郢《えい》に入《い》る。

2 呉《ご》 越《ゑつ》を伐《う》つ。闔廬《かふりよ》 傷《きず》つきて死《し》す。子《こ》の夫差《ふさ》立《た》つ。子胥《ししよ》 復《ま》た之《これ》に事《つか》ふ。夫差《ふさ》 讎《あだ》を復《ふく》せんと志《こころざ》す。朝夕薪中《てうせきしんちゆう》に臥《ふ》し、出入《しゆつにふ》するごとに人《ひと》をして呼《よ》ばしめて曰《い》はく、「夫差《ふさ》、而《なんぢ》 越人《ゑつひと》の而《なんぢ》の父《ちち》を殺《ころ》ししを忘《わす》れたるか。」と。周《しう》の敬王《けいわう》の二十六年《にじふろくねん》、夫差《ふさ》 越《ゑつ》を夫椒《ふせう》に敗《やぶ》る。

3 越王句践《ゑつわうこうせん》、余兵《よへい》を以《ひき》ゐて会稽山《くわいけいざん》に棲《す》み、臣《しん》と為《な》り妻《つま》は妾《せふ》と為《な》らんと請《こ》ふ。子胥言《ししよい》ふ、「不可《ふか》なり。」と。太宰伯嚭《たいさいはくひ》 越《ゑつ》の賂《まひな》ひを受《う》け、夫差《ふさ》に説《と》きて越《ゑつ》を赦《ゆる》さしむ。句践《こうせん》 国《くに》に反《かへ》り、胆《きも》を坐臥《ざぐわ》に懸《か》け、即《すなは》ち胆《きも》を仰《あふ》ぎ之《これ》を嘗《な》めて曰《い》はく、「女《なんぢ》 会稽《くわいけい》の恥《はぢ》を忘《わす》れたるか。」と。国政《こくせい》を挙《あ》げて大夫種《たいふしよう》に属《しよく》し、而《しか》して范蠡《はんれい》と兵《へい》を治《をさ》め、呉《ご》を謀《はか》るを事《こと》とす。

4 太宰嚭《たいさいひ》、子胥《ししよ》 謀《はかりごと》の用《もち》ゐられざるを恥《は》ぢて怨望《えんばう》すと譖《しん》す。夫差《ふさ》、乃《すなは》ち子胥《ししよ》に属鏤《しよくる》の剣《けん》を賜《たま》ふ。子胥《しし》 其《そ》の家人《かじん》に告《つ》げて曰《い》はく、「必《かなら》ず吾《わ》が墓《はか》に檟《か》を樹《う》ゑよ。檟《か》は材《ざい》とすべきなり。吾《わ》が目《め》を抉《ゑぐ》りて東門《とうもん》に懸《か》けよ。以《もつ》て越兵《ゑつへい》の呉《ご》を滅《ほろ》ぼすを観《み》ん。」と。乃《すなは》ち自剄《じけい》す。夫差《ふさ》 其《そ》の尸《し》を取《と》り、盛《も》るに鴟《し》

范蠡不レ可《きカ》。夫差曰《ハク》、「吾《われ》無《シト》三以《テ》見《ル》二子胥《ヲ》一。」為《つくリテ》二幎《べき》冒《ぼうヲ》一乃《チ》死《セリ》。

（十八史略、春秋戦国・呉）

30

夷《い》を以《もつ》てし 之《これ》を江《かう》に投《とう》ず。呉人《ごひと》 之《これ》を憐《あは》れみ、祠《ほこら》を江上《かうじやう》に立《た》て、命《な》づけて胥山《しよざん》と曰《い》ふ。

5 越《ゑつ》、十年生聚《じふねんせいしう》し、十年教訓《じふねんけうくん》す。周《しう》の元王《げんわう》の四《よ》年《ねん》、越《ゑつ》 呉《ご》を伐《う》つ。呉《ご》 三《み》たび戦《たたか》ひ三《み》たび北《に》ぐ。夫《ふ》差《さ》 姑蘇《こそ》に上《のぼ》り、亦《ま》た成《たひら》ぎを越《ゑつ》に請《こ》ふ。范蠡《はんれい》 可《き》かず。夫差《ふさ》曰《い》はく、「吾《われ》 以《もつ》て子胥《ししよ》を見《み》る無《な》し。」と。幎冒《べきぼう》を為《つく》りて乃《すなは》ち死《し》せり。

現代語訳

1 呉王の闔廬は伍員を抜擢して、国政に当たらせた。伍員は字を子胥といい、楚の国の人、伍奢の子である。父の伍奢が（楚の平王に）殺されたので、伍員は（難を避けて）呉の国に亡命し、（後に闔廬の計らいで）呉の軍隊を借り、これを率いて楚の都の郢に攻め入っ（て父の仇を討っ）た。

2 （その後）呉は越を攻めた。（その時）闔廬は負傷し、（それがもとで）死んでしまった。（そこで）子の夫差が王位についた。子胥は引き続き夫差にも仕えることになった。夫差は父の仇討ちをしたいと決意した。ふだん薪を積んだ中に寝起きして、（痛みを覚えるごとに復讐の念を燃やし）、また自室に出入りするたびごとに、家来に命じて、「夫差よ、お前は越人が、お前の父を殺したのを忘れたのか。」と言わせた。（このように艱難辛苦して一意専心復讐に励み）周の敬王の二十六年に、夫差は越の軍を夫椒で討ち破っ（て多年の怨みを晴らし）た。

3 越王の句践は、敗残兵をひきつれて会稽山にたてこもり、自分はあなたの臣下となり、妻は召使いとして差し出します（から生命だけは助けて下さい）と夫差に嘆願した。子胥は、「許してはならない。」と（反対した）。（ところが）宰相の伯嚭は、越からの賄賂を受け取っていたので、句践の命を許すように夫差に説き勧めて、越王を許させてしまった。（かくて）句践は国都（越の都）の会稽に帰ると、苦い胆を自分の寝起きする所にぶらさげておき、寝起きするたびごとに仰むいて胆を嘗めて（その苦さで敗北の屈辱を新たにし、自分に）いうのには、「お前は会稽山で受けた（あの苦い）屈辱を忘れたのか。」と（自戒した）。国の政治はすべて家老職の種に任せ、自分は臣下の范蠡とともに兵隊を訓練し、呉を攻め滅ぼす計画に没頭した。

4 宰相の伯嚭は、子胥は自分の謀が採用されなかったことを不名誉に思い、王を怨んでいます、と夫差に中傷した。夫差は、（それを信じこみ）子胥に属鏤という名剣を与え（これで自殺せよと命じ）た。子胥は（死に際して）家族に告げて言った、「わたしの墓にはきっと檟（ひさぎ）の木を植えよ。檟は（やがて成長して夫差の）棺桶の材料にしてやるのだ。わたしの目玉をえぐり取って都の東門にかけておけ。越の軍隊が東から攻め寄せて、呉の国を滅ぼすのを見てやろう。」と。そして自ら首をはねて死んだ。夫差は（このことを聞いて大いに怒り）子胥の遺体を取って、馬の皮で作った袋の中につめ込み、長江に投げ込んだ。呉の国の人々は、それを気の毒に思い、ほこらを長江のほとりに立てて、（子胥の霊をとむらい）そこを胥山となづけた。

5 越の国では、十年間人口の増加を図り、物資を豊かにし、(国力の充実に努め)次の十年間は、人民を教え軍事の訓練をして、強兵の実をあげた。(そうして)周の元王の四年に、越は呉を攻めた。呉は戦うたびに敗北した。夫差は姑蘇台に引きあげ、(以前、句践が会稽山でやったように)自分もまた和睦を越に願い出た。(ところが)范蠡は聞きいれなかった。夫差は(いよいよ死ぬ時になって)、「わたしは、(あの世で)子胥に合わせる顔がない。」と言って、顔隠しの覆い布をつくり、それで顔をおおって自殺した。

1 時代と地理関係を把握する

史伝を理解するためには、時代背景の把握が不可欠です。まずは教科書のリード文を精読して、時代背景の理解に努めましょう。多くの教科書には、次のようなリード文が掲載されています。

紀元前八世紀から前五世紀までの春秋時代は、諸侯が覇を競う抗争の時代であった。この時代の末期に長江の下流域に国境を接した呉・越の両国は、互いに抗争を繰り返し、存亡をかけた争いを続けていた。

(大修館「国語総合 古典編」)

この段階で「呉と越の仲が悪かったことがわかる言葉を知っている人は、いるかな。」と問いかけてみると、生徒から「呉越同舟」(『孫子』九地編)の語が返ってくるはずです。このようなやりとりによって、生徒はこの教材に親近感を抱くにちがいありません。

次に、教科書巻末の「漢文参考年表」で「呉・越の戦い(四九七—四七三)」の項目を見つけ、マークさせます。ただし、よほどの歴史好きを除いて、多くの生徒は「昔の出来事」という印象しか持たないかもしれません。その場合には、「呉・越の戦いの始まった前四九七年は、孔子の没年である前四七九年に近い。」のようなコメントも有効です。

さらに、地図によって両国の位置を確認します。教科書には「春秋時代関連地図」のような名称で地図が掲載されているはずですから、これを利用します。生徒に資料集を持たせている場合には、それを用いてもよいのですが、この段階では、やや大げさかもしれません。

地図を見ただけでは両国の位置がピンと来ない生徒には、教科書の脚注も参照させながら、「呉は、『現在の江蘇省一帯を領有した。』とあるから、南京や蘇州あたり。越は、『現在の浙江省一帯を領有した。』とあるから、杭州や紹興あたりです。」と説明を加えると、理解の助けになるでしょう。

2 人物関係を正確に整理する

この話には、多くの人物が登場します。手始めに、人物を呉側と越側に分けてみます。方法としては、後の学習の支障にならないように配慮しながら、教科書本文に国別の記号や傍線を付していきます。一例を示しましょう。ここでは、呉の側に傍線を、越の側に二重傍線を付しています。

2 呉伐レ越。闔廬傷而死。子夫差立。子胥復事レ之。夫差志レ復レ讎。朝夕臥二薪中一、出入使二人呼一曰、「夫差、而忘三越人之殺二而父一邪。」周敬王二十六年、夫差敗二越于夫椒一。

3 越王句践、以二余兵一棲二会稽山一、請二為レ臣妻為レ妾。子胥言、「不可。」太宰伯嚭受二越賂一、説二夫差一赦レ越。句践反レ国、懸二胆於坐臥一、即仰レ胆嘗レ之曰、「女忘二会稽之恥一邪。」挙二国政一属二大夫種一、而与二范蠡一治レ兵、事レ謀レ呉。

多くの生徒は、「周の敬王や元王はどうするのか。」と疑問を抱きますが、脚注に注目させ、周の敬王や元王は直接の登場人物ではないことに気づかせます。

もう一点、生徒が引っかかるのが同人異称の問題です。伍員と伍子胥が同一人物であることに気づかない生徒もいますから、丁寧な指導が必要になります。次のような形でノートに整理させることも有効でしょう。

理解の速い生徒は、「伍員（伍子胥）」や「太宰伯嚭（太宰嚭）」のような表記をわずらわしく感じるかもしれません。しかし、史伝に限らず、人物関係の整理は漢文読解には欠かせない作業ですから、丁寧すぎることはありません。なお、授業中の説明や現代語訳で、「伍員は……。」「伍子胥は……。」とすると混乱する生徒が出てきます。伍員または伍子胥のどちらかに統一するのがよいでしょう。

◎ノート例◎

「臥薪嘗胆」の人物関係

呉
- 呉王闔廬
- 呉王夫差…闔廬の死去後、即位
- 伍員（伍子胥）…闔廬・夫差の二代に臣事
- 太宰伯嚭（太宰嚭）

越
- 越王句践
- 大夫種
- 范蠡

3 発問によって理解を助ける

授業中の発問は、生徒が誤解しそうな箇所や、深い意味に気づかずに通り過ぎてしまいそうな箇所を予想して用意するものです。経験を積むと、生徒がどこで間違えるか、どの箇所でつまづくかが自然とわかるようになります。しかし、経験の浅い指導者の場合は、教科書の脚問や指導書の発問例から発問を構想することになります。発問の例を挙げます。

発問例1 1

「奢誅而奔レ呉、以二呉兵一入レ郢。」（3〜4）とあるが、「奔レ呉」の主語は何か。

――筆者の経験では、深く考えずに「伍奢です。」と答える生徒が多くいます。伍奢は罪をとがめられ、すでに死んでいることと、この文全体の主語が伍員であることに気づかせましょう。

発問例2 5

「夫差上二姑蘇一、亦請二成於越一。范蠡不レ可。」（28〜29）とあるが、何に対して「亦」というのか。

――「亦」は、同じ事物が前に述べられていることを示す助字です。ここでは、越王句践が会稽山で命乞いをしたことを受けて、呉王夫差も「同じ

◎板書例◎

「亦」が意味すること
○越王句践が会稽山で命乞いした。
↓伍員が反対した。
　しかし呉王夫差は、太宰伯嚭の働きかけによって句践を許し帰国させた。
○呉王夫差がかつての句践と「同じように」和平を願い出た。
↓范蠡が強く反対し、夫差は自殺に追い込まれた。

ように」和平を願い出たことを意味しています。さらに、その後の事態の展開にも留意させながら、「亦」という一字の重みに気づかせたいものです。次に掲げるのは、板書の一例です。

4 意図や心情を読み取る

漢文も国語の一分野である以上、「読んで訳して終わり」というわけにはいきません。幸いに史伝教材は、登場人物の行動の意図や、そこにこめられた心情を読み取る活動を行うのに適しています。「臥薪嘗胆」の授業でも、行動の意図や心情を読み取ることを中心に置きたいものです。

発問の例を挙げてみます。

発問例3 1 2 3 4

次の各文は、誰の、どのような意図による行為か。

○奢誅而奔レ呉、以二呉兵一入レ郢。（3～4）
──伍員が、楚で誅殺された父の仇を討つために行った。
○朝夕臥二薪中一、出入使二人呼一曰、「夫差、而忘三越人之殺二而父一邪。」（7～10）
──呉王夫差の、越に対する復讐心を忘れないための行為。
○越王句践、以二余兵一棲二会稽山一、請二為レ臣妻為レ妾。（11～12）
──越王句践が、再起を期すためにあえて不名誉な申し出をしている。
○子胥言、「不可。」（12～13）
──伍員が、復讐の連鎖を断ちきるために、夫差にこう進言した。
○句践反レ国、懸二胆於坐臥一、即仰レ胆嘗レ之曰、「女忘二会稽之恥一邪。」（14～16）
──越王句践が、「会稽の恥」をすすぎ、越への復讐の思いをかきたてるためにわが身を苦しめている。
○太宰嚭、譖下子胥恥二謀不一レ用怨望上。（18～19）
──越に内通している太宰伯嚭が、政敵の伍員を失脚させるために、伍員を中傷した。
○夫差、乃賜二子胥属鏤之剣一。（19～20）
──太宰伯嚭の讒言を信じた夫差が、伍員に自殺を促すために剣を与えた。

発問例4 5

次の各文からは、誰の、どのような心情が読み取れるか。

○子胥告二其家人一曰、「必樹二吾墓檟一。檟可レ材也。抉二吾目一懸二東門一。以観二越兵之滅一レ呉。」（20～22）
──死を目前にした伍員の、夫差に対する強烈な憎しみの心情。
○夫差取二其尸一、盛以二鴟夷一投二之江一。（23～24）
──伍員の遺言を聞いた夫差が、伍員の遺骸を辱めることで、憎しみを晴らそうとする心情。

○夫差曰、「吾無$_{三}$以見$_{二}$子胥$_{一}$。」為$_{二}$幎冒$_{一}$乃死。（29～30）

——死を覚悟した夫差の、自らの非を認め、子胥にすまないと思う心情。

5 生徒に興味を持たせる工夫

生徒の興味や関心を高めるためには、時には教科書本文に書かれていない情報を提供することも必要です。たとえば越王句践から呉王夫差に西施という美女が贈られ、夫差が彼女に惑溺したことが呉の滅亡につながったことは、越の勝因を考える上でも重要な情報です。

また、越の勝利の後、范蠡が句践の人間性に不信感を抱いて越を去り、陶朱公と称して巨万の富を築いたことを紹介すると、興味を抱く生徒がいるにちがいありません。この場合は、「陶朱猗頓《とうしゅいとん》の富」の語を示して、さらに深く調べさせるとよいでしょう。

小川環樹・今鷹真・福島吉彦訳『史記世家』中巻（岩波文庫、一九八〇年）の「越王句践世家」を読むと、授業で生徒に紹介したくなるエピソードが多く見つかります。たとえば太宰伯嚭の伍員に対する讒言は、次のように記載されています。

「伍員（伍子胥）はうわべは忠実そうですが、実は冷酷な男であります。父や兄さえ見殺しにしたものが、王さまのことを気にかけましょうか。さきごろ王さまが斉を伐とうとせられましたときも、伍員は強くいさめました。それが勝ちいくさになりますと、かえって王さまを怨みます。伍員にご用心なさいませぬと、きっと乱を起こしますぞ。」

岩波文庫版『史記世家』は全編現代語訳ですから、漢文が得意でなくても支障なく読むことができます。できれば関連する「呉太伯世家」（同書上巻所収）もあわせ読んで、幅広く豊かな教材研究がなされることを期待します。

6 発展学習を促す契機

教材としての「臥薪嘗胆」は、生徒に発展的な学習を促す条件を備えています。その例をいくつか示しましょう。

○伍員の考え方や生き方について考えてみよう。

○呉越の戦いが最終的に越の勝利に終わったのは、なぜだと考えられるか。越の勝因を、句践と夫差の人柄や国王としての資質、君臣関係、戦略の面から考えてみよう。

○「臥薪嘗胆」や「会稽の恥」、「呉越同舟」の語は、現代ではどのような意味で使われているか、故事成語辞典や漢和辞典などで調べてみよう。また、これらの語を使って短文を作ってみよう。

○陳舜臣『小説十八史略』（講談社文庫、一九九二年）などの書籍を読んで、「臥薪嘗胆」前後の史実を確認しよう。

漢詩の授業に向けて

——想像力を生かす授業の工夫

Ⅲ発展
Ⅱ充実
Ⅰ入門

1 はじめに

高校の漢文学習では、学習内容を詩文・史伝・思想の三つの分野に分けることが一般的です。この中で漢詩は、漢文の授業時間数を十分に確保できない高校でも、間違いなく扱われる分野でしょう。漢詩ならば訓読への習熟はさほど必要なく、限られた時間を有効に使えるという教師の思惑が働くからです。

ところで、漢詩は小学校や中学校の教科書でも教材化されています。中でも孟浩然の「春暁」や李白の「静夜思」は、小中学校の複数の教科書に掲載されていて、学習済みという認識の生徒も少なからずいることでしょう。小中学校の授業とは違った、高校らしい授業を展開するためには、何が必要でしょうか。ここでは、想像力によって漢詩を読み解く工夫を考えていきます。

2 漢詩にまつわる二つの疑問

漢詩の授業に向けて教材研究を始める前に、漢詩にまつわる疑問を解決しておきましょう。

一つは、漢詩と唐詩はどう違うのかという疑問です。漢文の教科書で詩を扱う単元の名称を見ると、「古代の詩」や「唐代の詩」はあっても、「漢詩」という単元名は、あまり見かけません。古文と漢文で一冊になっている古典の教科書では、やむを得ず「中国の詩」とすることがありますが、「中国の漢詩」という単元名にはしないはずです。

実は、漢詩と唐詩の区別がつかない生徒が多くいるのです。二者の違いは、次のように説明するとよいでしょう。

◎板書例◎

漢詩と唐詩の違い

漢詩＝①漢代に作られた詩。
②（日本での用法）漢字でつづった詩。からうた。↔和歌（やまとうた）
唐詩＝唐代に作られた詩。

「漢詩」の②の意味は、わが国で「和歌」に対して用いられるもので、日本人の手になるものも含みます。そこには厳格な規則が存在し、田中角栄元首相が訪中の際に携えていった、漢字を並べただけの「詩」は、漢詩とは呼べません。「『漢詩』という大きな集合の中に、『唐詩』という集合がある。」と説明すると、生徒は納得するようです。

もう一つは、国語総合ではなぜ唐詩を中心に扱うのかという疑問です。確かに国語総合で学習するのは、孟浩然、王之渙《おうしかん》、王昌齢、王維、李白、杜甫、岑参《しんじん》、張継、韓愈、柳宗元、白居易など、唐代の詩人の作品に限られ、例外はあまり見られません。これは漢詩の歴史と関係があります。文学史を語るときに、唐代を初唐・盛唐・中唐・晩唐の四期に分けますが、この盛唐期に作詩の規則が確立し、優れた詩人も多く世に出て、秀作を残したのです。右に挙げた人物では、孟浩然、王之渙、王昌齢、王維、李白、杜甫の六人が盛唐期、張継、韓愈、柳宗元、白居易の四人が続く中唐期の詩人です。このような事情から、漢文の入門段階では、平明で味わい深く、完成度の高い盛唐期と中唐期の作品が選ばれる傾向があります。

日本人が唐詩を好む理由の一つとして、江戸時代に唐詩のアンソロジーである『唐詩選』が爆発的に流行したことが指摘されています。先ほどの高校生の話ではありませんが、『唐詩選』によって日本人の意識に「漢詩＝唐詩」という誤解が刷り込まれたのかもしれません。ちなみに、中国では「『唐詩選』偽書説」が通説としてほぼ定着し、その評価は日本と好対照をなしています。

教科書掲載漢詩ランキング

中学校・高等学校（「国語総合」）教科書で扱う漢詩教材について調査した。

○収録教材は、中・高ともに横並びの傾向が強い。中・高生にも理解しやすいテーマの詩が上位を占めるが、柳宗元「江雪」はやや異質に感じられる。

○杜甫「春望」など、中・高で重複する教材があり、扱い方が注目される。

○律詩で唯一ランキングに名を連ねていた白居易の「香炉峰下、…」は、古文教材との関連からか、改訂後は同じ作者の律詩「八月十五日夜、…」に席を譲っている。

■中学校（５社５点）平成24年度

順位	詩題	作者	時代	詩形	掲載点数
1	春望	杜甫	盛唐	律詩	5
2	黄鶴楼送孟浩然之広陵	李白	盛唐	絶句	4
3	絶句（江碧鳥逾白）	杜甫	盛唐	絶句	2
	静夜思	李白	盛唐	絶句	2
5	春暁	孟浩然	盛唐	絶句	1
	送元二使安西	王維	盛唐	絶句	1
	春夜（部分）	蘇軾	宋	絶句	1

■高等学校　国語総合（９社23点）平成25年度　　＊９位以下は省略

順位	詩題	作者	時代	詩形	掲載点数
1	送元二使安西	王維	盛唐	絶句	21
2	江雪	柳宗元	中唐	絶句	16
3	春望	杜甫	盛唐	律詩	15
	静夜思	李白	盛唐	絶句	15
5	涼州詞	王翰	盛唐	絶句	13
6	春暁	孟浩然	盛唐	絶句	12
	八月十五日夜、禁中独直、対月憶元九	白居易	中唐	律詩	12
8	登鸛鵲楼	王之渙	盛唐	絶句	11
9	香炉峰下、新卜山居、草堂初成、偶題東壁	白居易	中唐	律詩	9

■高等学校　国語総合（10社20点）平成15年度　　＊８位以下は省略

順位	詩題	作者	時代	詩形	掲載点数
1	送元二使安西	王維	盛唐	絶句	18
2	春暁	孟浩然	盛唐	絶句	13
3	春望	杜甫	盛唐	律詩	12
4	江雪	柳宗元	中唐	絶句	11
5	香炉峰下、…	白居易	中唐	律詩	10
6	登鸛鵲楼	王之渙	盛唐	絶句	9
	涼州詞	王翰	盛唐	絶句	9
8	早発白帝城	李白	盛唐	絶句	7

春暁

孟浩然《まうかうねん》

春眠不ズレ覚エレ暁ヲ
処処聞ク二啼《てい》鳥《てう》ヲ一
夜来風雨ノ声
花落ツルコト知ル多少

（唐詩選）

書き下し文

春眠《しゅんみん》 暁《あかつき》を覚《おぼ》えず
処処《しよしよ》 啼鳥《ていてう》を聞《き》く
夜来《やらい》 風雨《ふうう》の声《こゑ》
花《はな》落《お》つること知《し》る 多少《たせう》

現代語訳

春の夜は、（暖かくて寝心地がよいので、）夜明けも知らずに、ぐっすりと寝込んでしまった。

（ふと目をさますと、はや朝はたけなわと見えて、）そこここに小鳥の鳴く声が聞こえる。

（思い出してみると、）ゆうべは風雨の音がしていたが、

あの美しく咲きほこっていた庭の花は、いったいどのくらい散ってしまったことやら。

◎注意させる語句◎

【語句】

1 **春暁** **しゅんげう** 春の明け方。詩題を「春晩絶句」とするテキストもある。

2 **春眠** **しゅんみん** 春の夜のねむり。

3 **処処** **しよしよ** あちらこちらから。▼「ところどころ」ではないので注意する。

聞二啼鳥一 **ていてうヲきク** 鳥の鳴き声が聞こえてくる。「聞」は、意識して聴くのではなく、音や声が聞こえてくる。（↓146ページ）「啼鳥」は、鳴く鳥の声。鳥の鳴き声。

4 **夜来** **やらい** 昨夜。▼「来」は、語調を整える助字。一説に、昨夜から。

2 **多少** **たせう** いかほど。どのくらい。

3　作者の心境を想像して読む孟浩然の「春暁」

孟浩然の「春暁」は、特に起句の「春眠　暁を覚えず」が人口に膾炙しています。春先に眠そうな顔であくびをしている人を見かけると、「春眠暁を覚えずだね。」と思わず声をかけてしまうのは、この詩が私たちになじみ深いものになっている証左でしょう。

　では、この詩は何をうたっているのでしょうか。起句と承句に注目して、朝のまどろみの心地よさを主題としたり、転句と結句から、去りゆく春を惜しむ心情を主題として導くのが一般的ですが、どうもそれだけではなさそうです。

　「朝廷」や「王朝」の「朝」は、天子が早朝、夜も明けやらぬ時間帯に政務を執ったことに由来します。白居易の「長恨歌」で「早朝」を「あさまつりごと」と熟して読むのも、同じ理由からです。天子が未明に政治を執り行うとすれば、いきおい官僚たちの出勤はそれより早くなります。官僚にとっては、寝床で「春眠暁を覚えず」はあり得ない状況でした。

　では、朝寝を貪る作者は、夜星朝星をいただいて出勤する官僚たちを、どのように見ていたのでしょうか。作者の経歴を調べると、官吏登用試験を受けて合格はしなかったものの、その詩才を認められ、官僚として高位に進んだ王維や、宰相まで務めた張九齢らと親交を結んでいたことがわかります。作者は当時の官僚たちに対して、同じ知識人階層に属しているという親しみを感じつつも、一方では住む世界のちがいを直視せざるを得なかったのかもしれません。

　このように考えてくると、起句の「春眠　暁を覚えず」は、宮仕えとは縁のない作者が、あくせくと働く官僚たちを見下して、「どうだ、君たちにはこんなことはできないだろう。」と強がった言葉とは読めないでしょうか。

　詩句の解釈と現代語訳だけでは、ここまで想像は至りません。「春暁」の詩では、作者の経歴や境遇を知ることで、詩にうたわれた境地に対する自由で豊かな想像が可能になります。

「春暁」の主題については、宇野直人・江原正士『漢詩を読む2　謝霊運から李白、杜甫へ』（平凡社、二〇一〇年）に次のような指摘があり、参考になります。

> ――つまり、孟浩然は春のまったりとした時間を詠んだのではなく、自らの境遇を詠んだということでしょうか？
>
> 　実はそうだと思います。ですから裏の意味に即して訳せば、「私は役人になれず、のんびり朝寝坊をして過ごしている。何もすることがない。思い出してみると、私の人生はずっと暗い一方で、たくさんの夢が散らされてしまった」と、歎きの詩になるんですね。

　この本は、俳優・声優の江原氏の疑問に対して、詩の専門家の宇野氏が答える形で構成されています。「新しい漢詩の入門シリーズ」というキャッチコピーにたがわぬ、読みやすく内容の濃い一冊ですから、一読をお薦めします。

静夜思

李《り》白《はく》

牀《しやう》前《ぜん》看《み》ル二月光ヲ一
疑《ウタガ》フラクハ是レ地上ノ霜カト
挙ゲテレ頭《かうべ》ヲ望《ミ》二山月ヲ一
低《た》レテレ頭ヲ思二故郷ヲ一

（唐詩選）

書き下し文

牀《しやう》前《ぜん》　月光《げつくわう》を看《み》る
疑《うたが》ふらくは是《こ》れ　地上《ちじやう》の霜《しも》かと
頭《かうべ》を挙《あ》げて　山月《さんげつ》を望《のぞ》み
頭《かうべ》を低《た》れて　故郷《こきやう》を思《おも》ふ

現代語訳

寝台の前までさしこんだ月の光を見つめる。
（その白い光は）地面に降りた霜ではないかと、ふと思った。
顔をあげては山の上の月をながめ、
顔をふせては故郷を思いやった。

◎注意させる語句◎

【語句】
3　疑是　うたがフラクハこレ　…であるかのように思われる。

4 詩が作られた状況を想像して読む
李白の「静夜思」

この詩は、李白三十一歳、放浪の旅の途次での作とされています。さほど難しい詩句がなく、望郷の念という主題も理解しやすいことから、中国では小学校低学年の教材に指定され、わが国でも中学校や高校の教科書に採られて親しまれています。一見やさしい詩に見えますが、改めて考えると、説明しにくい点が多々あります。この詩を解釈する上での疑問点を発問の形で挙げてみます。

[発問例] 1

起句の「牀」とは、どのようなものか。

最初に、この詩の重要な道具立てである「牀」について考えてみましょう。筆者の経験では、牀という家具を知っている生徒はまずいません。また、漢和辞典にある寝台あるいは中国式のベッドという説明も、生徒を納得させるものではありません。牀は寝台と腰掛けを兼ねた家具で、「人面桃花」(→96ページ)にも、亡くなった娘が牀に安置されている場面がありました。しかし、悲しいかな、言葉による説明には限界があります。このような時には、百聞は一見に如かずで、写真や図版を見せるのが効果的です。筆者の場合は、中国旅行の際に古い家屋で撮ってきた牀の写真を見せて、説明に代えています。

[発問例] 2

起句に「牀前看㆓月光㆒」とあるが、作者はどのような姿勢で月の光を見ているのか。

牀が睡眠と休息のための家具であることがわかると、次の疑問点を解く糸口が見えてきます。可能性は二つありそうです。まず、牀に腰掛けていたと想像すると、物思いにふける作者の視線の先に、戸口から差し込む月の光が見える、という場面が浮かびます。また、牀に寝そべっていたという想像からは、うとうとしていた作者がふと目覚め、戸口の方に目をやると、月の光が見えるという場面が想定されます。いずれの解釈を採るにしても、想像力を駆使して読むことで、場面が鮮明に浮かび上がります。

[発問例] 3

作者が月の光を見たのは、一日のうちのいつごろか。

詩が作られた時間については、起句と関連させて考えると、夜、さほど遅くない時間帯として間違いないでしょう。

[発問例] 4

この詩が作られた季節はいつか。

季節は、承句の「疑是地上霜」から連想できます。月の光を「霜ではないか」と錯覚するのですから、季節は晩秋と考えられます。

[発問例] 5

承句に「疑是地上霜」とあるが、作者はどうして月の光を霜と錯覚したのか。

この疑問を解くためには、太陽と月の光を対比させてみるとよいでしょう。色は、太陽の赤に対して、月は白。温感は、太陽の熱さあるいは暖かさに対して、月の冷たさ。このように考えると、白く冷たい月の光が錯覚を誘っていることに気づきます。

余談ですが、「地上霜」という表現に納得のいかない生徒がいるかもしれません。その場合は、中国では霜は天に満ちたものが地上に降りてくると考えられていたことを紹介しましょう。また、昔の家屋は床が張られておらず、土間であったことを知らない生徒も多くいます。こうした知識の欠如は想像をめぐらせる際に妨げになりますから、丁寧な説明が必要です。

［発問例］6

転句の「挙㆑頭望㆓山月㆒」から結句の「低㆑頭思㆓故郷㆒」への動作の連続は、作者のどのような心情によるものか。

最後の疑問点は、転句から結句へかけて、流れるように動作が連続していることに大きなヒントがあります。土間に射し込む月の光に気づいた作者は、頭を持ち上げて山の端にかかる月を眺めます。そして、この月はわが故郷の人たちをも照らしているのだという連想が働き、うなだれて故郷への思いを深くします。転句から結句へかけての動きを追うことで、月を媒介として望郷の思いに浸る作者の心情が理解されるはずです。

このように、詩が作られた季節や時間だけでなく、作者の位置や姿勢にも想像を広げることで、詩の世界がよりいきいきと読者に伝わってきます。この詩では、生徒の想像を促すための発問の工夫が、指導の鍵になるといってよいでしょう。

筆者の勤務校には、毎年中国の高校生が相互訪問でやって来ます。彼らが漢文の授業に参加した時には、きまって李白の「静夜思」を暗唱してもらうことにしています。日本の生徒たちは、中国の高校生がすらすらと「静夜思」を暗唱できることにまず驚き、次いでその詩句が日本の教科書に載っているものと異なることに気づきます。

中国の学校で教える「静夜思」は、起句が「看月光」ではなく「明月光」であり、転句も「望山月」が「望明月」であることは、よく知られています。生徒にどちらの詩句が趣き深いかを考えさせることができるのは、国際交流の思わぬ副産物です。

なお、テキストの異同に関しては、松浦友久編『校注唐詩解釈辞典』（一九八七年、大修館書店）の「静夜思」の項に詳しい説明があります。そこには、起句を「明月光」、転句を「望明月」とするテキストについて、「いずれも清朝以降の選集類に見える素性不明の本文であることは注意しておいてよい。」とあり、日本で通行している詩句に軍配が上げられています。

漢詩の授業を担当する教育実習生に指導計画を作らせると、多くの実習生は第一時間目の冒頭に漢詩の規則を教えるという項目を設定します。彼らには、規則がわからないと漢詩は理解できないという思い込みがあるようなのです。

教科書をよく見てみましょう。漢詩の規則に関するコラムは、どの教科書でも漢詩単元の末尾に置かれているはずです。詩を作る時には形式と内容の両面が重視されますが、高校の漢文の授業では内容が優先されなければなりません。詩句の意味を丁寧に汲み取ると同時に、文字と文字の間に潜んでいる情報を、想像力を駆使して読み取っていくのが、漢詩の授業です。幸いに若い高校生は、みずみずしい感性に裏付けされた、豊かな想像力を持っています。生徒の想像力をいかに引き出し活用するかが、漢詩の授業の成否を分ける鍵ともいえましょう。

送ル三元《げん》二《じ》ノ使ヒスルヲ二安西ニ一

王《わう》維《ゐ》

渭《ゐ》城《じやう》ノ朝雨浥《うるほ》ス二軽《けい》塵《ぢん》ヲ一
客舎青青柳色新タナリ
勧ムレ君ニ更ニ尽クセ一杯ノ酒
西ノカタ出《い》デナバ二陽関ヲ一無カラン二故人一

（三体詩）

◎注意させる語句◎

【語句】
5 故人　こじん　古くからの友人。昔なじみ。

書き下し文

渭《ゐ》城《じやう》の朝《てう》雨《う》　軽《けい》塵《ぢん》を浥《うるほ》す
客《かく》舎《しや》　青《せい》青《せい》　柳《りう》色《しよく》　新《あら》たなり
君《きみ》に勧《すす》む　更《さら》に尽《つ》くせ　一杯《いつぱい》の酒《さけ》
西《にし》のかた　陽関《やうくわん》を出《い》でなば　故人《こじん》無《な》からん

現代語訳

渭城の朝の雨は、軽い塵をもしっとりとしめらせ、

旅館のあたりには、青々とした柳の色が鮮やかである。

さあ、君よ、どうかもう一杯飲みほしたまえ。（ここから）西へ進んで、陽関を出たならば、もう、酒を酌み交わす親しい友人もなくなるであろうから。

5　旅の困難さを想像して読む王維の「送㆔元二使㆓安西㆒」

　この詩も、国語総合の定番教材といってよいでしょう。筆者はこの詩が好きで、例年授業で取り上げていますが、授業でいちばん悩むのは、元二の旅の困難さをいかに伝えるかという点です。幸いなことに、この詩を載せる教科書には、ほぼ例外なく詩中の陽関の写真が掲載されています。また、「図説」や「便覧」の名が付いた資料集でも、この詩に関係する写真を多く見ることができます。たとえば嘉峪関《かよくかん》、玉門関、敦煌《とんこう》、火焔山《かえんざん》、天山山脈、タクラマカン砂漠などの写真からは、西域の自然の厳しさが伝わり、生徒の想像力が刺激されるでしょう。

　しかし、写真を見て風景を想像するだけでは不十分です。一例を挙げれば、砂漠の自然の厳しさを説明する場合に、「元二が赴く安西の近くにあるタクラマカン砂漠は、日中は摂氏五〇度近くに達し、逆に夜間は零下二〇度を下回ることがある。」と説明を添えることで、生徒は実感を得るはずです。教材研究の段階では、このような説明材料をできるだけ多く集めておきたいものです。

　旅の困難さを語るときに欠かせないのが、旅する距離とそれに要する時間です。この詩には具体的な地名がいくつか出てきますから、これをもとにして、次の手順で元二の旅の距離と時間を推測させると効果的です。この作業には、教科書の「唐詩関連地図」などを用います。

1　元二の旅の出発点と到着点、通過点の地名を詩中から拾い上げる。

　渭城（現在の陝西《せんせい》省咸陽《かんよう》市）を出発し、陽関（現在の甘粛《かんしゅく》省の北端）を経て、安西（現在の新疆《しんきょう》ウイグル自治区庫車《クチャ》）に至る旅であることを確認させます。なお、安西は余りにも遠いために、地図の範囲外であったり、地図が陽関と安西の間を省略していることもあります。その場合には、陽関から安西までの道筋を確認できる地図を別に用意する必要があります。

2　1で確認した三つの地名を地図上で探し、線で結ぶ。

　元二がたどった道程を確定するすべはありませんが、次の記述が参考になります。

（王維と）同時期の辺塞《へんさい》詩人岑参《しんじん》は、陽関を通って西域へ赴いているらしい。天宝八載《さい》（七四九）、三十五歳?のとき、安西四鎮《しちん》節度使高仙之《こうせんし》の幕僚として、初めて西域に向かい、陽関を出てロプ・ノール（蒲昌海）のほとりを通って西北に向かい、西州《せいしゅう》（今のトルファン）か焉耆《えんぎ》（カラシャール）に着き、さらに進んで赴任地「安西」に到着した、と考えられる。

（松浦友久編『漢詩の事典』一九九九、大修館書店）

3　出発点・通過点・到着点を結んだ地図上の距離を計測し、縮尺に従って実際の距離に換算する。2で参考に示した地名が地図上にある場合は、その地点も通過点として距離を計測してみる。

　地図上では、渭城から安西までは直線で約二千キロメートルと計算されます。数箇所を経由した場合には、これに数百キロメートルを加えることになるでしょう。さらに、実際の道路の状況を考慮すると、元二の安西までの道程は、三千キロメートル近くになると推定できます。ちなみに、都長安から安西都護府までは七千里の道のりといわれています。唐代の一里は約五百六十メートルで、計算すると約三千九百キロメートルとなりますから、「七千里」は旅の大変さも加味した、若干誇張された数字のようです。

　次に、渭城から安西まで至るに要する日数を推理します。当時の交通手段は、馬であったと考えられます。騎乗での一日の移動距離は一概に推測できませんが、次のようなヒントがあります。実は以前、唐詩を専門とされている向嶋成美先生に、「長安から安西都護府まで何日かかるでしょうか。」とおうかがいしたところ、先生は「『唐代交通図考』という書に、長安から安西まで急行二十日とありますよ。」と教えてくださいました。このことから、朝廷の急ぎの使者が長安—安西間の三千キロメートル弱を、馬を乗り継いで疾駆しても、一日に百五十キロメートルほどしか進めなかったことがわかります。一般の旅人のケースを考えると、この半分以下、一日に六十キロメートル前後しか進めないと考えるのが妥当ではないでしょうか。以上のこのことから、元二は渭城の地で作者と別れ、陽関から先は砂塵に煙る砂漠地帯を、二か月近く旅してようやく目的地に達すると推理できます。

このように元二の旅の距離と時間とを割り出してみることで、その旅がいかに辛く困難なものであったかが実感されるにちがいありません。その上でもう一度この詩を読み返してみると、旅立つ元二の不安と、それを見送る作者の思いが、より現実味を帯びて読者の胸に迫るはずです。

生徒に「一里は何キロメートルか。」と尋ねてみると、多くの生徒は「一里は四キロメートルです。」と即答します。日本で法的に禁止されている尺貫法の単位が、生徒の脳裏に刷り込まれているのは不思議な現象ですが、漢文の時間にこのような誤解は困ります。機会をとらえて、中国と日本では同じ単位でも表す長さや重さが異なることを説明しておきましょう。

長さの単位である「里」は、周代から隋代までは三百歩で一里、唐代以降は三百六十歩で一里とされていました。一歩の長さも時代によって異なり、周代では約百三十五センチメートル、唐代では約百五十五センチメートルです。したがって一里は、周代では約四百五メートル、唐代では約五百六十メートルとなります。なお現代中国では、一里は五百メートルです。

もう一点、安西の位置についても、時折誤解が見られます。というのは、甘粛省にも同名の町があり、スペースの関係で庫車の安西を載せず、敦煌の北西に別の安西を載せている地図があるのです。甘粛省の安西が目的地だとすれば、元二は陽関を出るとわずかな日数で到着することになり、詩の味わいを台無しにします。ある注釈書でも「安西」の語釈欄に、「中国の西、甘粛省のはずれにある。」と誤った記述をしていますから、鵜呑みにすると困ったことになります。

テーマからは外れますが、結句「西出㆓陽関㆒無㆓故人㆒」の「出㆓陽関㆒」は、「陽関を出でなば」とも「陽関を出づれば」とも訓読されます。伝統的には「陽関を出づれば」と訓読されることが多いようですが、高校生が古文の時間に教わる文法に則して考えると、「已然形（出づれ）＋ば」では、「陽関を出たところ」（偶然条件）、「陽関を出たので」（原因・理由）、「陽関を出るといつも」（恒時条件）と訳すことになり、矛盾を生じます。その意味では、「未然形（な）＋ば」の仮定条件を意識した「陽関を出でなば」に説得力があります。ただし、漢文の訓読では「已然形＋ば」で仮定条件を表すことも多く、必ずしも文語文法と一致しない点があることを承知しておきましょう。

もう一点、「故人」についても確認しておきます。この「故人」は、昔なじみ、旧友の意で、漢文で「故人」の語が「亡くなった人」の意で用いられることはけっしてありません。「亡くなった人」は日本語特有の意味で、漢文の意味と日本語の意味とが異なる語を和漢異義語と呼ぶことがあります。「遠慮《えんりょ》」「小人《しょうじん》」「丈夫《じょうぶ》」「百姓《ひゃくせい》」などの代表的な和漢異義語は、折を見て意味と読みを確認しておくとよいでしょう（→145ページ）。

『論語』の授業に向けて
——教えすぎない授業を目指して

Ⅲ発展
Ⅱ充実
Ⅰ入門

学《ビテ》而時《ニ》習《フ》レ之《ヲ》

子曰《いハク》、「学《ビテ》而時《ニ》習《フ》レ之《これヲ》、不二亦《また》説《よろこバシカラ》一乎。有《リ》下朋《ともノ》自《よリ》二遠方一来《タル》上、不二亦《タ》楽《シカラ》一乎。人不《シテ》レ知《ラ》而不レ慍《いきどほラ》、不二亦《タ》君子《ナラ》一乎《ト》。」

（論語、学而）

◎注意させる語句◎

【語句】

2 **子**　し　男子の敬称。先生。▼ここでは孔子をさす。

学　まなブ　教えられたことを習得する。

時　ときニ　たえず。機会あるごとに。

習　ならフ　復習する。学んだ事柄を反復練習して身につける。

4 **慍**　いきどほル　むっとする。心中に不平不満をもつ。「うらム」と読む場合もある。

君子　くんし　学徳のある立派な人。

【句法】

2 **不二亦…一乎**　まタ…ずや　何と…ではないか。詠嘆の意味を含む反語の形。［反語］

書き下し文

子《し》曰《い》はく、「学《まな》びて時《とき》に之《これ》を習《なら》ふ、亦《ま》た説《よろこ》ばしからずや。朋《とも》の遠方《えんぽう》より来《き》たる有《あ》り、亦《ま》た楽《たの》しからずや。人《ひと》知《し》らずして慍《いきどほ》らず、亦《ま》た君子《くんし》ならずや。」と。

現代語訳

孔子はいう、「学問をしてたえず身につけるように復習するのは、なんとうれしいことではないか。同門の人が、（わざわざ）遠くからもやってくる（そして学問について話し合う）のは、なんと楽しいことではないか。他人が（自分の真価を）認めてくれなくても、（自分は）不平不満に思わないというのは、なんと君子らしいことではないか。」と。

1 いま『論語』は

書籍の通販サイトで『論語』と入力して検索すると、ヒット数の多さに驚かされます。サブタイトルを除けば、『論語』という題名は、日本の出版史上、最多かもしれません。

現在手に入る『論語』関係の出版物は、主に二つの系統に大別されます。その一つは、『論語』や孔子を研究の対象にするものです。『論語』の注釈書や研究書だけでなく、専門家の手になる一般向けの入門書も含めて考えると、その数は膨大になります。新しいものでは、湯浅邦弘『論語真意を読む』（二〇一二年、中公新書）が出色で、その帯に「新出土文献研究の成果を踏まえた『論語』入門決定版」とあるように、数々の新知見に基づいて『論語』の新たな読みを提起しています。

また、加藤徹『本当は危ない『論語』』（二〇一一年、ＮＨＫ出版新書）は、題名から受ける印象に相違して、『論語』の「どうとでも読めてしまう」危うさを真正面から論じた、示唆に富む一冊です。いずれも漢文を専門としない先生方にも読みやすい書籍ですから、『論語』の授業を構想するにあたっては、一読をお薦めします。

もう一つの系統は、『論語』から処世訓を読み取ったり、ビジネスに資することを目的にしたものです。書籍だけではなく、時折雑誌で特集が組まれることもあり、その人気のほどがうかがえます。出版不況の中でこの種の書物や雑誌が相次いで世に出ることは、『論語』に何かを期待する人が、発行者側にも読者にも多いことを示しています。最近では「週刊文春」に連載されている佐々木常夫「ビジネスマンのための『論語』入門」が、専門書とは違った切り口でおもしろく読めます。しかし、『論語』からビジネスの極意を引き出そうとする意図がありありと見え、時に「孔子がこのコラムを読んだら、何と言うだろうか。」と首をかしげたくなることもあります。

ところで、中学校の国語でも『論語』を学習することは既にご存じでしょう。近年は学習指導要領の改訂に伴い、小学校の国語教科書にも、「伝統的な言語文化」の枠で『論語』が取り上げられるようになりました。極端な言い方をすると、『論語』開巻第一の「子曰、『学而時習ㇾ之、不㆓亦説㆒乎。……。』」（学而）の文章は、高校一年生が国語総合で学習する以前に、小学校でも中学校でも学習済みで、授業を受けるのはこれが三回目という可能性もあるのです。

「学習指導要領が改訂されて、小中学校では、従来よりも多く漢文が取り扱われるようになった。」と聞いて、漢文関係者は我が意を得たりと拍手喝采したものでした。しかし、正確にいうと、漢文教材の分量が飛躍的に増え、扱いが一段と重くなったのではありません。漢文はあくまでも伝統的な言語文化の一環であり、能や狂言、歌舞伎、落語などの日本の伝統的言語文化と横並びで扱われることを心に留めておく必要があります。

小中学校の教科書では、『韓非子』の「矛盾」と孟浩然の詩「春暁」が最頻出教材です。扱いはどうであれ、小学校でも漢文を学習するようになったことは、高校の漢文の授業にも影響を及ぼすはずです。機会があれば、小中学校の国語教科書を開いてみましょう。授業を構想する際に必ず役立つにちがいありません。

2 国語総合『論語』のキーワード ——「学」と「政」

現在十一社から発行されている国語総合教科書には、いずれもその漢文編に『論語』に関する単元を設けているという共通点があります。そして、載せている文章も類似しています。多くの教科書に採られている文章を、掲載点数順に挙げてみます。（ ）内は、『論語』の編名を示します。

A 子曰、「学而時習レ之、…。」（学而）
B 子曰、「吾十有五而志二于学一。…。」（為政）
C 子曰、「学而不レ思則罔。…。」（為政）
D 子貢問レ政。子曰、「足レ食、…。」（顔淵）
E 子貢問曰、「有下一言而可二以終身行一レ之者上乎。…。」（衛霊公）
F 子曰、「巧言令色、…。」（学而）
G 曾子曰、「吾日三二省吾身一。…。」（学而）
H 葉公語孔子曰、「吾党有二直躬者一。…。」（子路）
I 子曰、「吾嘗終日不レ食、…。」（衛霊公）

これらの文章の内容は、二つの分野に整理できます。

学問に関するもの＝A、B、C、E、F、G、I
政治に関するもの＝D、H

ここからもわかるように、多くの国語総合教科書は、主に学問と政治に関する『論語』の文章を集め、単元を構成しています。

ところで、上記のA以下の七つの文章が「学問」という語で括られるのはなぜでしょうか。また、孔子の思想体系の中で、学問と政治とはどのように関わるのでしょうか。教師自身がこれらの点についてきちんと理解できていないと、教材研究が散漫になり、授業も薄っぺらなものになるという結果をもたらします。

『論語』の教材研究は、孔子に始まる儒家の思想のあらましと、他の学派との相違点を大まかに押さえることから始まります。次の図を見ましょう。

●儒家と他学派との思想的対立点

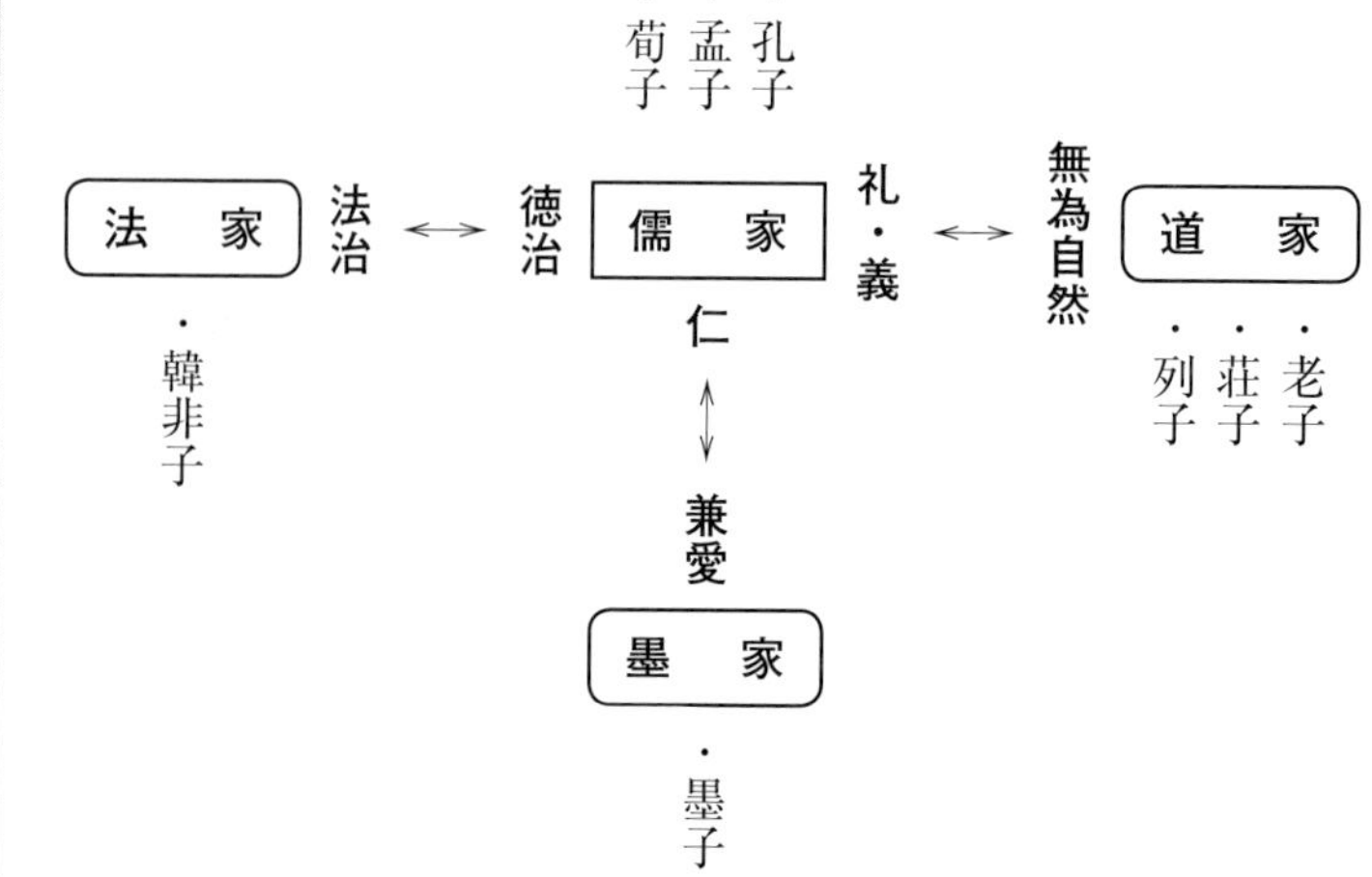

孔子を祖とし、孟子、荀子へと継承された儒家の思想では、不断の学問修養によって「礼・義」（「礼儀」ではありません）を身につけ、理想の人間像である「君子」となることが究極の目標とされました。これに対して、老子、荘子、列子の道家は、儒家の「礼・義」を人為的なものとして否定し、「無為自然」を理想としました。これが先の図の儒家と道家の対立点の概要です。

儒家では学問修養によって自己変革を成し得た「君子」の次の目標として、社会変革を掲げました。我々の常識とは異なり、儒家では学問と政治とは同一線上にあるものとして意識されていたのです。より具体的にいえば、儒家では、為政者としての「君子」の「徳」によって、風が草をなびかすように人民を感化することを政治の理想としました。この儒家の「徳治」を、生ぬるく現実性に欠けると非難したのが法家で、その代表的学者である韓非は、法律と刑罰を政治の手段とする「法治」の絶対を強く訴えました。

また、儒家が学問修養によって求めるべき理想の精神を「仁」（深い人間愛）としたのに対して、墨子に代表される墨家では「兼愛」（無差別平等の愛）を提示し、儒家と鋭く対立しました。

このように見てくると、『論語』やそこに示された孔子の考えを理解する最初のキーワードが、「学」（学問修養）であることが明らかになります。ここで注意しなければならないのは、「学問」の語の意味を正確かつ丁寧に説明する必要があることです。生徒は「学問」の語を、勉強や研究という身近な語に安直に置き換える傾向があります。しかし、儒家では「学問」は机上の勉学では終わらずに、常に実践を伴い、自己変革を目指す行為であることを確認しなければなりません。『論語』学習の初期段階では、面倒でも「学問修養」の形で用いるのがよいでしょう。

なお、「君子」の意味を漢和辞典で確認すると、儒家における学問と政治の関係を別の面から説明でき、有効です。「君子」の語の意味は、その対義語である「小人」の意味と対応させて、次のように整理するとわかりやすくなります。

◎板書例◎

「君子」と「小人」

「君子」		「小人」
①学徳の備わったりっぱな人。	↔	①徳のない人。教養がなく、心が正しくない人。
②君主。為政者。在位者。	↔	②身分の低い人。人民。庶民
③学問修養に励む人。		③【対応する意味はない】

3 学問に関する文章の扱い方

子曰《ハク》、「学《ビテ》而時《ニ》習《フ》レ之《ヲ》、不二亦《タ》説《バシカラ》一乎。有《リ》下朋《ノ》自《リ》二遠方一来《タル》上、不二亦《タ》楽《シカラ》一乎。人不《シテ》レ知《ラ》而不レ慍《ラ》、不二亦《タ》君子《ナラ》一乎。」

（学而）

この文章は、前にも述べたように、『論語』開巻第一に位置する孔子の言葉です。江戸時代前期の儒学者伊藤仁斎は、ここに『論語』の全精神が集約されているという意味を込めて、この章を「小論語」と呼びました。孔子がいつ、どのような状況で述べた言葉なのかは不明ですが、第一文には学ぶ姿勢が、第二文には学ぶ喜びが、第三文では学ぶ目的が述べられていることは疑い得ません。

この文章は、訓読自体はやさしく、教科書の脚注を参照すれば、現代語に置き換えることもさほど困難ではないように思えます。しかし、冒頭の「学びて時に之を習ふ」の部分だけを見ても、何を「学ぶ」のか、「習ふ」とは何をどのようにするのか、そこから「説ばし」という感情が引き出されるのはなぜか、という具合に、疑問は次から次へとわき上がります。漢和辞典で調べても、直接の解答は見つかりません。

このような時には、『論語』の注釈書を一冊読むことが効果的です。文庫本でいいのです。たとえば、金谷治『論語』（一九六三年、岩波文庫）、桑原武夫『論語』（一九八五年、ちくま文庫）、宮崎市定『現代語訳論語』（二〇〇〇年、岩波現代文庫）をはじめ、教材研究に役立つ文庫や新書は多く出版されています。できれば該当箇所の訳注を見るだけでなく、一冊読み上げると、孔子と『論語』への理解が深まることはいうまでもありません。

教える側がその教材に対しておもしろみを感じず、義務的、機械的に授業を行ったら、生徒はどう受け取るでしょうか。受験指導ならいざ知らず、授業には教師の興味や関心だけでなく、生き方や人生観さえも表出するものです。『論語』の授業を始めるにあたっては、まず教師自身が『論語』と向き合い、自分なりの読み方を持たなければなりません。

ただし、自分なりの読み方を持つということは、『論語』の内容や孔子の思想の全面的肯定ないしは否定を意味しません。夭折した中国文学者高橋和巳《かずみ》に、『論語』を読んで腹を立て、文庫を壁に投げつけてぼろぼろにしたというエピソードがあります。批判的精神を持ちながら真摯に原典と向き合う態度が、思想単元の教材研究には最も大切ではないでしょうか。

4 政治に関する文章の扱い方

『論語』は春秋時代の孔子の言行を記した書物ですが、現代とも共通するテーマを多く発見することができます。次の文章も、二千五百年という時間の隔たりを感じさせない、現代的な問題を扱っています。

葉公語《リテ》二孔子《ニ》一曰《ハク》、「吾《ガ》党《ニ》有《リ》二直躬《ナル》者一。其《ノ》父攘《ミテ》レ羊《ヲ》而子証《セリ》レ之《ヲ》。」孔子曰《ハク》、「吾《ガ》党之直《ナル》者《ハ》、異《ナリ》二於是《ニ》一。父為《ニ》レ子《ノ》隠《シ》、子為《ニ》レ父《ノ》隠《ス》。直《キコト》在《リ》二其《ノ》中《ニ》一矣《ト》。」

（子路）

「直躬」とは正直者の躬さんというあだ名で、今この人物が話題の中心になっています。葉公が「私の村里には、こんな正直者がいますよ。」と自慢げに語るのを、孔子は「父は子のために、子は父のために悪事を隠すもの。直躬の行為は、正直とはいわない。」と一刀両断に切り捨てます。

この文章の学習の最終段階では、葉公と孔子の考え方の是非について、ぜひ生徒に考えさせたり、話し合わせたりしたいものです。ただし、その際に忘れてはならないのは、必ずこの文章に即して考える姿勢です。孔子の生きた時代を知らずに、現代の視点だけで議論したのでは意味がありません。

教師サイドでは、教材研究の段階で『韓非子』の五蠹《ごと》編にある、同じ直躬の話を読んでおくとよいでしょう。その現代語訳を示します。

> 楚の人に直躬というものがいた。その父が羊を盗んだので、直躬はこのことを役人に告げた。ところが宰相は、「直躬を死刑にせよ。」と言った。というのは、この直躬の行為は君主に対しては正しいが、父に対しては正しくないと考えたからである。そこで、裁決してこれを罰した。以上のことから考えてみると、君主にとっての忠臣は、父にとっては不孝の子ということになる。

韓非はこれに続いて、親孝行のために戦場から三度も逃げ帰った男を孔子が褒めて取り立てたという話を載せ、国家の利を重んじる法家的価値観と、人民の情愛を重んじる儒家的価値観とは、ことごとく対立すると説きます。教材研究の段階でこの説話を読んでいれば、生徒が議論に行き詰まった時に、「どの立場を取るかによって、事の是非善悪は変わり得る。」と助け船を出すことも可能でしょう。

5 『論語』の授業は教えすぎずに

近ごろ漢文の素読が見直され、子ども向けの『論語』素読塾が盛況であるとも聞きます。このことにヒントを得たのか、「学校教育にも素読を取り入れるべきだ。」との主張がありますが、筆者は反対です。なぜなら、漢文の訓読は現代語訳ではなく「文語訳」であり、字面を追っただけでは意味がわからないからです。また、一部の素読論者の「『論語』は子どもたちの人間形成に役立つ。」という無定見な主張も、筆者に反対の姿勢をより強くさせます。

そうかといって、『論語』の授業が教師の経験や自説の披露で終わってしまっては、生徒の考える機会を奪ってしまうことになります。生徒が考えるための材料は丁寧に教え、そこから先は生徒に任せるのが教師のあるべき態度ではないでしょうか。

蒔かれた種は必ず芽吹き、大きく育ちます。私たち教師は、教室で生徒の心に良質の種を蒔き、水や肥料を与えたり手入れをしたりしながら、それが大木に生長するのを見守るのが勤めです。『論語』の授業でも、教えすぎず、生徒の理解を気長に待ち続けたいものです。

「人面桃花」の授業に向けて

――現代語訳の基礎知識

Ⅲ発展
Ⅱ充実
Ⅰ入門

1

人面桃花

孟《まう》棨《けい》

博陵《ノ》崔《さい》護《ごハ》、姿質甚《ダ》美《ナルモ》、而孤潔《ニシテ》寡《すくナシ》レ合《フコト》。挙《ゲラルルモ》二進士《ニ》一、下第《ス》。清明《ノ》日、独《リ》遊《ビ》二都城《ノ》南《ニ》一、得《タリ》二居人《ノ》荘《ヲ》一。一《いつ》畝《ぽ》之《の》宮《ニシテ》、而花木叢《そう》萃《すいシ》、寂《トシテ》若《ごとシ》レ無《キガ》レ人。叩《たたクコト》レ門《ヲ》久《シウス》レ之《これヲ》。有《リ》二女子一、自《より》二門隙一窺《うかがヒ》レ之《これヲ》、問《ヒテ》曰《いハク》、「誰《たれゾ》耶《やト》。」以《もつテ》二姓字《ヲ》一対《こたヘテ》曰《ハク》、「尋《ネテ》レ

◎注意させる語句◎

【語句】

5 若レ無レ人 ひとなキガごとシ 人の気配がない。▼「若」は、「如」と同じ。比況を表す。

14 不二復…一 また…ず 二度と…なかった。

15 忽 たちまチ ふと。にわかに。

23 復 また また。もう一度。▼第三段階では、「また」と読む字が三種出てくることに注意させたい。（↓14ページ）

23 復＝再び、もう一度。反復や連続を表す。

26 又＝さらに、その上に。添加を表す。

35 亦＝同様に。同じことが繰り返されることを表す。

春ヲ独リ行キ、酒渇シテ求レムト飲ヲ」。女《むすめ》入リ以二テ杯水一ヲ至リ、開レキ門ヲ設レケテ牀《しやう》ヲ命レジ坐《ざ》ヲ、独リ倚《よ》二リ小桃ノ斜《しや》柯《か》一ニ佇《ちよ》立《りつ》シテ、而意《い》属《しよく》殊ニ厚シ。妖《えう》姿《し》媚《び》態《たい》、綽《しやく》トシテ有二リ余《よ》妍《けん》一。崔以レテ言ヲ挑《いど》レムモ之ニ、不レ対ヘ。目注スル者《こと》久レシウス之ヲ。崔辞去スルニ、送リテ至レリ門ニ、如《ごと》レクシテ不レルガ勝《たへ》レ情ニ而入ル。崔モ亦《ま》タ瞻《けん》盼《べん》シテ而帰ル。嗣後、絶エテ不二復《ま》タ至一ラ。

2

及二ビ来歳ノ清明ノ日一ニ、忽《たちま》チ思レヒ之ヲ、情不レ可《べ》レカラ抑フ。逕《ただ》チニ往《ゆ》キテ尋レヌ之ヲ。門《もん》牆《しやう》如レクナルモ故《もと》ノ、而已《すで》ニ鎖《さ》二‐扃《けい》セリ之一ヲ。因リテ題二シテ詩ヲ於左扉一ニ曰ハク、

25 **老父** **らうふ** 老人。

27 **莫レ知レ所レ…** **…スルところヲしルなシ** どう…してよいかわからない。▼「所」は、動詞を名詞化する働きをする。

32 **所以** **ゆゑん** わけ。

34 **得レ非レ…耶** …(二) **あらザルヲえンヤ** …ではないといえようか。(きっと…である。)

37 **須臾** **しゆゆ** まもなく。少しの間。

【句法】

7 **誰耶** **たれゾや** どなたですか。「誰」は、人物を問う疑問詞。「耶」は、文末に置かれて疑問の意味を表す助字。［疑問］

21 **何処** **いづレノところニカ** どこに…か。場所を問う疑問詞。［疑問］

25 **非二…一耶** …(二) **あらズや** …ではないか。▼「非」は、否定を表す助字。「耶」は、疑問を表す。［疑問］

3

去年ノ今日此《こ》ノ門ノ中《うち》
人面桃花相映ジテ紅ナリ
人面ハ祇《た》ダ今何《いづ》レノ処《ところ》ニカ去ル
桃花依《よ》リテレ旧ニ笑《ゑ》ムト二春風ニ一

後数日、偶《たまたま》至リ二都城ノ南ニ一、復タ往キテ尋ヌレ之ヲ。聞キ三其《そ》ノ中ニ有ルヲ二哭《こく》声《せい》一、扣《たた》キテレ門ヲ問フレ之ヲ。有リ二老父一、出《い》デテ曰ハク、「君ハ非ズ二崔護ニ一耶ト」。曰ハク、「是《こ》レ也《なり》ト」。又哭シテ曰ハク、「君ハ殺セリト二吾《わ》ガ女ヲ一」。護驚起シ、莫《な》シレ知ルレ所ヲレ答フル。老父曰ハク、「吾ガ女ハ笄《けい》年《ねん》知リレ書ヲ、未《いま》ダ《ず》レ適《ゆ》カレ人ニ。自リ二去年一以来、常ニ恍《くわう》惚《こつ》トシテ若シレ有ルガレ所レ失フ。比―日《このごろ》与トレ

書き下し文

1 博陵《はくりよう》の崔護《さいご》は、姿質《ししつ》甚《はなは》だ美《び》なるも、孤潔《こけつ》にして合《あ》ふこと寡《すく》なし。進士《しんし》に挙《あ》げらるるも、下第《かだい》す。清明《せいめい》の日《ひ》、独《ひと》り都城《とじやう》の南《みなみ》に遊《あそ》び、居人《きよじん》の荘《さう》を得《え》たり。一畝《いつぽ》の宮《きゆう》にして、花木叢萃《くわぼくそうすい》し、寂《せき》として人無《ひとな》きがごとし。門《もん》を叩《たた》くこと之《これ》を久《ひさ》しうす。女子《ぢよし》有《あ》り、門隙《もんげき》より之《これ》を窺《うかが》ひ、問《と》ひて曰《い》はく、「誰《たれ》ぞや。」と。姓字《せいじ》を以《もつ》て対《こた》へて曰《い》はく、「春《はる》を尋《たづ》ねて独《ひと》り行《ゆ》き、酒渇《しゆかつ》して飲《いん》を求《もと》む。」と。女《むすめ》 入《い》り杯水《はいすい》を以《もつ》て至《いた》り、門《もん》を開《ひら》き牀《しやう》を設《まう》けて坐《ざ》を命《めい》じ、独《ひと》り小桃《せうたう》の斜柯《しやか》に倚《よ》り佇立《ちよりつ》して、意《い》属《しよく》 殊《こと》に厚《あつ》し。妖姿媚態《えうしびたい》、綽《しやく》として余妍《よけん》有《あ》り。崔《さい》 言《げん》を以《もつ》て之《これ》に挑《いど》むも、対《こた》へず。目注《もくちう》する者之《ことこれ》を久《ひさ》しうす。崔《さい》 辞去《じきよ》するに、送《おく》りて門《もん》に至《いた》り、情《じやう》に勝《た》へざるがごとくして入《い》る。崔《さい》も亦《ま》た睠盼《けんべん》して帰《かへ》る。嗣後《しご》、絶《た》えて復《ま》た至《いた》らず。

2 来歳《らいさい》の清明《せいめい》の日《ひ》に及《およ》び、忽《たちま》ち之《これ》を思《おも》ひ、情《じやう》抑《おさ》ふべからず。逕《ただ》ちに往《ゆ》きて之《これ》を尋《たづ》ぬ。門牆《もんしやう》 故《もと》のごとくなるも、已《すで》に之《これ》を鎖扃《さけい》せり。因《よ》りて詩《し》を左扉《さひ》に題《だい》して曰《い》はく、

去年《きよねん》の今日《こんにち》 此《こ》の門《もん》の中《うち》
人面桃花《じんめんたうくわ》 相映《あひえい》じて 紅《くれなゐ》なり
人面《じんめん》は祇《た》だ今《いま》 何《いづ》れの処《ところ》にか去《さ》る
桃花《たうくわ》 旧《きう》に依《よ》りて 春風《しゆんぷう》に笑《ゑ》む

之出、及帰、見左扉有字。読之、入門而病、遂《つひ》絶食数日而死。吾《われ》老矣。一女所以《ゆゑん》不嫁者、将《まさ》求君子、以託吾身。今不幸而殞《ゐん》。得非君殺之耶。」又特《ひとり》大哭。崔亦感《かん》慟《どう》、請入哭之、尚《な》儼《げん》然《ぜん》在牀。崔挙其首《かうべ》、枕其股《もも》、哭而祝《しう》曰、「某《それがし》在斯《ここ》、某在斯。」須臾《しゆ》開目、半日復活《い》矣。父大喜、遂以女帰《とつ》之。

（本事詩）

と。

3 後《のち》数日《すうじつ》、偶《たまたま》都城《とじやう》の南《みなみ》に至《いた》り、復《ま》た往《ゆ》きて之《これ》を尋《たづ》ぬ。其《そ》の中《うち》に哭声《こくせい》有《あ》るを聞《き》き、門《もん》を扣《たた》きて之《これ》を問《と》ふ。老父《らうふ》有《あ》り、出《い》でて曰《い》はく、「君《きみ》は崔護《さいご》に非《あら》ずや。」と。曰《い》はく、「是《こ》れなり。」と。又《また》哭《こく》して曰《い》はく、「君《きみ》は吾《わ》が女《むすめ》を殺《ころ》せり。」と。護《ご》驚起《きやうき》し、答《こた》ふる所《ところ》を知《し》る莫《な》し。老父《らうふ》曰《い》はく、「吾《わ》が女《むすめ》は笄年《けいねん》書《しよ》を知《し》り、未《いま》だ人《ひと》に適《ゆ》かず。去年《きよねん》より以来《いらい》、常《つね》に恍惚《くわうこつ》として失《うしな》ふ所《ところ》有《あ》るがごとし。比日《このごろ》之《これ》と出《い》で、帰《かへ》るに及《およ》び、左扉《さひ》に字《じ》有《あ》るを見《み》る。之《これ》を読《よ》み、門《もん》に入《い》りて病《や》み、遂《つひ》に食《しよく》を絶《た》つこと数日《すうじつ》にして死《し》せり。吾《われ》老《お》いたり。一女《いちぢよ》の嫁《とつ》がざりし所以《ゆゑん》の者《もの》は、将《まさ》に君子《くんし》を求《もと》めて、以《もつ》て吾《わ》が身《み》を託《たく》せんとすればなり。今《いま》不幸《ふかう》にして殞《ゐん》す。君《きみ》之《これ》を殺《ころ》すに非《あら》ざるを得《え》んや。」と。又特《またひと》り大《おほ》いに哭《こく》す。崔《さい》も亦《ま》た感慟《かんどう》し、請《こ》ひて入《い》り之《これ》に哭《こく》すれば、尚《な》ほ儼然《げんぜん》として牀《しやう》に在《あ》り。崔《さい》其《そ》の首《かうべ》を挙《あ》げ、其《そ》の股《もも》に枕《まくら》せしめ、哭《こく》して祝《しう》して曰《い》はく、「某《それがし》斯《ここ》に在《あ》り、某《それがし》斯《ここ》に在《あ》り。」と。須臾《しゆゆ》にして目《め》を開《ひら》き、半日《はんにち》にして復《ま》た活《い》きたり。父《ちち》大《おほ》いに喜《よろこ》び、遂《つひ》に女《むすめ》を以《もつ》て之《これ》に帰《とつ》がしむ。

現代語訳

■1博陵の人崔護は、生まれつき容姿がすぐれ才能に恵まれた若者であったが、人づきあいが嫌いで、友だちも少なかった。ある年、官吏登用試験（進士科）の受験者として推挙されたが、落第してしまった。清明節の日、一人でぶらぶら都の南（の郊外）に遊びに出かけ、途中、人の住んでいると思われる屋敷に行き当たった。小さな屋敷だが、花や木が群がり生え、しんとして人のけはいがなかった。しばらくの間、門をたたいて案内を乞うた。一人の娘が門のすきまからのぞき、「どなたですか。」と尋ねた。（そこで彼は）自分の姓名を告げるとともに、「春景色をさぐって一人そぞろ歩きをしているものですが、酔いざめで、のどがかわくので、水をいただきたいのです。」と答えた。その娘はさっそく中に入って器に水を汲んできて、門を開けて座席をこしらえ、お座りくださいといって（彼を休ませ）、自分は傍らの小さな桃の木の斜めにさし出た枝によりかかってたたずみ、よほど彼に心引かれた様子だった。その美しい姿、なまめかしい様子など、しとやかで、おくゆかしく、あふれるばかりの美しさがあった。崔護はいろいろとさそいのことばをかけて娘の気を引こうとしたが、彼女は返事もしない。しばらくの間じっと彼を見つめていた。崔護が礼をいって帰ろうとすると、彼女は門まで送ってきて、いかにもなごり惜しい、といった様子を見せながら中に入っていった。崔護もふりかえりふりかえりしながら帰路についた。その後、二度と（そこへ）尋ねていかなかった。

■2翌年の清明節の日になって、ふと娘のことを思い出し、（彼は）やもたてもたまらなくなった。（そこで）ただちに行って娘の家を尋ねてみた。門やへいはもとのままであるが、かたく錠をかけてしめてあった。そこで、門の左の扉に次の詩を書きつけた。

　去年のこの日（清明節の日）この門の中では、あの方の美しいお顔と桃の花とが紅に照りはえていた。

　あの方は、いったい、いまどこへいってしまわれたのか。

　桃の花は、もとのように春風に吹かれて咲いているのに。

と。

■3それから数日たって、たまたま都の南の郊外に行ったので、また娘の家を訪ねた。（すると）家の中から大声で泣いている声が聞こえてきたので、門をたたいてその理由を尋ねた。（すると）一人の老人が出てきて彼に言った。「あなたは崔護さんではありませんか。」崔護は、「そうです。」と答えた。その老人は（その返事を聞くと）またまた大声をあげて泣きながら、「あなたはわたしの娘を殺してしまった。」と言った。これを聞いた崔護は、はっと驚き、なんと返事をしてよいかわからなかった。老人はことばを続けた。「わたしの娘は、一五の時にはひととおりの教養を身につけていたが、まだ嫁には行かずにいた。（それが）去年からこのかた、いつもぼんやりとして気が抜けたようになっていた。先日、連れ立って外出し、帰ってくると、門の左の扉に、字が書いてあるのを見、それを読んで家の中にはいったきり、病気になってしまい、そのまま数日間食べ物ものどに通らず、死んでしまった。わたしはもう年をとっている。この娘が嫁にいかなかったわけは、りっぱなむこをさがして、このわたしをたのもうと思ったからであった。（それなのに）今、不幸にも死んでしまった。あなたがわたしの娘を殺したのではないといえようか。」と言って、またとりわけ大声を出して泣いた。（老人の言葉を聞いて）崔護もまた、深く心を打たれて嘆き悲しみ、ぜひ家にはいっておくやみをさせてほしいと頼み大声で死者をいたんで泣くと、娘はまだきちんとしたかっこうで、寝台に横たわっている。崔護は娘の頭をかかえて、自分のももに枕させ、大声で泣きながら祈って、「わたくしはここにいますよ、わたくしはここにいますよ。」と言った。まもなく娘は目を開き、半日ほどすると、すっかり息をふきかえした。老人は非常に喜び、そのまま娘を崔護に嫁入りさせたのであった。

唐代伝奇小説の代表作の一つとされる「人面桃花」は、高校生にも人気のある作品です。この物語では、叙情性豊かなストーリーと、情感あふれる挿入詩とによって、美しい愛の形が描きあげられます。最初は主人公たちの純愛にあてられてくすくす笑っていた生徒が、次第に物語の世界に引きこまれていくのを、教室ではよく目にします。

しかし、せっかくの美しい恋物語を無骨に現代語訳したのでは台無しです。そこで本項では、「人面桃花」を素材にして、漢文の現代語訳の方法と注意点を述べることにしましょう。

1 現代語訳とは何か

漢字学の泰斗で「単語家族（ワードファミリー）」の学説で知られる故藤堂明保博士は、「訓読は六割の翻訳である」という言葉を残されています。訓読文は翻訳ではあるが、六割ほどの意味しか伝えることができないという意味ですが、残念ながら現在の高校生の実態を見ると、「訓読は三割か四割の翻訳である」と言い換えざるを得ません。その理由として、訓読に用いられている古い言い回しが、彼らには縁遠いものになっていることが挙げられます。

また、「故人」（昔なじみ）（↓13・89ページ）や「多少」（多い、どれほど）、「漸《やうやク》」（しだいに）、「遂《つひニ》」（かくて、そのまま）のような、いわゆる「和漢異義語」の存在も、訓読文をそのまま翻訳として受け入れることのできない障壁となっています。さらに、高校生が古文の時間に習う平安文法主体の文法と、訓読文に使用されている文法との乖離も、訓読文のままでは理解が難しい原因の一つとして指摘できます。

漢文の授業を「読んで訳して終わり」と揶揄する向きがありますが、学習の成果として、正しく丁寧な現代語訳をノートに残すのは当然のことです。大切なのは現代語訳の質であり、粗雑な日本語で文体も整えずに書き散らしては、「読んで訳して終わり」といわれても仕方ないでしょう。

藤堂博士の「訓読は六割の翻訳である」は、訓読の全面的な否定ではなく、訓読という方法の限界を示した言葉です。たとえば文末に用いられ強意を示す「焉」や「矣」は、日本語が文末での断定・強調表現を苦手とするために、うまく訓読できません。「我不レ関《せ》焉。」を「我関せず焉《えん》。」と読んだ時期があるとも聞きますが、この読み方が一般化することはありませんでした。

また、韻文で句中や句末に置かれて語調を整える「兮」も、訓読に盛り込むことが難しいものです。司馬遼太郎は小説『項羽と劉邦』の中で、項羽の「垓下の歌」の第四句を「虞兮《ぐけい》、虞兮、若《なんぢ》を奈何《いかん》せん」と訓読していますが、やや違和感があります。

そもそも現代語訳とは何でしょうか。

[例文1]

豈図哉（原漢文）

↓

豈《あ》に図《はか》らんや。（訓読文）

↓

どうしてそのようなことを思いつこうか。（現代語訳）

[例文2]

天莫空句践時非無范蠡（原漢文）

↓

天《てん》 句践《こうせん》を空《むな》しうすること莫《な》かれ、時《とき》に范蠡《はんれい》無《な》きにしも非《あら》ず。（訓読文）

↓

天は（越王）句践の運命を空しく終わらせてはならない。窮地にあっても范蠡（のような忠臣）が現れないこともない。（現代語訳）

右の例では、「豈に図らんや。」や「天 句践を空しうすること莫かれ、……。」という訓読がすでに日本語訳になっています。しかし、この「日本語訳」は現代人にはそのままでは通じないことが多く、もう一度現代語に置き換える作業が必要になるのです。現代語訳を口語訳ともいいますが、口語訳と対になる「文語訳」が訓読文であると考えるとわかりやすいでしょう。

2 現代語訳の実際 ——「足す、引く、言い換える」

漢文の現代語訳の基本は逐語訳《ちくごやく》です。逐語訳は直訳とも呼ばれ、原文の一語一語を逐《お》うように、忠実に翻訳する方法です。漢文は一字が一語に相当しますから、漢文の現代語訳では、原漢文の一字一字と訳語とが、一対一で対応することになります。

例を見ましょう。（以下、説明の便宜のために文に番号を付けて示します。）

[例文3]

① 吾十有五ニシテ而志ス二于学ニ一。

② 三十ニシテ而立ツ。

③ 四十ニシテ而不レ惑ハ。

現代語訳

① 私は十五歳で学問に志した。

② 三十歳になると自立した。

③ 四十歳になると思い迷うことがなくなった。

直接訓読しない置き字の「而」と「于」を除いて、原漢文と現代語訳とが一対一で対応していることが見て取れます。この例では、逐語訳がそのまま現代語訳として通用します。

次は、逐語訳では現代語訳として成立しない例を見ます。

[例文4]

① 学ビテ而時ニ習フレ之ヲ、不二亦タ説《よろこ》バシカラ一乎。

② 有リ下朋ノ自リ二遠方一来タル上、不二亦タ楽シカラ一乎。

③ 人不シテレ知ラ而不レ慍《いきどほ》ラ、不二亦タ君子ナラ一乎。

現代語訳

① 学問をして、機会があるたびに復習するのは、なんと喜ばしいことではないか。

② ともに学ぼうとする友人が遠くから来てくれるのは、なんと楽しいことではないか。

③ 世間の人が自分のことを認めてくれなくても、不平不満に思わないのは、なんと君子らしい態度ではないか。

①文では、「時」と「之」、および「不㆓亦説㆒乎」の訳し方に注目してください。「時」は「ときどき」という消極的な態度ではなく、「折にふれて、機会をみつけて」という積極的な姿勢を意味します。「ときどき」と安直に訳しては困ります。次に、「之」に当たる訳語がないことに気づくでしょう。実はこの「之」は指示語ではなく、直前の文字が動詞であることを明示する語、あるいは語調を整える語と説明されるものです。「これを復習する」と訳すのは間違いです。「不㆓亦説㆒乎」の部分は、一種の慣用句で、「なんと……ではないか」という詠嘆の意味であることを知った上で訳さなければなりません。

①文では、逐語訳を基本としつつ、「之」を直接訳さず（引く、削る）、「時」と「不㆓亦説㆒乎」については適宜言い換えが行われています。②文の「朋」と③文の「人」には、一般的な「朋」や「人」ではないという説明が加えられています（足す、補う）。③文の「慍」は、普通に使う「いかる」でも「いきどおる」でもないことが、現代語訳に生かされています（言い換える）。

このように、漢文を正しく丁寧に現代語訳するためには、「足す（補う）」「引く（削る）」「正しい意味に言い換える」の三種類の処理が必要になります。さらに、訳文が生硬な場合には、わかりやすく意訳することも求められます。

3 「人面桃花」の例文を使った現代語訳の実習

「人面桃花」から何文かを抜き出し、「足す、引く、言い換える」操作を施して、内容にふさわしい、正しく美しい現代語訳を作る実習をしましょう。

まずは冒頭の一文です。

［例文5］ ■1

博陵崔護ハ、姿質甚ダ美ナルモ、而孤潔ニシテ寡ナシ㆑合フコト。（2〜3）

現代語訳

博陵出身の崔護は、容姿も資質もたいそうすぐれていたが、潔癖すぎたので、友だちづきあいが苦手だった。

この書き出しは、主人公の人物設定を考える上で、大きな意味があります。博陵は崔護の本籍地（本貫《ほんがん》）で、当時博陵の崔氏は名族とされていました。しかし、この時点での崔護は、進士合格を目標に励んでいる地方出身の一受験生に過ぎません。「博陵の崔護」と直訳してもよいのですが、崔護の行動の底にある屈折した心理を理解するためにも、できれば「博陵出身の崔護」と訳したいところです。

「姿質」は、「容姿」と「資質」、すなわち容貌と才能で、「姿質」のままでは意味が通じません。次の「美」は、「美点」「美質」の「美」で、すぐれているという意味です。「美」の字面に釣られて、「容貌が美しかった」と訳したのでは、下の「孤潔にして合ふこと寡なし。」につながりません。高校生は、その文字を含んだ熟語を挙げるのが苦手です。「姿質」の「姿」と「質」、および「美」は、必ず熟語で意味を確認させましょう。

ところで、「姿質甚美、」の訓読は、「姿質甚だ美なるも、」と「姿質甚だ美にして、」の二通りありますが、意味は同じです。明らかに逆接である場合は、「も」や「に」「ども」を添えて読むことが普通です。しかし、「……して」と順接と同じ読み方をすることも珍しくありません。［例文4］の③文で、逆接であるのに「人知らずして慍らず、」と読んでいるのは、その典型的な例です。

「孤潔」は、孤独で潔癖なことを意味し、崔護の性格を理解する上で重要な語です。「孤独で潔癖な人柄だった」と直訳したいところですが、落ち着きが悪く感じられます。そこで意訳して「潔癖すぎた」としましたが、生徒に理解力があれば

「孤高を守り、潔癖な人柄だった」とすると、より正確でしょう。

「寡レ合」は、「合ふこと寡なし」と「合ふもの寡なし」のどちらに読んでも、意味は同じです。友だちづきあいが苦手で、友だちが少なかったことを正確に訳文に表したいものです。

唐代の伝奇小説には、名族出身者を主人公に設定したものが多くあります。生徒が現代文の授業で中島敦の「山月記」（李景亮の伝奇小説「人虎伝」の翻案）を学習済みの場合は、その冒頭に「隴西《ろうせい》の李徴《りちょう》は博学才穎《さいえい》、天宝の末年、若くして名を虎榜《こぼう》に連ね、ついで江南尉《こうなんい》に補せられたが、性、狷介《けんかい》、自《みずか》ら恃《たの》むところ頗《すこぶ》る厚く、賤吏《せんり》に甘んずるを潔しとしなかった。」とあることを想起させるとよいでしょう。

[例文6]　1

崔以テレ言ヲ挑ムレ之ニ、不レ対ヘ。目注スル者久シウスレ之ヲ。（11〜12）

現代語訳

崔護は（娘に）言葉をかけて気を引こうとしたが、（娘は）答えなかった。（娘は）しばらくじっと見つめるばかりだった。

台詞はないものの、しぐさや態度で二人の熱い心が読み取れる、「人面桃花」前半を代表する名シーンです。現代語訳中の（　）内は、正確を期すために補ったものです。直訳では抜け落ちてしまう語を補うことを、ぜひ習慣化したいものです。

「以レ言挑レ之」は、ぜひ生徒に訳文を工夫させたい箇所です。先日の筆者の授業では、「ナンパした」という訳がある生徒から提案されました。しかし、下品過ぎるという理由で他の生徒から却下され、最終的に「崔護はしきりに話しかけて、娘の気を引こうとした。」という訳に落ち着きました。生徒のセンスも捨てたものではないと感心した記憶があります。

「目注者久レ之。」の主語は、次の三とおりの可能性があり、どれを採っても解釈は成り立ちます。

○娘は、しばらくじっと見つめるばかりだった。
○崔護は、しばらくじっと見つめるばかりだった。
○二人は、しばらくじっと見つめるばかりだった。

初対面の青年に一目惚れした娘の心情から、筆者は娘を主語と考えますが、これも生徒に話し合わせるとよいでしょう。

[例文6]には、「之」が二箇所に出てきます。「以レ言挑レ之」の「之」は指示語で、娘をさすと考えて間違いありません。一方、「久レ之」の「之」は、「久-之」のように処理して「之」を読まずに「久しうす」と読むことからもわかるように、語調を整える語で、指示語ではありません。

ある教科書の指導書には、「『久レ之』の『之』は、誰をさしているか。」という発問例が掲げられていて、答は崔護になっています。「之」をすべて指示語と見なし、「何をさすか」と問うのは、非常に危険です。

[例文7]　2

去年ノ今日此ノ門ノ中、
人面桃花相映ジテ紅ナリ（19〜20）

現代語訳

去年のちょうど今日、この門のうちでは、あなたの顔と桃の花とが、日の光を受けて紅色に美しく輝いていた。

崔護が即興で作り、扉に書き付けた七言絶句の前半二句です。この二句が一年前の回想であることは容易に想像できます。しかし、第二句「人面桃花相映紅」はどのような情景なのか、イメージは浮かぶものの、うまく文字化できません。

そこで、「人面桃花」を載せた訳本や注釈書などを集め、第二句の現代語訳を比較してみることとします。

A　あの人の顔と桃の花が紅く映えていた。（『唐宋伝奇集』（下）岩波文庫）

B　貴女の顔と桃の花とが映えあって紅色に輝いていた。（『文章Ⅱ』漢詩・漢文解釈講座第一四巻）

C　かの人の面と桃の花とが、紅色に照り映えていた。（『漢文名作選4文章』）

D　あの方の美しいお顔と桃の花とが紅に照りはえていた。（A社教科書の指導書）

E　（美しいあの）人の顔と桃の花とが互いに照り映えて紅色に輝いていた。（B社教科書の指導書）

以上五種の現代語訳を比較すると、「人面桃花」の部分の訳語は、ほぼ一致しています。

これに反して、「相映紅」の現代語訳は微妙に異なっています。この箇所だけを再掲し、整理してみると、「相」の解釈に違いがあることが浮かび上がってきます。

B　映えあって紅色に輝いていた。

E　互いに照り映えて紅色に輝いていた。

A　紅く映えていた。

C　紅色に照り映えていた。

D　紅に照りはえていた。

助字としての「相」の意味には、「互いに…し合う」と、「…を、…に」の二つがあります。前者は動作や行為が双方向であることを示し、後者は動作や行為が相手に及ぶことを示しています。

右のB・Eは、「相」を「互いに…し合う」の意味でとり、A・C・Dは「…を、…に」と解釈しています。B・Eは「どちらも、双方とも」の意味で「相」を解釈しているようにも見え、誤解を招きかねません。この「相」は、「…を、…に」の意味で解釈すべきでしょう。

高校生は「相」の字を見ると、「互いに」の意味だけしか思い浮かべず、王維の「竹里館」の結句「明月来《タリテ》相照《ラス》」を「明月がやって来て、互いを照らし合う」と訳して平気でいます。よく考えれば、人が月を照らすはずがなく、「明月がやって来て、私を照らしてくれる」という意味であることに気づくはずです。現代語の語感だけで現代語訳すると間違う好例でしょう。

「映」の訳語にも、「照る」「映える」「照り映える」という違いが見えます。いずれの訳語も間違いではありませんが、情景の説明としてはあまり実感がわきません。先の「相」の意味も勘案して、ここでは「（日の光が女性の顔と桃を）美しく照らす」と訳すことにします。

「紅」は、日の光に照らされた女性の顔と桃の状態をいい、「女性の顔と桃は、日の光に照らされて紅色であった」と訳せます。以上を総合すると、ようやく「あなたの顔と桃の花とが、日の光を受けて紅色に美しく輝いていた。」という現代語訳が完成します。

なお、紅というと高校野球の優勝旗の深紅が連想されますが、桃の花びらは一般に淡紅色です。ここでは「うすくれない色」と訳してもよいでしょう。

現代語訳を作る過程で、訓読しただけではわからなかった様々なものが見えてきます。現代語訳はけっして形式的な作業ではなく、解釈と一体でなければなりません。丁寧な現代語訳を作り、できる限り原漢文の真意に迫る努力を怠らずにいたいものです。

「雑説」の授業に向けて
——教材の魅力を発見する授業を

雑説　韓《かん》愈《ゆ》

1 世ニ有リテ二伯楽一、然《しか》ルニ後ニ有リ二千里ノ馬一。

2 千里ノ馬ハ常ニ有レドモ、而伯楽ハ不二常ニハ有ラ一。故ニ雖《いへど》モレ有リト二名馬一、祇《ただ》辱メラレ二於奴隷人之《の》手ニ一、駢《へん》二‐死シテ於槽《さう》櫪《れき》之間ニ一、不ル下以《もつ》テ二千里ヲ一称セラレ上也《なり》。

3 馬之千里ナル者ハ、一食ニ或《ある》イハ尽クス二粟《ぞく》

◎注意させる語句◎

【語句】

2　**然後**　**しかルのちニ**　…してはじめて…。この語をはさんで前の部分が、後の部分の必要条件となることを示す。

4　**雖**　**いへどモ**　…であるけれども。逆説を表す。▼仮定条件（もし…だとしても）と確定条件（…であるけれども）の用法があるが、ここでは確定条件の用法。

13　**不レ能**　**あたハず**　…できない。

【句法】

3　**不二常…一**　**つねニハ…ず**　いつも…とは限らない。**[部分否定]**▼「不常有」は「常には有らず」と訓読

一石《こく》ヲ一。食《やしな》フレ馬ヲ者ハ、不ル下知リテ二其《そ》ノ能ノ千里ナルヲ一而食ハ上也。是《こ》ノ馬也《や》、雖モレ有リト二千里之能一、食不レバレ飽カ、力不シテレ足ラ、才ノ美不二外ニ見《あらは》レ一。且《かつ》欲スルモ下与《と》二常馬一等シカラント上、不レ可カラレ得《う》。安《いづ》クンゾ求メン二其ノ能ノ千里ナルヲ一也。

4 策《むち》ウツニレ之《これ》ヲ不レ以テセ二其ノ道ヲ一。食フニレ之ヲ不レ能《あた》ハ尽クサシムル二其ノ材ヲ一。鳴ケドモレ之ニ而不レ能ハ通ズル二其ノ意ニ一。

5 執リテレ策ヲ而臨ミテレ之ニ曰《い》ハク、「天下ニ無シトレ馬。」嗚《あ》呼《あ》、其レ真ニ無キレ馬邪《か》、其レ真ニ不ルレ知ラレ馬ヲ也《か》。

（唐宋八家文読本《とうそうはっかぶんとくほん》）

し、「いつもあるとは限らない」と訳す。

4 B二於A一 〈読まない〉 AにBされる。［受身］

11 安…也 いづクンゾ…や どうして…だろうか。［反語］▼反語は強い否定を表し、作者の主張が強調される。

16 嗚呼 ああ …だなあ。［詠嘆］

…邪 か どうして…か。［疑問］

17 …也 か どうして…か。［疑問］

書き下し文

1 世《よ》に伯楽《はくらく》有《あ》りて、然《しか》る後《のち》に千里《せんり》の馬《うま》有《あ》り。

2 千里《せんり》の馬《うま》は常《つね》に有《あ》れども、伯楽《はくらく》は常《つね》には有《あ》らず。故《ゆゑ》に名馬《めいば》有《あ》りと雖《いへど》も、祇《た》だ奴隷人《どれいじん》の手《て》に辱《はづかし》められ、槽櫪《さうれき》の間《かん》に駢死《へんし》して、千里《せんり》を以《もつ》て称《しよう》せられざるなり。

3 馬《うま》の千里《せんり》なる者《もの》は、一食《いつしよく》に或《ある》いは粟一石《ぞくいつこく》を尽《つ》くす。馬《うま》を食《やしな》ふ者《もの》は、其《そ》の能《のう》の千里《せんり》なるを知《し》りて食《やしな》はざるなり。是《こ》の馬《うま》や、千里《せんり》の能《のう》有《あ》りと雖《いへど》も、食飽《しょくあ》かざれば、力足《ちからた》らずして、才《さい》の美《び》外《そと》に見《あらは》れず。且《か》つ常馬《じゃうば》と等《ひと》しからんと欲《ほつ》するも、得《う》べからず。安《いづ》くんぞ其《そ》の能《のう》の千里《せんり》なるを求《もと》めんや。

4 之《これ》を策《むち》うつに其《そ》の道《みち》を以《もっ》てせず。之《これ》を食《やしな》ふに其《そ》の材《ざい》を尽《つ》くさしむる能《あた》はず。之《これ》に鳴《な》けども其《そ》の意《い》に通《つう》ずる能《あた》はず。策《むち》を執《と》りて之《これ》に臨《のぞ》みて曰《い》はく、「天下《てんか》に馬無《うまな》し。」と。

5 嗚呼《ああ》、其《そ》れ真《しん》に馬無《うまな》きか、其《そ》れ真《しん》に馬《うま》を知《し》らざるか。

現代語訳

1 この世では、馬のよしあしを鑑定する名人の伯楽が先にいて、それから後に一日に千里も走る名馬が（見いだされて、世に）現れるのである。

2 （ところで）千里を走る名馬はいつでも存在するのだが、（それを見抜く）伯楽はいつの世にも存在するとは限らない。そのために（せっかく）名馬がいるのに、むなしく使用人などの手で粗末に扱われ、馬小屋の中で、なみの馬といっしょに首を並べて死んでゆき、千里の名馬としてたたえられることがないのである。

3 馬で千里も走るものは、一回の食事で、時には穀物を一石も平らげてしまう。（ところが）馬を飼っている人は、その馬の能力が千里も走れることを承知していて、それで養っているのではない。（だから）この馬は、千里を走れる能力をもっていても、食糧が不十分だから、本来の力も出しきれないし、天分のよさも外に現せない。まずはせめて、普通の馬と同じように（働こう）と望んでも、その機会も得られない。（ましてや）どうして能力が千里も走るものであることまで望むことができようか。

4 （飼い主は）千里の馬をむちうって調教するのに、千里の馬に対するそれなりの扱い方をしない。千里の馬を飼い養うにも、その才能を十分発揮させるだけの能力がない。（千里の馬が、身の苦痛を訴えて）飼い主に鳴きかけても、（飼い主は）その気持ちを理解することができない。むちを手にして、千里の馬を目の前にして、こう言う、「この世には、いい馬がいない。」と。

5 ああ、いったい本当に名馬がいないのか、それとも本当に名馬を見抜くことができないのか。

教材編の最終章では、韓愈の文章「雑説」を取り上げます。文章教材はとかく敬遠されがちですが、「雑説」は授業で扱う価値の大きいものです。ここでは次のような条件を設定し、時間軸に沿って授業の流れと注意点を述べていきます。

対象　一年近く漢文の授業を受けて、ある程度漢文を読む力を身につけた高校一年生

時間　三時間

「雑説」の魅力は、表現の巧みさと寓意の深さにあります。この授業では、生徒自身がこの文章の魅力を発見することが目標です。じっくり読み進めることで、クラス全員が目標に到達することを目指します。

1 授業の導入　一時間目〈前半〉

授業の導入として、作者の韓愈について、生徒の知識を確認します。韓愈といってもピンと来ない生徒が少なくないので、「推敲」の故事のあらすじを話して聞かせましょう。

唐の時代に、科挙を受けるために都に上った賈島《かとう》という人がいた。彼はロバの上で詩を作り、「僧は推す月下の門」という句を思いついたが、「推す」とするか「敲く」とするか、決めかねていた。そして、思案に熱中す

るあまり、当時都の長官を務めていた韓愈の行列に突き当たってしまった。韓愈は賈島から事情を聞くと、「敲の字がよろしい。」と助言し、二人はくつわを並べて帰った。

話が進むにつれて、「ああ、あの人か。」と気づく生徒が出てきます。中学校で学んだ「推敲」の故事が、生徒の記憶に残っているのです。作者が既知の人物であることを知ると、「雑説」に親しみを感じ始める生徒も多いようです。

次に一度範読します。筆者は範読に際して、「聞くだけでなく、しっかりふりがなを付けよう。」と指示します。筆者の範読は、読み進める途中で、注意点や解釈のヒントを織り交ぜるスタイルです。具体的には、次のようなコメントを入れます。

○「伯楽は常には有らず。」の部分は、「常には」と「は」を添えて読んでいることに注意しよう。送り仮名の「ハ」をマークしておくとよい。

○「粟」は、「あわ」と読むと意味が異なるので、「ぞく」と字音で読むことに注意しよう。

○「安求其能千里也。」の文末の「也」は、「なり」ではなく、「や」と読む。「安」とセットにして、「いづくんぞ…や」と覚えるとよい。

続いて、読みの練習です。通常は筆者が短く区切って読み、それを追って生徒が読む形ですが、時には生徒だけで数行続けて読ませることもあります。いずれの形でも、うまく読めない箇所は数回繰り返し、教材をほぼ完璧に読める状態にしておくことが肝要です。「読めなければ理解には至らない。」が筆者の口癖で、どの教材でも、読みの練習には相当の時間を費やしています。

2 第一段落の解釈〈後半〉

いよいよ文章の解釈に入ります。教科書にリード文がある場合にはそれを利用し、リード文がない場合には指導者が補って、次の点を確実に把握させましょう。

◎板書例◎

雑説
題名　雑説（「無題の論説文」の意）
作者　韓愈（中唐の詩人、文章家）
内容　「伯楽」（馬の良否を見分ける名人）と出会えない「千里の馬」（一日に千里を駆ける名馬）の悲劇

第一段落（「世有伯楽、然後有千里馬。」）の一文）と第二段落の冒頭（「千里馬常有、…。」）を解説・現代語訳したところで、「二度『千里馬』が出てきたが、はたして同じものをさしているのだろうか。」と疑問を提示します。

[発問例1] 1 2

一つ目の「千里馬」と二つ目の「千里馬」は、それぞれ何をさすか。言葉を補って、丁寧に説明してみよう。

すぐに気づく生徒は多くはありませんが、ヒントを出してよく考えさせると、大多数の生徒が、同じ語でありながら異なった実質を表していることに気づきます。ただし、言葉でうまく説明でき

◎板書例◎

「雑説」巧みな表現①
一つ目の「千里馬」
……伯楽によって千里の才能を引き出された馬
二つ目の「千里馬」
……千里の才能を持って生まれてきた馬

ない生徒もいるので、次のようにまとめるとよいでしょう。

もう一点、巧みな表現を見抜く作業をしましょう。「千里馬」の言い換えとして用いられている語を、「雑説」の文章全体から探させます。

[発問例2]

「千里馬」と同じ意味で用いられている語をすべて抜き出してみよう。

この発問に答えるのは案外難しいようで、少し時間をかける必要があります。確認のために、次のように板書してもよいでしょう。

◎板書例◎

「雑説」巧みな表現②
「千里馬」の言い換えに用いられている語
……「名馬」、「馬之千里者」、「是馬」、「天下無レ馬。」の「馬」、「其真無レ馬邪、其真不レ知レ馬也。」の「馬」

3　第二段落の解釈　二時間目〈前半〉

第二段落（「千里馬常有、」から「不下以二千里一称上也。」まで）を扱います。ここには、「千里馬」として生まれながらその能力が見出されず、空しく死んでいく悲劇が述べられていますが、叙述の核になるのが「伯楽不二常有一。」の部分です。

[発問例3]　2

「伯楽不二常有一。」には、部分否定という句法が使われている。このことを念頭に置いて、丁寧に現代語訳してみよう。

「伯楽はいつもいない。」と間違って現代語訳する生徒もいますから、それでは叙述が続かないことに気づかせる必要があります。

ここで、範読の段階でマークさせた「常には有らず。」の「は」についても触れておきましょう。次の板書例のように、全部否定と部分否定を漢文で表示すると、その違いは一目瞭然です。しかし、書き下したり音読したりすると、漢文の語順がわからなくなってしまいます。そのために、訓読の工夫として「常には」と「は」を補うことが行われていると説明できます。同様の例として、「倶に」と「倶には」、「必ず」と「必ずしも」等があることを示してもよいでしょう。

◎板書例◎

部分否定の形（全部否定と部分否定のちがい）
伯楽常不レ有。（全部否定）
（伯楽はいつもいない。）
伯楽不二常有一。（部分否定）
（伯楽はいつもいるというわけではない。）

「不倶戴天」の語は、右の説明に従えば「倶には天を戴かず」と訓読するはずです。しかし、多くの国語辞典や漢和辞典では、「倶に天を戴かず」と読んでいます。「は」の有無で正誤が決まるわけではありませんが、高校の授業では「は」を入れた形で指導したいものです。

4 第三段落の解釈〈後半〉

第三段落（「馬之千里者、」から「安求㆓其能千里㆒也。」まで）の解釈に取り組みます。ここには、「千里馬」が不当に扱われる様子が述べられていますが、飼い主には悪意はなく、飼い主の無知・無能が「千里馬」に悲劇をもたらしていることに気づかせなければなりません。そのためには、この段落から読み取れる「千里馬」の特性を答えさせるとよいでしょう。

[発問例4] 3

「千里馬」が「常馬」と異なっている点は何か。この段落から読み取れることを答えなさい。

「馬之千里者、一食或尽㆓粟一石㆒。」に注目すると、「千里の馬は大食いだ。」という答えは容易に出るでしょう。これを足がかりに、次のような説明が展開できます。

◎板書例◎

「千里馬」の悲劇
「千里馬」は大食いである。（「千里馬」の特性）
↓
飼い主はそれを知らないので、「常馬」と同じ量のエサしか与えない。（飼い主の無知による。悪意ではない）
↓
「千里馬」はいつも腹ぺこで、「常馬」並みの力も出せない。（「千里馬」の悲劇）
★飼い主の無知は、結果的に悪意として「千里馬」に働いている。

この段落では、「才美不㆓外見㆒。」の「美」と「見」の意味の確認も忘れることはできません。

[発問例5] 3

「才美不㆓外見㆒。」と同じ意味で「美」や「見」が使われている熟語を挙げなさい。

漢字の意味を熟語で押さえる作業は、多くの高校生が苦手としています。ここでも、「美点」（よい点）や「美徳」（りっぱな徳）は比較容易に浮かぶものの、「露見」（「露」も「見」も、あらわれる意）はなかなか出てきません。漢字の多義性を常に意識するためにも、熟語で確認する練習は欠かせません。

余談ですが、「アメリカ」の漢字表記は、日本では「米国」ですが、中国では「美国」（「阿美利加」または「美利堅」から）と書きます。以前、ある新聞の投書欄に、「どんなに仲が悪くても、中国はアメリカを『美しい国』と持ち上げている。日本も見習いたいものだ。」という意見が載っていました。この投書の主は勘違いに気づいたでしょうか。

5 第四段落の解釈 三時間目〈前半〉

最後の第四段落（「策㆑之、不㆑以㆓其道㆒。」から終わりまで）の読解です。前段に続いて、ここにも素質を認められない「千里馬」の惨状が描かれています。丁寧な現代語訳を通して、生徒全員が「千里馬」の置かれた状況をイメージできるように心がけたいものです。

ところで、この段落には主語が省かれている箇所が多くあります。漢文の現代語訳は直訳（逐語訳）が基本ですが、時には主語などを補ったり、逆に一部を訳さなかったり、またある時は平易に言い換えたりする必要が生じます。特に主語については、間違って補うと文脈を誤解することにつながりますから、慎重さが求められます。

［発問例6］ 4

> 次の傍線部の主語は何か、考えてみよう。
> a策ㇾ之、b不ㇾ以二其道一。c食ㇾ之、d不ㇾ能ㇾ尽二其材一。e鳴ㇾ之、f不ㇾ能ㇾ通二其意一。

それほど難しい問題ではありませんが、f「不ㇾ能ㇾ通二其意一。」の部分だけは注意が必要です。この箇所は、一般には「飼い主が馬の気持ちを理解することができない。」と解釈されています。生徒が「主語は馬です。」と答えた場合には、次のように説明し、再考を促すとよいでしょう。b・d・fは、いずれも飼い主が主語と考えると、「飼い主は……」「飼い主は……」「飼い主は……」というたたみかけるような調子によって、飼い主の無能ぶりがいっそう明確になるのです。また、d・fの「不ㇾ能」の連続も、fの主語が飼い主であることを裏づけます。

◎板書例◎

「雑説」主語を補ってみよう

a（　　　）策ㇾ之、
b（　　　）不ㇾ以二其道一。
c（　　　）食ㇾ之、
d（　　　）不ㇾ能ㇾ尽二其材一。
e（　　　）鳴ㇾ之、
f（　　　）不ㇾ能ㇾ通二其意一。

＊解答を書き込んだ形

◎板書例◎

「雑説」主語を補ってみよう

a（飼い主）策ㇾ之、
b（飼い主）不ㇾ以二其道一。
c（飼い主）食ㇾ之、
d（飼い主）不ㇾ能ㇾ尽二其材一。
e（千里の馬）鳴ㇾ之、
f（飼い主）不ㇾ能ㇾ通二其意一。

最後の一文「嗚‐呼、其真無ㇾ馬邪、其真不ㇾ知ㇾ馬也。」の解釈も重要です。この文は形式としては選択疑問文ですが、「不ㇾ知ㇾ馬」（名馬を見抜くことができない）がこの文章の結論です。第三段落の末尾の文「安求二其能千里一也。」にも見られるように、疑問や反語の形をとりながら、実は作者の思いを強く伝える手法があることに気づかせたいものです。

6 授業のまとめ 〈後半〉

三時間の授業の最後は、目標の一つでもあった「雑説」の寓意について考えることとします。一時間目の授業でも確認したように、この文章の「主人公」は「千里馬」です。では、この文章は馬の扱い方や飼育法を述べたものでしょうか。

［発問例7］

韓愈の「雑説」は、表面的には、「千里馬」の才能を見抜けない無能な飼い主を批判する形で書かれているが、真のねらいは何だろう。教科書の作者の解説などを参考にして考えてみよう。

教科書には、次のような作者解説が載っているはずです。

韓愈　七六八―八二四。中唐の詩人、文章家。字は退之《たいし》。左遷や流罪を経験し、やがて中央の官吏として出世した。論旨の明快さを貴ぶ古文の復興を提唱した。

（大修館「国語総合　古典編」）

◉板書例◉

韓愈が「雑説」で言いたかったこと
千里馬……有能な人材のたとえ
伯　楽……人材を認め抜擢する明君や上役のたとえ
無能な飼い主……能力を見抜く力のない君主や上司のたとえ
★「伯楽」と出会えない「千里馬」が、能力を発揮できず、空しく死んでしまうように、能力を認められず、野に埋もれてしまう人材は多い。たとえを用いて、当時の人材登用のあり方を鋭く批判している。

文学史的知識の習得は、学習活動の最優先課題ではありませんが、ここでは韓愈の経歴に注目せざるを得ません。ただし、この情報だけでは韓愈の執筆意図を正確に把握するには無理があります。生徒から、「馬の話ではなく、人の才能と、それを見抜く人の関係をいっているのではないか。」という意見が出ればよしとし、指導者側から次のように補うとよいでしょう。

ここで、「雑説」の授業を終えるにあたって、宿題を出すことにします。

［発問例8］

韓愈の「雑説」を参考にして、あなたにとっての「伯楽」とは誰か、考えなさい。

解答は、後日レポートの形で提出させてもよいでしょう。あるいは、定期考査に「『私と伯楽』の題で、〇〇字以内で考えを述べよ。」の形で出題することも可能です。筆者は、一つの単元あるいは作品が終わったところで、発展的な学習課題を提示するように心がけています。教科書の単元末にある「単元課題」や「研究」には、発展的な学習のテーマにふさわしいものが盛り込まれていて、参考になります。授業をより豊かなものにするためにも、折にふれて発展的な学習も取り入れてはいかがでしょうか。

韓愈の「雑説」はわずか百五十字ほどの短文ですが、実に読み応えがあり、考えさせられることの多い文章です。若い先生方にも、教材研究を十分に積んだ上で、果敢に「雑説」の授業に挑戦してほしいものです。

1 実力評価テスト 故事成語

点 ／50点

次の文章を読んで、後の問いに答えよ。（設問の都合により、返り点・送り仮名を省いたところがある。）

歴山《れきざん》の農民が田のあぜを侵し合った。そこで、舜《しゅん》が出かけて行って、一緒に田を耕すと、一年で田の境界は正しくなった。黄河のほとりの漁民が釣り場の洲《す》を奪い合った。そこで、舜が出かけて行って、一緒に漁をすると、一年で年長のものに譲るようになった。東夷《とうい》の陶器作りの作る器は粗悪であった。そこで、舜が出かけて行って、一緒に陶器を作ると、一年で器がしっかりしたものになった。孔子が感歎していった、「農業、漁業、陶器作りは、舜の役目ではないのに、舜が出かけて行ってそれをしたのは、民の悪風を救ってやるためであった。舜は全く本当に仁者なのだなあ。だからこそ、①自分で実際に苦しい境遇に身をおくと、人民はそれにならったのだ。そこで、聖人の徳は人を感化させるものだといわれるのだ。」と。

或る人が儒者に尋ねた、「この時に、尭《ぎょう》はどんな地位だったのか。」と。儒者は答えた、「尭は天子であった。」と。ある人はいった、「そうだとすると、孔子が尭を聖人といっているのは、どんなものであろうか。聖人が上にいて明察であるならば、天下に悪事はなくせるはずである。農民も漁師も争わず、陶器も粗悪でない以上、舜は一体何で徳化を行う必要があろうか。舜が民の悪風を救ったからには、それは［　②　］ことになるのである。舜を賢人だとするならば、尭が明察であったことは成り立たなくなるし、尭を聖人だとするならば、舜が徳化を行ったことは成り立たなくなる。両方ともに成り立つことはできないのである。

③楚人有鬻盾与矛者。④誉レ之曰、「吾盾之堅、莫二能陥一也。」又誉メテ二其ノ矛ヲ一曰ハク、「吾ガ矛之利、⑤於イテレ物ニ無キレ不ルレ陥サ也ト。」⑥或曰、「以二子之矛一陥二子之盾一、何-如。」其人弗レ能レ応也。

！ヒント

歴山＝舜が耕作したという伝説の山。

舜＝古代の理想的な天子の名。

東夷＝舜の出身地とされる。

孔子＝（前５５１－前４７９）春秋時代の思想家。名は丘、字は仲尼。儒家の祖。

尭＝古代の理想的な天子の名。舜に位を譲ったとされる。

韓非子＝（？－前２３３）戦国時代の思想家。名は非。法家思想を集大成した。

一体、突きとおすことのできない盾と、突きとおさないものはない矛とは、同時に存在することはできない。いま堯と舜とを両方ともにほめることができないのは、この矛と盾の話と同じ理論である。

（小野沢精一『韓非子』）

問1 ⑴ 傍線部①「自分で実際に苦しい境遇に身をおくと、人民はそれにならった」とあるが、このような政治姿勢を何というか。漢字二字で正しく記せ。〈4点〉［　　］

⑵ 韓非子が唱えた、⑴の対極にある政治姿勢を何というか。漢字二字で正しく記せ。〈4点〉［　　］

問2 傍線部②「〔　〕ことになるのである。」の空欄に最も適切なものを次から一つ選び、記号で答えよ。〈6点〉［　　］

ア 堯に失政があった　イ 舜に失政があった　ウ 堯が天子であった
エ 舜が天子であった　オ 天子が賢人であった　カ 天子が聖人であった

問3 傍線部③「楚人有鬻盾与矛者。」に、次の読み方に従って返り点を付せ。（送り仮名は不要。）〈6点〉

楚人に盾と矛とを鬻ぐ者有り。

［楚 人 有 鬻 盾 与 矛 者。］

問4 傍線部④「誉之曰、『吾盾之堅、莫㆓能陥㆒也。』」を書き下し文に改めよ。（この問題は、文末の「と」まで記すこと。）〈6点〉［　　］

問5 傍線部⑤と同じ意味で「利」が使われている二字の熟語を二つ記せ。〈各3点〉［　　］［　　］

問6 傍線部⑥「或曰、『以㆓子之矛㆒陥㆓子之盾㆒、何‐如。』其人弗㆑能㆑応也。」を現代語訳せよ。〈8点〉［　　］

問7 この寓話からできた語を用いて四十字前後の短文を作れ。（状況がよくわかるように工夫すること。）〈10点〉［　　］

📖 中国古典新書『韓非子』（一九六八年、明徳出版社）

問1 儒家と法家の対立を示すキーワードである。「矛盾」は、法家の韓非子が儒家を批判するために書かれたものであることを授業中に触れておくとよい。

問2 韓非子の論理では、「堯に問題があるから舜が現れた」ということを理解させたい。

問3 並列の形。「与」をどこで読むかがポイントである。

問4 文末の句点処理に注意を喚起したい（→49ページ）。

問5 「利」の意味には、①するどい。②かしこい。③すばやい。④都合がよい。⑤ききめがある。⑥もうけ。など複数がある。どれに当てはまるのかを考えさせたい。

問6 「子」は、あなた。「弗」は、否定の意味を表す助字。「不」と同じ。

問7 生徒は一文で書こうとして苦労するようだ。二文に分けたり会話体でもよいことを伝えたい。

2 実力評価テスト 史伝

次の文章を読んで、後の問いに答えよ。（設問の都合により、返り点・送り仮名を省いたところがある。）

靖郭君田嬰者《は》、宣王之(ア)庶弟也。i封《ゼラル》二於薛《ニ》一。有《リ》レ子曰《フ》レ文《ト》。食客数千人、名声聞《コユ》二於諸侯《ニ》一。号《シテ》為《ス》二孟嘗君《ト》一。①秦昭王聞二其賢一、乃先納二質於斉一、以求レ見。至《レバ》則《チ》止《メ》囚《ヘテ》、欲《ス》レ殺《サント》レ之《ヲ》。②孟嘗君使下人抵二昭王幸姫一求上レ解。姫曰《ハク》、「願《ハクハ》得《ント》二君《ノ》狐白裘《ヲ》一」。A蓋孟嘗君嘗《テ》以《テ》献《ジ》二昭王《ニ》一、無《シ》二他《ノ》裘一矣。客《ニ》有《リ》下能《ク》為《ス》二狗盗《ヲ》一者上。入《リ》二秦《ノ》蔵中《ニ》一、取《リテ》レ裘《ヲ》以《テ》献《ズ》レ姫《ニ》。姫為《ニ》言《ヒ》得《タリ》レ釈《サルルヲ》。即《チ》馳《セ》去《リ》、変《ジテ》二姓名《ヲ》一、夜半《ニ》至《ル》二函谷関《ニ》一。関《ノ》法、鶏鳴《キテ》方《ニ》出《ダス》レ客《ヲ》。ii恐《ル》二秦王《ノ》後《ニ》悔《イテ》追《ハンコトヲ》一レ之《ヲ》。客《ニ》有《リ》下能《ク》為《ス》二鶏鳴《ヲ》一者上。［③］。鶏B尽《ク》鳴《ク》。遂《ニ》発《ス》レ伝《ヲ》。出《デテ》(イ)食頃《ニシテ》、追《フ》者果《シテ》至《ルモ》、而不レ及《バ》。孟嘗君帰《リ》、怨《ミ》レ秦《ヲ》、与二韓・魏一伐《チ》レ之《ヲ》、入《ル》二函谷関《ニ》一。秦割《キ》レ城《ヲ》以《テ》和《ス》。

（『十八史略』、春秋戦国・斉）

! ヒント

靖郭君田嬰＝戦国時代の斉の宰相。姓は田、名は嬰。
宣王＝斉の王。
薛＝地名。現在の山東省滕州市の南東。
食客＝客分として扱われる家臣。
孟嘗君＝（？－前279？）斉の王族。姓は田、名は文。
秦昭王＝戦国時代の強国秦の王。在位、前306－前251。
狐白裘＝高価な狐の毛皮。
函谷関＝現在の河南省霊宝市の東北にあった関所の名。
伝＝駅伝の馬車。

📖 『十八史略』＝曾先之の著。太古より宋末までの歴史を簡略に示した書物。初学者用を中心に広く読まれた。

点 ／50点

始《メ》孟嘗君列《スルヤ》㆓此《ノ》二人《ヲ》於賓客《ニ》㆒、賓客尽《ク》羞《ヅ》㆑之《ヲ》。（中略）自《ヨリ》㆑是㆑之後、客皆服《ス》。

［注］此二人＝「狗盗」の得意な者と「鶏鳴」の得意な者。
是＝「鶏鳴狗盗」によって孟嘗君が危機を脱したこと。

（『史記』、孟嘗君列伝）

問1 波線部A「蓋」・B「尽」の読みを、それぞれ送り仮名を含めて記せ。〈各3点〉
A［　　　］　B［　　　］

問2 二重傍線部ⅰ・ⅱと同じ意味で「封」「客」が用いられている二字の熟語を、それぞれ一つずつ記せ。〈各3点〉
ⅰ［　　　］　ⅱ［　　　］

問3 破線部㋐「庶弟」・㋑「食頃」の意味を、それぞれ簡潔に記せ。〈各4点〉
㋐［　　　］　㋑［　　　］

問4 傍線部①「秦昭王聞㆓其賢㆒、乃先納㆓質於斉㆒、以求㆑見。」を書き下し文に改めよ。〈6点〉
［　　　］

問5 傍線部②「孟嘗君使㆘人抵㆓昭王幸姫㆒求㆖解。」を現代語訳せよ。〈6点〉
［　　　］

問6 空欄 ③ の前後の「客有㆘能為㆓鶏鳴㆒者㆖。」と「鶏尽鳴。」との間には記述の飛躍がある。空欄に適切な一文を考え、現代語で答えよ。〈8点〉
［　　　］

問7 「始《メ》孟嘗君……。」の部分は、『十八史略』の原典である『史記』に記されているものである。「客皆服《ス》。」とあるが、「客」が皆このような態度をとるようになったのはなぜか。簡潔に説明せよ。〈10点〉
［　　　］

📖 『史記』＝司馬遷（前145?－前86?）の著。中国の歴史書の模範とされる。

問1 A「蓋」は、「そもそも」「いったい」という発語のことば。B「尽」は、「すべて」の意。いずれも頻出の語なので、押さえておきたい。

問2 ⅰ「封」は、「ホウ」と読むときは「諸侯の領地」または「領地を与え、領主とする」意。「フウ」と読むときは「とじる」の意となる。
ⅱ「客」は、①訪問者、②旅人などの意味がある。

問3 ㋐「庶子」などの熟語を思い浮かべられるか。㋑「食事をするくらいの間」という意から。

問4 「見」の主語は、秦昭王であることに注意する。

問5 「使㆓AB㆒」は「AヲシテB（セ）シム」と読む使役の形。

問6 「鶏鳴」を得意とする食客の行動を考えさせる。

問7 「服」は、「感服」「帰服」の「服」。直前に「賓客尽く之を羞づ。」とあり、これと対比して考えさせたい。

3 実力評価テスト
唐詩

点
／50点

次の三首の詩を読んで、後の問いに答えよ。（設問の都合により、送り仮名を省いたところがある。）

A
牀前看《ル》二月光《ヲ》一　疑《フラクハ》是《レ》地上《ノ》霜《カト》
挙《ゲテ》レ頭《ヲ》望《ミ》二山月《ヲ》一　低《レテ》レ頭《ヲ》思《フ》二故郷《ヲ》一

B
渭城《ノ》朝雨浥《ス》二軽塵《ヲ》一　客舎青青柳色新《タナリ》
勧レ君更尽一杯酒　西出二陽関一無二故人一

C
葡萄《ノ》美酒夜光《ノ》杯　欲《スレバ》レ飲《マント》琵琶馬上《ニ》催《ス》
酔臥二沙場一君莫レ笑　古来征戦幾人回

問1　二重傍線部「牀前」「故人」「沙場」の意味を、それぞれ簡潔に記せ。〈各2点〉
牀前［　　　　］　故人［　　　　］
沙場［　　　　］

問2　A詩の作者と関係の深い事項を次から五つ選び、記号で答えよ。〈各1点〉
［　　］［　　］［　　］［　　］［　　］

! ヒント
渭城＝現在の陝西省咸陽市。
陽関＝現在の甘粛省の北西端にあった関所の名。

問1　「故人」は和漢異義語の代表格。必ず押さえさせたい。

問2　選択肢は、ア～エがその活躍した時期、オ・カは詩人の

ア　初唐の詩人　イ　盛唐の詩人　ウ　中唐の詩人　エ　晩唐の詩人　オ　字は子美
カ　字は太白　キ　絶句を得意とする　ク　律詩にすぐれる　ケ　詩聖　コ　詩仙
サ　政治や社会に関心を抱き、時世を痛嘆した　シ　酒を愛し、自由奔放な作風で知られる

問3　B詩の題名を正確に記せ。（書き下し文の形でよい。）〈3点〉
［　　　　］

問4　C詩の題名と詩形を正確に記せ。〈各3点〉
題名［　　　　］　詩形［　　　　］

問5　A〜C詩の中で、厳密には一首だけ押韻の原則から外れているものがある。その詩の韻字の音をカタカナで順に記せ。〈完答4点〉
［　　　　］

問6　A詩の第四句で、作者が「思二故郷一」という心理状態になったのはなぜか。簡潔に説明せよ。〈4点〉
［　　　　］

問7　B詩の第三句・第四句を、連続して現代語訳せよ。〈4点〉
［　　　　］

問8　B詩では、誰の、誰に対する、どのような思いがうたわれているか。簡潔に説明せよ。〈4点〉
［　　　　］

問9　C詩で、異国情緒をかきたてる事物をすべて抜き出して答えよ。〈4点〉
［　　　　］

問10　C詩の第三句・第四句を、連続して書き下せ。〈4点〉
［　　　　］

問11　A〜C詩の中から一首を選び、鑑賞文を百字以内で記せ。（どの詩についてのものかを明記すること。）〈6点〉
［　　　　］

字《あざな》、キ・ク・サ・シが詩風の特徴、ケ・コは後世の評価である。

問3　歴史的仮名遣いで答えさせたい。

問4　詩形は、一句の字数と句数による。

問5　五言詩は偶数句末に押韻するのが原則である。

問6　第三句から第四句へ、動きが自然に流れている点に注目させるとよい。

問7　「西」は、ここでは「西の」ではないことに注意させたい。

問8　詩題を思い浮かべられれば、送別がテーマであることがわかる。

問9　西域から伝来した事物を読み込んでいる点に気づかせたい。

問10　「酔」の読みに注意。

問11　どのような点に共感を覚えたかを具体的に記させたい。

4 実力評価テスト 思想

点　／50点

次の文章を読んで、後の問いに答えよ。（設問の都合により、返り点・送り仮名を省いたところがある。）

①子曰《ハク》、②「学而時習レ之、不二亦説一乎。③有朋自遠方来、不二亦《タ》楽《シカラ》一乎。④人不《シテ》レ知《ラ》而不レ慍《ラ》、⑤不二亦《タ》君子《ナラ》一乎《ト》」。

（『論語』、学而）

これは明らかに孔子学徒の学究生活のモットーである。孔子がこの三句をある時誰かに語ったというのではない。孔子の語の中から、学園生活のモットーたるべきものを選んで、それをここに並べたのである。すなわち第一は学問の喜び、第二は学問において結合する友愛的共同体の喜び、第三は⑥この共同体において得られる成果が自己の人格や生を高めるという自己目的的なものであって、名利には存しない、という学問生活の目標を掲げている。それは学者必ずしも世に用いられぬという時勢の反映である、というごときことを主張する人があるかも知れぬが、かかる人は全然右の学問の精神を理解し得ぬ人と言わねばならぬ。この精神はプラトンの学園にも、釈迦の僧伽《そうぎゃ》にも、キリストの教会にも、すべて共通であるのみならず、現在においてもその通用性を失わない。右の三句に現わされた学問の精神が失われている所では、生きた学問は存しないのである。

（和辻哲郎『孔子』）

問1　傍線部①「子」は、何時代の誰のことか。時代名と姓と名を正しく記せ。〈各3点〉

時代［　　　　］
姓［　　　　］
名［　　　　］

! ヒント

『論語』＝孔子やその門人などの言行を集めた書物。『論語』では、「学而」のように各編の冒頭の二字ないし三字をとって編名としている。

『孔子』（一九八八年、岩波文庫）

問1　孔子については、姓・名・字《あざな》を覚えておきたい。

問2　傍線部②「学而時習レ之、不二亦説一乎。」を現代語訳せよ。〈8点〉

［　　　　　　　　　　　　　　　　　　　　　　　］

問3　傍線部③「有朋自遠方来、」に、次の読み方に従って返り点を付せ。（送り仮名は不要。）〈8点〉

朋の遠方より来たる有り。

［　有　朋　自　遠　方　来、　］

問4　傍線部④は、「人不レ知《シテ》レ□《ラ》而□不レ慍《ラ》。」の□が省略された形と考えられる。空欄□に最も適切なものを次から一つ選び、記号で答えよ。（上下の□には、共通の漢字一字が入る。）〈8点〉

ア　子　イ　朋　ウ　人　エ　我　オ　汝

［　　　］

問5　傍線部⑤「君子」のここでの意味と対義語を答えよ。〈各4点〉

意味［　　　　　　　　］

対義語［　　　　　　　］

問6　傍線部⑥「この共同体において得られる成果が……」とあるが、これとほぼ同じ趣旨のことを述べている『論語』の章を次から一つ選び、記号で答えよ。〈9点〉

ア　子曰《ハク》、「剛毅木訥近《シト》レ仁《ニ》。」（子路）

イ　子曰《ハク》、「巧言令色、鮮《ナシ》矣仁《ト》。」（学而）

ウ　子曰《ハク》、「朝《ニ》聞《カバ》レ道《ヲ》、夕《ベニ》死《ストモ》可《ナリ》矣《ト》。」（里仁）

エ　子曰《ハク》、「温《ネテ》レ故《キヲ》而知《レバ》レ新《シキヲ》、以《テ》可《シト》二以《テ》為《ス》レ師《ト》矣。」（為政）

オ　子曰《ハク》、「古之学者《ハ》為《ニシ》レ己《ノ》、今之学者《ハ》為《ニスト》レ人《ノ》。」（憲問）

［　　　］

問2　「時」を「ときどき」と誤解しないよう、注意を促したい。

問3　一二点を挟んで返って読む場合には、上下点を用いる。

問4　選択肢はそれぞれ「あなた」「友人」「世間一般の人」「私」「あなた」の意である。

問5　「君子」は『論語』四百九十九章中の九十章、計百九回も登場する重要語である。

問6　傍線部⑥は、何のために学ぶのかについて述べている。

5 実力評価テスト 文章

点　／50点

次の文章を読んで、後の問いに答えよ。（設問の都合により、返り点・送り仮名を省いたところがある。）

世《ニ》有《リテ》二伯楽一、然《ル》後《ニ》有《リ》二千里《ノ》馬一。千里《ノ》馬《ハ》常《ニ》有《レドモ》、而伯楽《ハ》不二常《ニハ》有《ラ》一。故《ニ》雖《モ》レ有《リト》二名馬一、秖《ダ》辱《メラレ》二於奴隷人之手一《ニ》、駢二丨死《シテ》於槽櫪之間一《ニ》、不下《ル》以《テ》二千里一《ヲ》称《セラレ》上也。

馬之千里《ナル》者《ハ》、一食《ニ》或《イハ》尽《クス》二粟一石一《ヲ》。①食馬者、不知其能千里而食也。是《ノ》馬也、雖《モ》レ有《リト》二千里之能一、食不《レバ》レ飽《カ》、力不レ足《ラ》、才《ノ》美i不二外《ニ》見一《ハ》ii。②且欲下与二常馬一等上、不レ可レ得。安求二其能千里一也。

策《ウツニ》レ之《ヲ》不レ以《テセ》二其《ノ》道一《ヲ》。食《フニ》レ之《ヲ》不レ能《ハ》尽《クサシムル》二其《ノ》材一《ヲ》。鳴《ケドモ》レ之《ニ》不レ能《ハ》通《ズル》二其《ノ》意一《ニ》。執《リテ》レ策《ヲ》而臨《ミテ》レ之《ニ》曰《ハク》、「天下《ニ》無《シト》レ馬」。嗚-呼、其《レ》真《ニ》無《キ》レ馬邪、其《レ》真《ニ》不《ル》レ知《ラ》レ馬《ヲ》也。

問1　この文章の題名と作者名を正しく記せ。〈各3点〉

題名［　　　　］　作者名［　　　　］

! ヒント

問1　題名の意味は「特に題を設けない論説」。

問2　二重傍線部ⅰ・ⅱと同じ意味で「美」「見」が使われている二字の熟語を一つずつ記せ。〈各3点〉

ⅰ［　　　　］　ⅱ［　　　　］

問3　傍線部①「食馬者、不知其能千里而食也。」を書き下し文に改めよ。（「馬を飼う者は、その馬に千里の能力があることを知らないで飼っている。」と直訳できる形で訓読すること。）〈8点〉

［　　　　］

問4　傍線部②「且欲下与二常馬一等上、不レ可レ得。安求二其能千里一也。」を現代語訳せよ。〈8点〉

［　　　　］

問5　次の文章の空欄を正しく補充せよ。（□は、解答の文字数を表す。）

この文章が収められている『a□□□□□□□』は、b□□□□□の名文を集めたアンソロジーである。b□□□□□とは、c□□の復興を目指した唐・宋代の八人の作家の総称で、唐代の韓愈、d□□□、宋代の欧陽脩《おうようしゅう》、蘇洵《そじゅん》、蘇軾《そしょく》、蘇轍《そてつ》、曾鞏《そうきょう》、王安石の八人をいう。〈各3点〉

a □□□□□□□　b □□□□□　c □□　d □□□

問6　韓愈の「雑説」を踏まえて、「私の伯楽」または「私と伯楽」と題して、二〇〇字以内で経験や考えを記せ。（題名を書く必要はない。原稿用紙の使い方に従い、段落を設けること。）〈10点〉

問2　ⅰ「美」は、①うまい。②うつくしい。③すぐれている。④ほめる。などの意味がある。
ⅱ「見」は、①見る。②会う。③あらわれる。などの意味がある。

問3　教科書や注釈書では「食レ馬者、不下知二其能千里一而食上也。（馬を食ふ者は、其の能の千里なるを知りて食はざるなり。）」と読むことが多いが、上下点を使わない形でも訓読できることを教えておきたい（「食レ馬者、不レ知二其能千里一而食也。」）。

問4「安…也」は、反語の形。

問5「韓柳」と併称された唐代を代表する文章家の名は、特に記憶にとどめさせたい。

問6　塾の先生やスポーツの指導者などを「伯楽」とする発想もあるだろう。より幅広く考えさせたい。

6 実力評価テスト 入試演習

点
／50点

次の文章を読んで、後の問いに答えよ。（設問の都合により、返り点・送り仮名を省いたところがある。）

呂《りよ》蒙《もう》正《せい》不レ喜バ記スルヲ二人ノ過a一。初メテ参知政事トナリテ入ル二朝堂ニ一。有リ二朝士一、於イテ二簾内ニ一指サシテレ之ヲ曰ハク、「是《こ》ノ小子モ亦タ参政ナル邪《か》ト。」蒙正佯《いつ》ハリテ為《まね》シテ不ルレ聞カ而過bレ之ヲ。其ノ同列怒リテ、①令詰其官位姓名。蒙正遽A止メテレ之ヲ曰ハク、②「若一知其姓名、則終身不能復忘。」B固不ルレ如カレ毋《な》キニ知ル也。且ツ不ルモレ問ハレ之ヲ何ノ損カアラント。」時ニ皆服ス二其ノ量c一。

（朱熹『宋名臣言行録』）

［注］ 呂蒙正＝（九四六〜一〇一一）北宋の政治家。太宗・真宗に仕えて賢相とたたえられた。
朝堂＝天子が政務を執る所。朝廷。　朝士＝朝廷に仕える下級の役人。
参知政事＝宋代の官名。副宰相。　参政＝「参知政事」の略。
同列＝同じ地位の人。同僚。

！ヒント

朱熹＝（1130〜1200）南宋の儒学者。それまでの学説を集大成し、儒学を大きく進展させた。

『宋名臣言行録』＝朱熹の撰。北宋の名臣たちの言行を集めた書物。

問1　二重傍線部A・Bの読みを、送り仮名も含めて記せ。（現代仮名遣いでよい。）〈各4点〉

A［　　　　］　B［　　　　］

問2　波線部a〜cの意味を表す熟語として最も適切なものを、次の各群から一つずつ選び、記号で答えよ。
（波線部a・bの送り仮名は省いてある。）〈各4点〉

a　「過」　ア　過去　イ　過酷　ウ　過失　エ　過度　オ　過労　［　　］

b　「過」　ア　看過　イ　経過　ウ　大過　エ　通過　オ　黙過　［　　］

c　「量」　ア　思量　イ　推量　ウ　数量　エ　測量　オ　度量　［　　］

問3　傍線部①の読み方として最も適切なものを次から一つ選び、記号で答えよ。〈10点〉

ア　其の官位姓名を詰せしむ。　イ　令して其の官位姓名を詰す。

ウ　其の官位姓名を令詰す。　エ　其の官位姓名をして詰せしむ。

オ　其の官位をして姓名を詰せしむ。　［　　］

問4　傍線部②の意味内容として最も適切なものを次から一つ選び、記号で答えよ。〈10点〉

ア　私が相手の名前を聞くよりは、生涯それを忘れずにいるほうがよい。

イ　私が相手の名前を聞くことは、生涯それを忘れずにいることと同じだ。

ウ　あなたが一度相手の名前を聞いてしまえば、私は生涯忘れられなくなる。

エ　もしひとたび相手の名前を聞いてしまえば、私は生涯忘れられなくなる。

オ　もし一人の名前でも聞いてしまえば、私は生涯忘れずにいることになる。　［　　］

問5　この文章から読み取れる呂蒙正の人柄は、どのようなものか。最も適切なものを次から一つ選び、記号で答えよ。〈10点〉

ア　大きな目標のためには批判は気にしない、豪放磊落《らいらく》な人柄。

イ　評判に敏感で、良く思われようと常に努力を惜しまない人柄。

ウ　時に嘘をついてでも目的を遂げようとする、策略を好む人柄。

エ　友情を大切にし人を傷つけることを避ける、情愛に満ちた人柄。

オ　人の失策や心得違いをとがめだてしたりはしない、器の大きい人柄。　［　　］

問1　Aは、「急遽」Bは、「固有」の熟語を思い浮かべられるかがカギ。

問2　ab「過」は、①過ぎる。②あやまち。間違い。などの意味がある。
c「量」は、①はかる。②見積もる。③思案する。④はかり。⑤力。などの意味がある。

問3　使役の形。「AヲシテB（セ）シム」の「Aヲシテ」が省略された形である。

問4　「若」の読み方がポイント。発言しているのは誰かを考える。

問5　問2にもあるとおり、「量」の意味するところを熟語から連想させて答えさせたい。

実力評価テスト

解答・解説

筆者が初めてテスト問題を作ったのは、今から四十年ほど前です。当時はワープロもパソコンもなく、印刷媒体の主流はガリ版か謄写ファクスでした。ガリ版は文字を間違うと修正が大変で、ガリ切りの作業中は極度の緊張を強いられました。また謄写ファクスは、原稿の状態によっては印刷にムラが生じ、機械の調整に泣かされたことを覚えています。

肝心のテストの中身についても、難度は適当か、問題数に過不足はないかと、不安を抱えたまま試験当日を迎えたものです。もちろん先輩教師に過去の問題を見せてもらったり、アドバイスを受けたりはしましたが、新人教師といえども一国一城の主ですから、手取り足取り教えてもらうわけにはいきません。新人教師時代は、授業だけでなく、テスト問題作りでも悪戦苦闘の日々が続きました。

テスト問題の作成にようやく慣れたのは、三年ほど経ってからでしょうか。それでも、難しいと予想した問題の出来が案外良かったり、逆に易しいはずの問題に一人の正解者もなかったりと、何度も頭を抱えた記憶があります。

現在は学校の印刷環境が整っていますから、新人教師の皆さんはテストの中身に集中できるはずです。安直に指導書付属の問題集や入試問題集に頼るのではなく、苦労の中から自分らしいテスト問題のスタイルを築き上げていってほしいものです。

漢文のテスト問題には、多くのタイプがあり、ねらいも異なります。設問タイプの主なものを、基礎から応用発展への順で列挙してみましょう。

①漢字の読みを答える。
②書き下し文に改める。
③語の意味を答える。
④その箇所の意味を含んだ熟語を答える。
⑤現代語訳する。(「平易な現代語に改めよ。」と指示することも。)
⑥指示された読み方に従って、白文に返り点を付す。
⑦作者や題名、出典に関する事項などを答える。
⑧作中の人物の心情や行動の意図などについて、考えを述べる。
⑨作品を批評する。作品の鑑賞文を書く。
⑩作品と自分(あるいは現代)との関わり合いについて考え、文章にまとめる。
⑪故事成語の学習では、その語を使って短文を作る。
⑫作品と関わりのある文章との融合問題を読み、問いかけに答える。

以上の設問タイプを教材のジャンルや生徒の到達段階に応じて取捨選択し、配列すれば、テスト問題ができあがるはずです。一般的なパターンを踏まえつつ、作成者オリジナルの問題を加えれば、より魅力的なテスト問題に仕上がるでしょう。

なお、問題文に返り点や送り仮名をつけるかどうかで悩む先生があると聞きます。筆者は普段、授業で扱った作品を出題する場合は、句読点だけしかつけません(本書では傍線部の送り仮名を省きました)。このことは予め生徒に知らせ、試験範囲の白文プリントも配布しておきます。逆に、初見の詩や文章を出題する時は、訓点を付し、一部だけ白文を残した状態に仕上げます。学習指導要領のいう「訓読できる」とは「訓点に従って読むことができる」という意味であり、むやみに白文を読ませることは有害無益です。

【1】 故事成語

問1 (1)＝徳治 (2)＝法治
問2 ア
問3 楚 人 有㆘鬻㆓盾 与㆑矛 者㆖。 ▼「鬻㆓盾与矛㆒」とする解答が多くみられる。「A与ト㆑B」（AとBと）の形であることを強調しておく必要がある。
問4 之を誉めて曰はく、「吾が盾の堅きこと、能く陥す莫きなり。」と。
▼文末まで書き下しさせる問題。筆者の基準では、以下のようになる。不正解「…莫きなりと。」／許容「…莫きなり」と。
問5 利剣、鋭利、鈍利など ▼ここでの「利」は「するどい」の意味。「利益」「有利」「利発」などは不可。その理由を考えさせよう。
問6 ある人が、「あなたの矛であなたの盾を突いたら、どうなるのか。」と言った。その人は答えることができなかった。
問7 例「彼は、潔癖症のくせに古本マニアなんだよ。」「それって、矛盾してない？」（36字）

【2】 史伝

問1 A＝けだし B＝ことごとく ▼Aは「シ」、Bは「ク」が送り仮名。
問2 i＝封建、封土など ii＝客舎、旅客など
問3 ㋐＝腹違いの弟 ㋑＝まもなく
問4 秦の昭王 其の賢を聞き、乃ち先づ質を斉に納れ、以て見んことを求む。
▼秦の昭王が主語だから、「見」を「まみエンコトヲ」と読むのは不可。
問5 孟嘗君は、部下を昭王のお気に入りの夫人のもとへやり、釈放してくれるように頼ませた。
問6 例 その人は鶏の鳴き真似をした。（14字）
問7 孟嘗君の人の能力を見抜く目の確かさに感服したため。

【問題文の読み方】 靖郭君田嬰《せいくわくくんでんえい》は、宣王《せんわう》の庶弟《しよてい》なり。薛《せつ》に封《ほう》ぜらる。子有《こあ》り文《ぶん》と曰《い》ふ。食客数千人《しよくかくすうせんにん》、名声諸侯《めいせいしよこう》に聞《き》こゆ。号《がう》して孟嘗君《まうしやうくん》と為《な》す。秦《しん》の昭王《せうわう》其《そ》の賢《けん》を聞《き》き、乃《すなは》ち先《ま》づ質《ち》を斉《せい》に納《い》れ、以《もつ》て見《み》んことを求《もと》む。至《いた》れば則《すなは》ち止《とど》め囚《とら》へて之《これ》を殺《ころ》さんと欲《ほつ》す。孟嘗君《まうしやうくん》人《ひと》をして昭王《せうわう》の幸姫《かうき》に抵《いた》りて解《と》かんことを求《もと》めしむ。姫曰《きい》はく、「願《ねが》はくは君《きみ》の狐白裘《こはくきう》を得《え》ん。」と。蓋《けだ》し孟嘗君《まうしやうくん》嘗《かつ》て以《もつ》て昭王《せうわう》に献《けん》じ、他《た》の裘無《きうな》し。客《かく》に能《よ》く狗盗《くたう》を為《な》す者有《ものあ》り。秦《しん》の蔵中《ざうちゆう》に入《い》り、裘《きう》を取《と》りて以《もつ》て姫《き》に献《けん》ず。姫《き》為《ため》に言《い》ひ釈《ゆる》さるるを得《え》たり。即《すなは》ち馳《は》せ去《さ》り、姓名《せいめい》を変《へん》じて、夜半《やはん》に函谷関《かんこくくわん》に至《いた》る。関《くわん》の法《はふ》、鶏《にはとり》鳴《な》きて方《まさ》に客《かく》を出《い》だす。秦王《しんわう》の後《のち》に悔《く》いて之《これ》を追《お》はんことを恐《おそ》る。客《かく》に能《よ》く鶏鳴《けいめい》を為《な》す者有《ものあ》り。鶏《にはとり》尽《ことごと》く鳴《な》く。遂《つひ》に伝《でん》を発《はつ》す。出《い》でて食頃《しよくけい》にして、追《お》ふ者《もの》果《は》たして至《いた》るも、及《およ》ばず。孟嘗君帰《まうしやうくんかへ》り、秦《しん》を怨《うら》み、韓《かん》・魏《ぎ》と之《これ》を伐《う》ち、函谷関《かんこくくわん》に入《い》る。秦《しん》城《しろ》を割《さ》き以《もつ》て和《わ》す。（『十八史略』）
始《はじ》め孟嘗君《まうしやうくん》此《こ》の二人《ににん》を賓客《ひんかく》に列《れつ》するや、賓客《ひんかく》尽《ことごと》く之《これ》を羞《は》づ。（中略）是《これ》よりの後《のち》、客皆服《かくみなふく》す。（『史記』）

【現代語訳】 靖郭君の田嬰は、宣王の腹違いの弟であった。薛に領地を与えられていた。息子を文といった。（彼には）食客が数千人いて、その名声は天下に知れわたっていた。（彼は）孟嘗君と呼ばれた。秦の昭王は、孟嘗君が賢明であると聞いて、そこでまず人質を斉に送り、（孟嘗君に）会いたいと申し入れた。（孟嘗君が）秦に到着すると捕まえて殺そうとした。孟嘗君は、部下を昭王のお気に入りの夫人のもとへやり、釈放してくれるように頼ませた。夫人が言うには、「（その代償として）私はあなたがお持ちの狐白裘が欲しいのです。」と。そもそも孟嘗君は、以前（狐白裘を）昭王に献上し、他には裘を持っていなかった。（連れていた）食客の中に犬のようにこっそり盗みをはたらく者がいた。（彼が）秦の宮殿の蔵の中に忍び込み、（献上してあった）狐白裘を盗み出してきて、これを夫人のもとに献上した。夫人が（孟嘗君の）ために昭王にとりなしたので、（孟嘗君は）釈放された。

（孟嘗君は）ただちに馬を走らせ逃げ去り、姓名を変えて、夜中に函谷関に到着した。関所の規則では、（明け方の）鶏が鳴いたら旅行者を通すことになっていた。（孟嘗君は）秦王が後悔して追っ手を差し向けることを心配した。食客の中に鶏の鳴きまねのできる者がいた。（彼が鳴き声のまねをすると）あたりの鶏がみな鳴き出した。かくして駅伝の馬車を出発させた。出発してからほんの食事をするほどの短時間の後に、（秦の）追っ手が（孟嘗君の案じたとおり）はたして（函谷関に）到着したが、もう間に合わなかった。孟嘗君は国に戻ると、秦を怨み、韓・魏と同盟して攻撃し、函谷関の西側に攻め込んだ。秦は、町を譲って講和を結んだ。（『十八史略』）

はじめに孟嘗君が二人（の男）を客分にしたときは、客分たちはみな恥だと思った。（中略）それからというもの、客分たちは（孟嘗君の）器量に感服したのであった。（『史記』）

【3】 唐詩

A＝李白「静夜思」 B＝王維「送ル㆔元二ノ使ヒスルヲ㆓安西ニ㆒」 C＝王翰「涼州詞」

問1　**牀前**＝寝台の前。**故人**＝古くからの友人。**沙場**＝砂漠。砂漠の戦場。
問2　イ・カ・キ・コ・シ
問3　元二の安西に使ひするを送る
▼「使」は、「使い」ではなく、歴史的仮名遣いで「使ひ」と答えさせたい。
問4　題名＝「涼州詞」　詩形＝七言絶句
問5　コウ・ソウ・キョウ　▼A詩は、「光」・「霜」・「郷」が韻字。五言詩は偶数句末に押韻するのが原則であるが、この詩は第一句末も韻を踏んでいる。B・C詩は、いずれも原則どおりに押韻している。
問6　山の端にかかる月を見て、この月は故郷をも照らしているだろうという連想が働き、望郷の念がわきおこったから。
問7　さあ君、もう一杯おあけなさい。西へ進んで陽関を出てしまったら、もう親しい友人もいなくなるのだから。
問8　作者（王維）の、遠い西域に旅立つ友人に対する惜別の情と、旅の前途を案じる細やかな心づかい。
問9　葡萄美酒・夜光杯・琵琶
問10　酔ひて沙場に臥すとも　君　笑ふこと莫かれ、古来　征戦　幾人か回る
問11　省略。

【4】思想

問1　**時代**＝春秋時代　**姓**＝孔　**名**＝丘　▼「仲尼」は字。
問2　学問をして、たえず身につけるように復習するのは、なんとうれしいことではないか。▼「時」を「ときどき」と誤解しないよう、注意を促したい。
問3　有㆘朋自㆓遠方㆒来㆖、
問4　エ　▼「人が（自分の真価を）認めてくれなくても、（自分は）不平不満に思わない」の意。
問5　意味＝学徳のあるりっぱな人。対義語＝小人。
問6　オ　▼「為㆑人」は、人からよく評価されることを期待して学ぶこと。「名利」を求めて学ぶことをいう。

【5】文章

問1　「雑説」　韓愈
問2　i＝美点、美徳、美風など　ii＝露見
▼「美」は、すぐれている意。「見」は、あらわれる意。
問3　馬を食ふ者は、其の能の千里なるを知らずして食ふなり。
問4　まずはせめて、普通の馬と同じように（働こう）と望んでも、その機会も得られない。（ましてや）どうして能力が千里も走るものであることまで望むことができようか。
問5　a＝唐宋八家文読本　b＝唐宋八大家　c＝古文　d＝柳宗元
問6　省略。

【6】入試演習

問1　A＝にはかに　B＝もとより
▼Aは、「急遽」の「遽」。あわての意。Bは、「固有」の「固」。
問2　a＝ウ　b＝エ　c＝オ　▼a「過」は、あやまち。b「過」は、通り過ぎる。「看過・黙過」の「過」は、そのままにしておく意。c「量」は、力、才能。「思量」の「量」は、おもう。
問3　ア　▼「人をして其の官位姓名を詰せしむ。」の「人をして」が省略された形。イは、「令して其の官位姓名を詰せしむ。」ならば正解。
問4　エ　▼「若」は、「もし」と読む。「ひとたび聞いてしまうと、その名を忘れられなくなる。」は、呂蒙正の発言なので、「若」＝「なんぢ」とは解釈できない。
問5　オ

【問題文の読み方】　呂蒙正《りょもうせい》　人《ひと》の過《あやま》ちを記《き》するを喜《よろこ》ばず。初《はじ》めて参知政事《さんちせいじ》となりて朝堂《ちょうどう》に入る。朝士《ちょうし》有《あ》り、簾内《れんない》に於《お》いて之《これ》を指《ゆび》さして曰《い》はく、「是《こ》の小子《しょうし》も亦《ま》た参政《さんせい》なるか。」と。蒙正《もうせい》　佯《いつ》はりて聞《き》かざる為《まね》して之《これ》を過《す》ぐ。其《そ》の同列《どうれつ》　怒《いか》りて、其《そ》の官位《かんい》姓名《せいめい》を詰《きつ》せしむ。蒙正《もうせい》　遽《には》かに之《これ》を止《とど》めて曰《い》はく、「若《も》し一《ひと》たび其《そ》の姓名《せいめい》を知《し》らば、則《すなは》ち終身《しゅうしん》復《ま》た忘《わす》るること能《あた》はず。固《もと》より知《し》る毋《な》きに如《し》かざるなり。且《か》つ之《これ》を問《と》はざるも何《なん》の損《そん》かあらん。」と。時《とき》に皆《みな》其《そ》の量《りょう》に服《ふく》す。

【現代語訳】　呂蒙正は、人の過失を記憶に残すことを好まなかった。参知政事となって宮廷入りした時のこと、ある下級役人が御簾《みす》のかげから彼を指さして、「あんな男でも参知政事なんだから。」と聞こえよがしに皮肉を言った。呂蒙正は聞こえぬふりをして通り過ぎようとしたが、同僚は怒って、その役人の官位姓名を問いただそうとするので、呂蒙正は慌ててそれを押しとどめた。呂蒙正は、「もし相手の名前を聞いてしまえば、生涯忘れられなくなる。だから、知らないにこしたことはない。聞かないからといって、こちらが損をするわけでもあるまい。」と言った。この話が伝わると、皆呂蒙正の度量の大きさに感服した。

資料編

漢文を読むために

◉漢文とは何か

漢文とは、古くからわが国にもたらされてきた中国の古典の文章である。

私たちの祖先は、漢文を読むために、もとの中国の文章の形はそのまま残しながら、日本語に当てはめて読み直す**訓読**という方法を考案した。

わが国の言語、文学、思想は、確実に漢文の受容によってはぐくまれてきた。現在の日本の文章は、漢文の語彙《ごい》や構文に支えられている。漢文は、もとは中国の古典であっても、同時にまた日本人にとっての古典なのである。

◉漢語の基本構造

漢文を読むためには、まず、漢語の構造について知っておきたい。漢語には、主に次のような構造がある。→左表参照。

1 主語―述語―補語
2 修飾語―被修飾語
3 並列
4 否定語を含む

＊補語をさらに細かく補語と目的語に分けることがある。
【補語】 述語の意味を補足する語。行為の場所や原因を示し、「ニ」「ト」「ヨリ」を送ることが多い。英文法でいう補語とは異なる。
【目的語】 他動詞の目的格となる語。行為の対象を示し、「ヲ」を送ることが多い。

	主語＋述語	修飾語＋被修飾語	並列
日本語と同じ語順の構造	雷《らい》鳴《めい》 雷が（主）鳴る（述） 雷《かみなり》鳴《なル》	清《せい》風《ふう》 清らかな（修）風（被） 清《きよキ》風《かぜ》	変《へん》遷《せん》 変わる 遷る（並列） 変ハリ遷ル
	年《ねん》少《しょう》 年が（主）若い（述） 年《とし》少《わかシ》	再《さい》会《かい》 再び（修）会う（被） 再《ふたたビ》会《あフ》	禍《か》福《ふく》 禍《わざわ》い 幸い（並列） 禍《かト》福《ふくト》

	述語＋補語	述語＋目的語	否定語を含む
日本語と異なる語順の構造	帰《き》郷《きょう》 帰る（述）故郷に（補） 帰《かヘル》レ郷《きやうニ》	読《どく》書《しょ》 読む（述）本を（目） 読《よム》レ書《しよヲ》	不《ふ》眠《みん》 不 眠ら（否定） 不《ず》レ眠《ねむラ》
	乗《じょう》車《しゃ》 乗る（述）車に（補） 乗《のル》レ車《くるまニ》	開《かい》会《かい》 開く（述）会を（目） 開《ひらク》レ会《かいヲ》	非《ひ》凡《ぼん》 非 凡（否定） 非《あらズ》レ凡《ぼんニ》

◉漢字の音と訓

漢字の読みには、音と訓の区別がある。

【音】 漢字の中国での発音を日本風にまねたもの。

中国では発音が時代や地域によって変化し、それを日本に受け入れた時期によって、区別ができた。その結果、一つの漢字に複数の音がある場合がある。

〈呉音《ごおん》〉五～六世紀頃、長江下流域の呉の地方の音。仏典の読誦《どくしょう》に用いられる。

〈漢音《かんおん》〉八世紀頃、隋《ずい》・唐《とう》時代の長安の音。遣隋使《けんずいし》・遣唐使《けんとうし》らによってもたらされた。

〈唐宋音《とうそうおん》〉宋《そう》代以降の各地の音。現代中国語音にも近い。

【訓】 漢字の意味に相当する日本語が、その漢字の読みとして定着したもの。

例

外			
音	漢音	ガイ	外界、外部
	呉音	ゲ	外科
	唐宋音	ウイ	外郎
訓	はず-す、はず-れる		

◉音訓の読み分け

漢文訓読では、音訓の読み分けに関して、次の原則がある。

○音訓の読み分けの原則
1 一字の語は訓で、二字以上の熟語は音で読む。
2 音は、原則として漢音を用いる。

これを実際の文章で確認してみよう。

一人蛇先成。
一人《いちにん》の蛇《へび》先《ま》づ成《な》る。（戦国策）

まず、「蛇」を「へび」、「先」を「まづ」、「成」を「なる」と読むのが訓である。訓で読むことで、日本語として意味の通じる文章になることがわかる。

次に、「一人」を「いちにん」と読むのが音である。「一人」は、二字の熟語なので音で読むのがよい。

なお、二字の熟語を訓で読む例外には、次の場合がある。

熟字訓の場合
「所謂《いはゆる》」「所以《ゆゑん》」「何如《いかん》」「如何《いかん》」などの慣用語。

国名＋「人」の場合
「楚人《そひと》」「燕人《えんひと》」などは、「楚の国の人」「燕の国の人」という意味で、慣例として訓で読む。

右手画レ蛇。
右手《ゆうしゅ》もて蛇《へび》を画《ゑが》く。（戦国策）

「右手」は「ウシュ」とも読めるが、「右」の漢音が「ユウ」、呉音が「ウ」であるところから、漢音で「ユウシュ」と読む。このため漢和辞典では、呉音より先に漢音を掲載するものが多い。

音訓の読み分けは、一朝一夕には身につかないので、不明な点は必ず漢和辞典で確認する習慣を持っておきたい。

◉訓読の実際

漢文は中国の古典語という外国語であり、日本語との大きな違いは語順である。この漢文を日本語の語順に合わせて読み直すことを**訓読**といい、その際必要となる種々の符号を**訓点**という。

【白文】 もとのまま何も符号の付いていない文章のこと。

学而時習之不亦説乎（論語）

【訓読】 白文を日本語の文語文を用いて訳読すること。

・語順を日本語に合わせて改める。
・用言を活用させる。
・助詞や助動詞に当たるものを補う。

学ビテ而時ニ習フレ之ヲ、不ニ亦タ説《よろこ》バシカラ一乎《や》。

【訓点】 返り点・送り仮名・句読点・その他の符号を総称していう。

【句読点】 「、」や「。」など、句や文の切れ目を示す符号。

学而時習之、不亦説乎。

【返り点】 語順を入れ換えることを示す符号。漢字の左下に付ける。「レ点」「一・二点」「上・下点」などがある。↓下段右表参照。

学而時習レ之不ニ亦説一乎

【送り仮名】 もとの文章にない日本語の助詞・助動詞・用言の活用語尾などのこと。漢字の右下にカタカナで小さく添える。

学ビテ而時ニ習フ之ヲ不亦タ説バシカラ乎

【書き下し文】 訓点に従って訓読したものを日本文に書き改めた文。

学《まな》びて時《とき》に之《これ》を習《なら》ふ、亦《ま》た説《よろこ》ばしからずや。

○書き下し文の原則

1 漢字仮名交じり文にする。

2 送り仮名は文語文法のきまりに従い、歴史的仮名遣いを用いて平仮名で書く。
　思フニ故郷ヲ一。↓故郷を思ふ。

3 日本語の助詞や助動詞に当たる漢字は平仮名に改める。
　春眠不レ覚エレ暁ヲ。↓春眠《しゅんみん》暁《あかつき》を覚《おぼ》えず。

4 訓読で読まない漢字（置き字）は記さない。
　学ビテ而時ニ習フレ之ヲ。↓学びて時に之を習ふ。

◆再読文字は、一度目の読みは漢字で、二度目の読みは平仮名で書く。
　未ダレ知ラ。↓未《いま》だ知らず。

その他の符号

［-］（ハイフン・竪点《たててん》） 必ず熟語として読むことを示す符号。↓下段右表参照。
　則チ何-如。（即《すなは》ち何如《いかん》。）

［〻］（踊り字） 言葉が重なることを示す符号。現在は省略されることも多い。
　数《しばしば》〻・逾《いよいよ》〻・偶《たまたま》〻・行《ゆくゆく》〻

●返り点の種類と用法

符号	用法	用例	読みと現代語訳
レ《れ》点（雁点《かりがね》）	すぐ下の一字から返る。	❷縁リテレ❶木ニ❹求ムレ❸魚ヲ。 ❶歳❷月ハ❺不レ❹待タレ❸人ヲ。	**木《き》に縁《よ》りて魚《うを》を求《もと》む。** （木によじ登って魚をさがす。） **歳月《さいげつ》は人《ひと》を待《ま》たず。** （年月は人を待っていてはくれない。）
一《いち》・二《に》点（一・二・三…）	二字以上隔てて上に返る。	❶悪❷事❺行クニ❸千❹里ヲ一。 ❶百❷聞ハ❻不レ❺如カニ❸一❹見ニ一。	**悪事千里《あくじせんり》を行《ゆ》く。** （悪いことはすぐに伝わりやすい。） **百聞《ひゃくぶん》は一見《いっけん》に如《し》かず。** （何度聞くより一度見た方がよい。）
上《じょう》・下《げ》点（上・中・下）	一・二点を挟んで上に返る。	❻悪ム下❹称スルニ❶人❷之❸悪ヲ一❺者ヲ上。 ❼不下❸為ニ二❶児❷孫ノ一❻買ハ中❹美❺田ヲ上。	**人《ひと》の悪《あく》を称《しょう》する者《もの》を悪《にく》む。** （人の悪をあげつらう者をにくむ。） **児孫《じそん》の為《ため》に美田《びでん》を買《か》はず。** （子孫のために財産は残さない。）
一レ点 上レ点	レ点と一・二点、上・下点の複合。	❹不ニ❶倶ニハ❸戴カ一レ❷天ヲ。 ❶人ハ❼不下❹以テニ❷善❸言ヲ一❻為サ上レ❺賢ト。	**倶《とも》には天《てん》を戴《いただ》かず。** （この世に一緒に生きない。かたきのこと。） **人《ひと》は善言《ぜんげん》を以《もっ》て賢《けん》と為《な》さず。** （人はよいことを言っても、それだけで賢者とはいえない。）
□-□（ハイフン・竪点）	二字以上の熟語に返るとき。	❶日ニ❹三二-❺省ス❷吾ガ❸身ヲ一。 ❶聖❷人ハ❻不三❹凝二-❺滞セ於❸物ニ一。	**日《ひ》に吾《わ》が身《み》を三省《さんせい》す。** （一日に何度も自己を反省する。） **聖人《せいじん》は物《もの》に凝滞《ぎょうたい》せず。** （聖人は物にこだわらない。）

＊上・下点を挟んでさらに上に返る場合に甲乙点（甲乙丙…）、甲乙点を挟んでさらに上に返る場合に天地点（天地人）を使うが、その用例はきわめて少ない。

＊一レ、上レのようなレ点と他の符号との組み合わせは、レ点の性質上、それぞれの第一番目の符号としか結びつかない。したがって二レや下レなどの形はありえない。

●日本語の助詞・助動詞に当たる主な漢字

＊書き下し文では、平仮名に改める。

品詞	語	意味	漢字
助動詞	ず	打消	不・弗
助動詞	る・らる（ル）	受身	見・被・所・為
助動詞	たり（リ）	断定	為
助動詞	しむ（ム）	使役	使・教・令・遣
助動詞	べし（シ）	可能	可
助動詞	ごとし（シ）	比況	若・如
助動詞	なり	断定	也
助詞	か・や・かな	疑問・反語・詠嘆	也・邪・耶・与・乎・哉・夫
助詞	の	主格・連体修飾格・同格	之
助詞	と	並列	与
助詞	より（リ）	比較	与
助詞	より（リ）	起点	自・従・由
助詞	は	主格	者
助詞	のみ	限定	耳・已・爾

◉返読文字

漢文の基本構造は「主語＋述語＋補語（＋目的語）」である。日本語とは語順が異なるので、「補語」「目的語」に「ニ・ト・ヨリ・ヲ」などを送り仮名として付け、上の字に返って読む。

しかし、左表に挙げるように、送り仮名に関係なく下から上に返って読むことを原則とする文字がある。これらの文字を、便宜上、**返読文字《へんどくもじ》**と呼んでいる。

●返読文字の主な種類

1 否定詞［不・弗・非・無・莫・勿］
2 有無・多少［有・無・多・少］
3 可能・許可［可・能・得］
4 難易・過不足［難・易・足］など

●返読文字

＊は「基本句形の整理」を参照。

返読文字	用例	返読文字	用例
不《ず》＊	春眠《しゅんみん》不《ず》レ覚《おぼエ》レ暁《あかつきヲ》。	雖《いへども》＊	雖《いへどモ》二小敵《せうてきト》一不《ず》レ侮《あなどラ》。
非《あらず》＊	非《あらズ》二世間《せけん》之《の》書《しよニ》一。	可《べし》	後生《こうせい》可《べシ》レ畏《おそル》也。
有《あり》	有《あレバ》レ備《そなへ》無《なシ》レ患《うれヒ》。	所《ところ》	人《ひと》之《の》所レ欲《ほつスル》也《なり》。
無《なし》＊	天地《てんち》無《なシ》二始終《しじゆう》一。	自《より》・従《より》	自《より》二遠方《えんばう》一来《きタル》。
多《おほし》	得《うル》レ道《みちヲ》者《ものハ》多《おほシ》レ助《たすケ》。	与《と》	与《と》二朋友《ほうゆう》一交《まじハル》。
少《すくなし》	世《よニ》少《すくナシ》二有能《ゆうのう》之《の》士《し》一。	使《しむ》・令《しむ》＊	使《しム》レ王《おうタラ》二天下《てんかニ》一。
易《やすし》	少年《せうねん》易《やすシ》レ老《をイ》。	如《ごとし》・若《ごとし》	落花《らくか》若《ごとシ》レ雪《ゆきノ》。
難《かたし》	功《かう》者《は》難《がたシ》レ成《なり》。	見・被《る(らる)》＊	信《しんニシテ》而見《る》レ疑《うたがハ》。
欲《ほつす》	山《やま》青《あをクシテ》花《はな》欲《ほつス》レ然《もエント》。	所以《ゆゑん》	師《し》者《は》所《ゆゑ》二以《んナリ》伝《つたフル》一レ道《みちヲ》。

◉助字

助字とは、中国語の虚字《きょじ》にあたるもので、名詞・動詞・形容詞などの実質的な意味を表す語に対して、助詞・助動詞・接続詞など補助的な意味を添える文字をいう。返読文字の一部も助字である。

【置き字】 助字のうち、訓読で読まない文字を**置き字**という。

訓読で読まない文字があるのは、前後の文字の送り仮名にその意味が反映されている場合（於《オ》・于《ウ》・而《ジ》など）や、その意味に対応する日本語がない場合（矣《イ》・焉《エン》・兮《ケイ》など）があるからである。

読まない文字とはいえ、それぞれに意味や文法的な働きがある。「於」について、次の例文を見てみよう。

> 労スルレ心ヲ者ハ治メレ人ヲ、労スルレ力ヲ者ハ治メラル二**於**人ニ一。（孟子）
>
> 読 心《こころ》を労《らう》する者《もの》は人《ひと》を治《をさ》め、力《ちから》を労《らう》する者《もの》は人《ひと》に治《をさ》めらる。
>
> 訳 心をわずらわす人は他人を治め、力を使う人は他人に治められる。

「於」は読まないので書き下し文には現れないが、その字があるかないかでまったく意味の異なる文章になることがわかる。

●主要助字

助字	位置	読み	主な意味・用法	書き下し文・現代語訳
以《イ》	文中	もつテ	手段・方法・原因・理由	請フ以テレ戦ヒヲ喩ヘン。（孟子） 書 請《こ》ふ戦《たたか》ひを**以**《もつ》て喩《たと》へん。［手段］ 訳 どうか戦争の話でたとえさせてほしい。
矣《イ》	文末	〈読まない〉	断定	過チテ而不ルレ改メ、是ヲ謂フレ過チト**矣**。（論語） 書 過《あやま》ちて改《あらた》めざる、是《これ》を過《あやま》ちと謂《い》ふ。［断定］ 訳 過ちを犯しながら改めない、これこそが過ち**である**。
		かな	詠嘆	
于《ウ》	文中	〈読まない〉	対象・場所・起点・比較・時間	夫差敗ル二越ヲ**于**夫椒ニ一。（十八史略） 書 夫差《ふさ》越《えつ》を夫椒《ふせう》**に**敗《やぶ》る。［場所］ 訳 夫差は越軍を夫椒**で**討ち破った。
		ああ	詠嘆（于嗟《ああ》）	
焉《エン》	文末	〈読まない〉	断定	俄カニシテ而匱シ**焉**。（列子） 書 俄《には》かにして匱《とぼ》し。［断定］ 訳 やがて家が貧しくなった。
	文中	これ・ここ	場所・対象・比較・指示語	
		いづクニカ	場所を問う疑問詞	
		いづクンゾ	理由を問う疑問詞・反語	
於《オ》	文中	〈読まない〉	対象・場所・起点・比較・時間・受身	苛政ハ猛ナリ二**於**虎ヨリモ一。（礼記） 書 苛政《かせい》は虎《とら》**よりも**猛《まう》なり。［比較］ 訳 過酷な政治の弊害は虎の害**よりも**ひどい。
		おイテ	対象・場所・時間・方向	
		ああ	詠嘆（於戯《ああ》）	
兮《ケイ》	文中 文末	〈読まない〉	語調を整える	虞ヤ**兮**虞ヤ**兮**奈レ若ヲ何（史記） 書 虞《ぐ》や虞《ぐ》や若《なんぢ》を奈何《いかん》せん［語調を整える］ 訳 虞よ虞よ、おまえをどうしてやろう。（どうしてやることもできない。）
乎《コ》	文中	〈読まない〉	対象・場所・起点・受身	朝ニ四ニシテ而暮レニ三ニセン、足ル**乎**。（列子） 書 朝《あした》に四《し》にして暮《く》れに三《さん》にせん、足《た》る**か**。［疑問］ 訳 （餌を）朝に四つ、夕方に三つにしよう、満足する**か**。
	文末	か・や	疑問・反語・呼びかけ	
		かな	詠嘆	
哉《サイ》	文末	か・や	疑問・反語	豈ニ遠シトセン二千里ヲ一**哉**。（十八史略） 書 豈《あ》に千里《せんり》を遠《とほ》しとせん**や**。［反語］ 訳 どうして千里の道を遠いと思うだろう**か**。（思いません。）
		かな	詠嘆	
之《シ》	文中	これ・こノ	指示語・語調を整える（これ）	填然トシテ鼓シレ**之**ヲ、兵刃既ニ接ス。（孟子） 書 填然《てんぜん》として**之**《これ》を鼓《こ》し、兵刃《へいじん》既《すで》に接《せつ》す。［語調を整える］ 訳 ドンドンと太鼓が鳴り、敵味方が武器を交えている。
		の	助詞（主格・連体修飾格・同格）	
		ゆク	動詞（行く）	

◉再読文字

再読文字とは、一字を二度にわたって読む漢字である。その文字の位置でまず副詞として読み、次に下から返って助動詞または動詞として読む。

二度目に読むときの送り仮名は、漢字の左下に付けられる。書き下し文では、一度目の読みは漢字で、二度目の読みは平仮名で書く。

●主な複合語

特別な読みをする複合語を挙げる。

	読み	意味・用法	用例
所以	ゆゑん	理由・手段	目《めハ》所二以《ゆゑん》視《みル》一也《なり》。
所謂	いはゆる	いうところの	所謂《いはゆる》天《てん》授《じゅ》。
以為	おもヘラク	おもうには	以為《おもヘラク》畏《おそルル》レ狐《きつねヲ》也《なりト》。
何為	なんすレゾ	どうして	何為《なんすレゾ》不《ざル》レ去《さら》也《や》。
為人	ひとトなり	人柄・性質	為《なり》レ人《ひとト》不《ず》レ忍《しのビ》。
何如	いかん	どのようか	今日《こんにち》之《の》事《こと》何如《いかん》。
如何	いかん	どうするか	不《ずンバ》レ仁《じんアラ》如レ礼《れいヲ》何《セン》。
幾何	いくばく	どれくらい	人生《じんせい》幾何《いくばくゾ》。
而已	のみ	だけ（限定）	食《くらフ》レ粟《ぞくヲ》而已《のみ》。

●再読文字

	読み方	意味［用法］	例文（出典）	書き下し文・現代語訳
未	いまダ…ず	まだ…でない。［打消］	未ダレ知ラレ生ヲ。（論語）	書 未《いま》だ生《せい》を知《し》らず。 訳 まだ生きるということを知らない。
将・且	まさニ…す／まさニ…す	いまにも…する。…しそうだ。［未来］…しようと思う。［意志］	田園将ニレ蕪レント。（陶潜・帰去来辞） 引キテレ酒ヲ且ニレ飲マントレ之ヲ。（戦国策）	書 田園《でんえん》将《まさ》に蕪《あ》れんとす 訳 田園はいまにも荒れ果てそうだ。 書 酒《さけ》を引《ひ》きて且《まさ》に之《これ》を飲《の》まんとす。 訳 いまにも酒を引き寄せて、飲もうとした。
当	まさニ…ベシ	…すべきである。当然…しなければならない。［当然・命令・義務］	及ンデレ時ニ当ニシ二勉励ス一。（陶潜・雑詩）	書 時《とき》に及《およ》んで当《まさ》に勉励《べんれい》すべし 訳 その時々に当然努力すべきである。
応	まさニ…ベシ	おそらく…だろう。きっと…だろう。［推量］	応ニシレ知ル二故郷ノ事ヲ一。（王維・雑詩）	書 応《まさ》に故郷《こきゃう》の事《こと》を知《し》るべし 訳 きっと故郷のことを知っているだろう。
猶	なホ…ごとシ	ちょうど…のようだ［比況］	過ギタルハ猶ホシレ不ルガレ及バ。（論語）	書 過ぎたるは猶《な》ほ及ばざるがごとし。 訳 やり過ぎるのは達していないのと同じだ。
宜	よろシク…ベシ	…するのがよい。…した方がよい。［勧告］	宜シクシ二深ク剋チテレ己ニ反ル一レ善ニ。（後漢書）	書 宜《よろ》しく深《ふか》く己《おのれ》に剋《か》ちて善《ぜん》に反《かへ》るべし。 訳 自分自身にうち勝って、善に立ち返るようにするのがよい。
須	すべかラク…ベシ	ぜひ…せねばならない。［必須］	人生得バレ意ヲ須ラクシレ尽クスレ歓ビヲ。（李白・将進酒）	書 人生《じんせい》意《い》を得《え》ば須《すべか》らく歓《よろこ》びを尽《つ》くすべし 訳 人生で思いのままにふるまえる時には、ぜひとも歓楽をつくさなければならない。
盍	なんゾ…ざル	どうして…しないのか。［反問］	盍ゾルレ反ラ二其ノ本ニ一矣。（孟子）	書 盍《なん》ぞ其《そ》の本《もと》に反《かへ》らざる。 訳 どうして根本に立ち帰らないのか。

字	位置	読み	用法
而《ジ》	文中	〈読まない〉	順接・逆接
		しかシテ	主に順接
		しかルニ・しかモ	主に逆接
		なんぢ	代名詞（二人称）
		のみ	限定
耳《ジ》	文末	のみ	限定・強調
爾《ジ》	文末	のみ	限定・強調
	文中	なんぢ	代名詞（二人称）
		しかリ・しかル	動詞（そうである）
者《シャ》	文中	〈読まない〉	時を表す語に付く接尾語
		は・とは	助詞（主格）
		もの・ものハ	形式名詞
若《ジャク》	文中	ごとシ	比況
		しク	比較
		もシ	仮定
		なんぢ	代名詞（二人称）
如《ジョ》	文中	ごとシ	比況
		しク	比較
		もシ	仮定
		ゆク	動詞（行く）
也《ヤ》	文中	〈読まない〉	断定・強調
		や	助詞（主格）
	文末	なり	断定
		か・や	疑問・反語・詠嘆
耶《ヤ》・邪《ヤ》	文末	か・や	疑問・反語
与《ヨ》	文中	と	助詞（並列）
		ともニ	副詞（〜と一緒に）
		より	助詞（比較）
	文末	か・や	助詞（疑問・反語）
		かな	助詞（詠嘆）
	文中	あたフ	動詞（与える）
		くみス	動詞（味方する）
		あづかル	動詞（関わる）

而

買ヒテ二死馬ノ骨ヲ五百金ニ一而返ル。（十八史略）
書 死馬《しば》の骨《ほね》を五百金《ごひゃくきん》に買《か》ひて返《かへ》る。［順接］
訳 死んだ馬の骨を大金で買って帰った。

追フ者果タシテ至ルモ、而不レ及バ。（十八史略）
書 追《お》ふ者《もの》果《は》たして至《いた》るも、及《およ》ばず。［逆接］
訳 予想通り追っ手が到着したが、間に合わなかった。

耳

直ダ不ル二百歩ナラ一耳。（孟子）
書 直《た》だ百歩《ひゃっぽ》ならざるのみ。［限定］
訳 ただ百歩ではないというだけである。

爾

非ズンバレ死セルニ則チ徙リシ爾。（柳宗元・捕蛇者説）
書 死《し》せるに非《あら》ずんば則《すなは》ち徙《うつ》りしのみ。［強調］
訳 死に絶えたのでなければ移住してしまったのである。

者

至誠ニシテ而不ルレ動カ者ハ、未ダ二之レ有一ラ也。（十八史略）
書 至誠《しせい》にして動《うご》かざる者《もの》は、未《いま》だ之《こ》れ有《あ》らざるなり。［形式名詞］
訳 真心を尽くして人を感動させないということは決してない。

若

君子之交ハリハ、淡キコト若シレ水ノ。（荘子）
書 君子《くんし》の交《まじ》はりは、淡《あは》きこと水《みづ》のごとし。［比況］
訳 立派な人物の交際は、水のように淡泊である。

如

百聞ハ不レ如カ二一見ニ一。（漢書）
書 百聞《ひゃくぶん》は一見《いっけん》に如《し》かず。［比較］
訳 何度人の話を聞くよりも、一度自分の目で見るほうがよい。

也

其レ真ニ不ルレ知ラ馬ヲ也。（韓愈・雑説）
書 其《そ》れ真《しん》に馬《うま》を知《し》らざるか。［疑問］
訳 いったい本当に名馬を見分けることができないのか。

耶・邪

女忘レタル二会稽之恥ヲ一邪。（十八史略）
書 女《なんぢ》会稽《くわいけい》の恥《はぢ》を忘《わす》れたるか。［疑問］
訳 おまえは会稽山で受けた恥辱を忘れたのか。

与

楚人ニ有リ下鬻グ二盾ト与レ矛ヲ者上。（韓非子）
書 楚人《そひと》に盾《たて》と矛《ほこ》とを鬻《ひさ》ぐ者《もの》有《あ》り。［並列］
訳 楚の国の人で、盾と矛とを売る者がいた。

自ラ喩シミテ適ヘルレ志ニ与。（荘子）
書 自《みづか》ら喩《たの》しみて志《こころざし》に適《かな》へるかな。［詠嘆］
訳 すっかり楽しんで、思いのままであるなあ。

基本句形の整理

漢文を学ぶ際には、句形の知識も欠かせない。ここでは、基本的な一〇の句形について整理した。

1 否定・禁止の形

否定は、否定詞「不」「非」「無」などを用いて下の語や句の内容を「…（では）ない」と打ち消す形。禁止は、下の語や句の内容を「…するな」と禁止する形。

種類		形〈読み〉	意味	解説	例文（出典）・書き下し文	例文の現代語訳
否定の助字（否定詞）	否定	❶不〔弗〕レ□ 〈…ず〉	❶…しない。…でない。	❶「不〔弗〕」は主に用言を否定する（未然形接続）。	❶勇者《ハ》不レ懼《レ》。（論語） 勇者《ゆうしや》は懼《おそ》れず。	❶勇者は恐れない。
		❷無《シ》〔莫・勿・毋・罔〕レ□ 〈…なシ〉	❷…（が）ない。	❷「無〔莫・勿・毋・罔〕」は主に体言を否定する。	❷莫《シ》二能《ク》仰《ギ》視《ルモノ》一。（史記） 能《よ》く仰《あふ》ぎ視《み》るもの莫《な》し。	❷顔を上げられるものはなかった。
		❸非《ズ》〔匪〕レ□《ニ》 〈…ニあらズ〉	❸…ではない。	❸「非」は主に体言を否定する。	❸非《ザル》二戦《ヒ》之罪《ニ》一也。（史記） 戦《たたか》ひの罪《つみ》に非《あら》ざるなり。	❸戦い方がまずかったためではない。
		❹未《ダ》レ□ 〈いまダ…ず〉	❹まだ…しない。まだ…でない。	❹「未」は主に用言を否定する（未然形接続）。	❹未《ダ》レ有《ラ》二封侯之賞一。（史記） 未《いま》だ封侯《ほうこう》の賞《しやう》有《あ》らず。	❹まだ功績に対する恩賞がない。
	禁止	❺無《カレ》〔莫・勿・毋〕レ□ 〈…なカレ〉	❺…してはいけない。…するな。	❺「無〔莫・勿・毋〕」を命令形で「…なカレ」と読むと禁止の形になる。	❺己《ノ》所レ不《ル》レ欲《セ》、勿《カレ》レ施《スコト》二於人《ニ》一。（論語） 己《おのれ》の欲《ほつ》せざる所《ところ》、人《ひと》に施《ほどこ》すこと勿《な》かれ。	❺自分の望まないことは、他人にもしてはいけない。
否定詞＋否定詞	二重否定	❻無《シ》〔莫〕レ不《ル》レ□ 〈…ざルなシ〉	❻…しないこと（もの）はない。	❻～❾否定の否定で、強い肯定を表す。	❻於《イテ》レ物《ニ》無《キ》レ不《ルハ》レ陥《サ》也。（韓非子） 物《もの》に於《お》いて陥《とほ》さざるは無《な》きなり。	❻どんな物でも突き通さないものはない。
		❼無《シ》〔莫〕レ非《ザル》二…《ニ》一 〈…ニあらザルなシ〉	❼…でないこと（もの）はない。		❼莫《シ》レ非《ザルハ》二王土《ニ》一（詩経） 王土《わうど》に非《あら》ざるは莫《な》し	❼国王の領土でないものはない。
		❽非《ズ》レ不《ルニ》レ□ 〈…ざルニあらズ〉	❽…でない（しない）のではけっしてない。		❽城非《ザル》レ不《ルニ》レ高《カラ》也。（孟子） 城《しろ》高《たか》からざるに非《あら》ざるなり。	❽城壁が高くないのではけっしてない。
		❾無《シ》二A《トシテ》不《ル(ハ)》レB《(セ)》一 〈Aトシテ B（セ）ざル（ハ）なシ〉	❾どんなAでもBしないことはない。	❾「Aトシテ」のAには名詞が入る。	❾無《シ》二夕《ベトシテ》不《ルハ》レ飲《マ》一（陶潜・飲酒） 夕《ゆふ》べとして飲《の》まざるは無《な》し	❾どんな夜でも飲まない夜はない。（毎晩飲む。）
否定詞＋副詞＋否定詞		❿不三必《ズシモ》不《ンバアラ》二□一 〈かならズシモ…ずンバアラず〉	❿必ずしも…しないことはない。	❿～⓭否定の否定で、強い肯定を表す。	❿弟子《ハ》不三必《ズシモ》不《ンバアラ》レ如《カ》二師《ニ》一。（韓愈・師説） 弟子《ていし》は必《かなら》ずしも師《し》に如《し》かずんばあらず。	❿弟子は必ずしも先生に及ばないことはない。
		⓫未《ダ》三嘗《テ》不《ンバアラ》二…一 〈いまダかつテ…ずンバアラず〉	⓫これまで…しないことはない。		⓫吾未《ダ》三嘗《テ》不《ンバアラ》レ得レ見《ユルヲ》也。（論語） 吾《われ》未《いま》だ嘗《かつ》て見《まみ》ゆるを得《え》ずんばあらざるなり。	⓫私はこれまでお目にかからないことはなかった。
		⓬不レ可《カラ》レ不《ル》二…一 〈…ざルべカラず〉	⓬…しないわけにはいかない。（…するべきだ。）		⓬父母之年《ハ》、不レ可《カラ》レ不《ル》レ知《ラ》也。（論語） 父《ふ》母《ぼ》の年《とし》は、知《し》らざるべからざるなり。	⓬父母の年齢は、知らないわけにはいかない。（知っておくべきだ。）
		⓭不三敢《ヘテ》不《ンバアラ》二…一 〈あヘテ…ずンバアラず〉	⓭どうしても…しないわけにはいかない。（…するべきだ。）		⓭不三敢《ヘテ》不《ンバアラ》レ告《ゲ》也。（論語） 敢《あ》へて告《つ》げずんばあらず。	⓭どうしても告げないわけにはいかない。（告げるべきだ。）
否定詞＋副詞	全部否定	⓮常《ニ》不レ□ 〈つねニ…ず〉	⓮いつも…しない。	⓮～⓱全部否定 否定詞が副詞の後にある。 全部否定　副詞＋不＋述語 副詞…しない	⓮種《ウルコトヲ》レ之常《ニ》不レ後《レ》レ時《ニ》。（蘇軾《そしよく》・稼説） 之《これ》を種《う》うること常《つね》に時《とき》に後《おく》れず。	⓮作物を植えるのにいつも時機に遅れない。
		⓯必《ズ》不レ□ 〈かならズ…ず〉	⓯必ず…しない。		⓯死者人之所《ナリ》二必《ズ》不《ル》レ免《レ》一。（論語集注《しつちゆう》） 死《し》は人《ひと》の必《かなら》ず免《まぬが》れざる所《ところ》なり。	⓯死は人が必ず免れられないものである。
		⓰甚《ダ》不レ□ 〈はなはダ…ず〉	⓰たいへん…ではない。		⓰此《レ》甚《ダ》不レ便《ナラ》。（史記） 此《こ》れ甚《はなは》だ便《べん》ならず。	⓰これはたいへん都合のよくないことである。
		⓱倶《ニ》不レ□ 〈ともニ…ず〉	⓱両方とも…しない。		⓱倶《ニ》不レ得二其《ノ》死《ヲ》一。（論語） 倶《とも》に其《そ》の死《し》を得《え》ず。	⓱両者ともまっとうな死に方ができなかった。

分類		句形	意味	解説	例文	訳
否定詞＋副詞	部分否定	⑱ 不㆓常ニハ□㆒ 〈つねニハ…ず〉	⑱いつも…するとは限らない。	⑱～㉑部分否定 否定詞が副詞の前にある。 部分否定 不＋副詞＋述語 副詞…するとは限らない	⑱千里ノ馬ハ常ニ有レドモ、而伯楽ハ不㆓常ニハ有㆒ラ。（韓愈・雑説） 千里《せんり》の馬《うま》は常《つね》に有《あ》れども、伯楽《はくらく》は常《つね》には有《あ》らず。	⑱名馬はいつもいるのだが、伯楽（馬を見分ける名人）はいつもいるとは限らない。
		⑲ 不㆓必ズシモ□㆒ 〈かならズシモ…ず〉	⑲必ずしも…するとは限らない。		⑲勇者ハ不㆓必ズシモ有㆑ラ仁㆒。（論語） 勇者《ゆうしや》は必《かなら》ずしも仁《じん》有《あ》らず。	⑲勇者が必ずしも仁徳を身につけているとは限らない。
		⑳ 不㆓甚ダシクハ□㆒ 〈はなはダシクハ…ず〉	⑳それほどは…しない。		⑳好ンデ読㆑メドモ書ヲ、不㆑求㆓メ甚ダシクハ解㆒センコトヲ。（陶潜・五柳先生伝） 好《この》んで書《しよ》を読《よ》めども、甚《はなは》だしくは解《かい》せんことを求《もと》めず。	⑳好んで読書をしたが、それほどにはつきつめてわかろうとしない。
		㉑ 不㆓倶ニハ□㆒ 〈ともニハ…ず〉	㉑両方とも…するということはない。		㉑今両虎共ニ闘ハバ、其ノ勢ヒ不㆓倶ニハ生㆒キラン。（史記） 今両虎《いまりやうこ》共《とも》に闘《たたか》はば、其《そ》の勢《いきほ》ひ倶《とも》には生《い》きざらん。	㉑もしこの虎のような二人が互いに争えば、その勢いからいって両方とも生き残るということはない。（少なくとも一方は必ず死ぬ。）
	特殊な形	㉒ 不㆓復タ□㆒ 〈また…ず〉	㉒二度とは…しない。	㉒強い否定を表す。	㉒壮士一タビ去リテ不㆓復タ還㆒ラ（史記） 壮士《さうし》一《ひと》たび去《さ》りて復《ま》た還《かへ》らず	㉒男子たるものひとたびこの地を後にしたなら、二度とは帰ってこない。
		㉓ 復タ不㆑□ 〈また…ず〉	㉓また今度も…しない。		㉓復タ不㆑至ラ。（三国志） 復《ま》た至《いた》らず。	㉓また今度もやってこなかった。
		㉔ 不㆓敢ヘテ□(セ)㆒ 〈あへテ…（セ）ず〉	㉔すすんで…しない。	㉔強い否定を表す。	㉔側メテ㆑目ヲ不㆓敢ヘテ視㆒。（十八史略） 目《め》を側《そば》めて敢《あ》へて視《み》ず。	㉔目をそらしてすすんで見ようとはしなかった。
		㉕ 敢ヘテ不ランヤ㆑□(セ) 〈あへテ…（セ）ざランヤ〉	㉕どうして…しないことがあろうか。（必ず…する。）（反語の形）	㉕反語の形をとって強い肯定を表す。	㉕百獣之見テ㆑我ヲ、而敢ヘテ不ランヤ㆑走ラ乎。（戦国策） 百獣《ひやくじう》の我《われ》を見《み》て、敢《あ》へて走《はし》らざらんや。	㉕多くの獣たちが私を見てどうして逃げないことがあろうか。（皆逃げるだろう。）
その他	並列	㉖ 無ク㆑Aト無ク㆑Bト 〈AトなクBトなク〉	㉖AもBもどちらも。		㉖無ク㆑貴ト、無ク㆑賤ト、無ク㆑長ト、無ク㆑少ト…。（韓愈・師説） 貴《き》と無《な》く、賤《せん》と無《な》く、長《ちやう》と無《な》く、少《せう》と無《な》く…。	㉖身分の高いものも低いものも、年長者も年少者も（みな）…。
	仮定	㉗ 不ンバ㆑A(セ)不㆑B(セ) 〈A（セ）ずンバB（セ）ず〉	㉗AしなければBしない。	無A不B〈AなクンバB（ニアラ）ず〉は「AがなければBしない」という意味になる。	㉗不ンバ㆑入ラ㆓虎穴㆒ニ、不㆑得㆓虎子㆒ヲ。（後漢書） 虎穴《こけつ》に入《い》らずんば、虎子《こし》を得《え》ず。	㉗虎の棲む穴に入らなければ、虎の子は手に入らない。

2 使役の形

使役は、他者にある行為をさせるという意味を表す形。文語文法の助動詞と同じように、「…ヲシテ～（セ）しム」と訓読する。

分類		句形	意味	解説	例文	訳
使役の助字	使役	㉘ 使ム㆓〔令・遣・教〕AヲシテB(セ)㆒ 〈AヲシテB（セ）しム〉	㉘AにBさせる。	使…人に言いつけてさせる。 令…上から下に命令してさせる。 遣…派遣してさせる。 教…教え命じてさせる。	㉘天帝使ム㆔我ヲシテ長㆓タラ百獣㆒ニ。（戦国策） 天帝《てんてい》我《われ》をして百獣《ひやくじう》に長《ちやう》たらしむ。	㉘天の神が私を獣たちの長とさせた。
		㉙ 使ム㆑〔令・遣・教〕B(セ) 〈B（セ）しム〉	㉙Bさせる。（前項のAの部分を省略したもの）		㉙令ム㆑遣㆓ラ絹二匹㆒ヲ。（後漢書） 絹《きぬ》二匹《にひき》を遣《おく》らしむ。	㉙絹二匹（一匹は四〇尺）を贈らせた。
使役を暗示する動詞	文意から使役	㉚ □シテ㆑AニB(セ)シム 〈Aニ…シテB（セ）シム〉	㉚Aに…してBさせる。	命・勧・挙・詔・召・説・率・助などがある。	㉚范増勧㆓メテ項羽㆒ニ殺㆓サシメントス沛公㆒ヲ。（蘇軾・范増） 范増《はんぞう》項羽《かうう》に勧《すす》めて沛公《はいこう》を殺《ころ》さしめんとす。	㉚范増は項羽に勧めて沛公を殺させようとした。
その他		㉛ □(セ)シム 〈…（セ）シム〉	㉛…させる。	述語の動作を行う者が主語と一致しない場合は使役に読む。	㉛連㆓ネテ六国㆒ヲ以テ事㆑ヘシム秦ニ。（史記） 六国《りつこく》を連《つら》ねて以《もつ》て秦《しん》に事《つか》へしむ。	㉛六国を連ねて秦に仕えさせた。

3 受身の形

受身は、他者からある行為を受けるという意味を表す形。文語文法の助動詞と同じように、「…（セ）らル」と訓読する。

分類	形	意味	備考	例文	書き下し	訳
受身の助字	㉜見（ル）レ〈被・為〉□（セ）〈…る・…（せ）らル〉	㉜…される。	直前の動詞が四段・ラ変の未然形のとき「る」と読み、それ以外の場合は「らル」と読む。	㉜三タビ仕ヘテ三タビ見レ逐ハ二於君ニ一。（史記）	三《み》たび仕《つか》へて三《み》たび君《きみ》に逐《お》はる。	㉜**三度主君に仕えて、その都度主君から追放された。**
その他　受身	㉝B（セ）ラル二於〈于・乎〉A一〈AニB（セ）ラル〉	㉝AにBされる。		㉝葬ラル二於江魚之腹中ニ一。（屈原・漁父辞）	江魚《かうぎよ》の腹中《ふくちゆう》に葬《はうむ》らる。	㉝川の魚に**食べられる。**
	㉞為ル二Aノ所トレBスル一〈AノBスルところトなル〉	㉞AにBされる。		㉞後ルレバ則チ為ル二人ノ所トレ制スル一。（史記）	後《おく》るれば則《すなは》ち人《ひと》の制《せい》する所《ところ》と為《な》る。	㉞後手に回ると他人に**制せられてしまう。**
	㉟為ルレ所トレBスル〈Bスルところトなル〉	㉟Bされる。（前項のAの部分を省略したもの）		㉟若ガ属皆且ニレ為ランレ所トレ虜トスル。（史記）	若《なんぢ》が属皆《ぞくみな》且《まさ》に虜《とりこ》とする所《ところ》と為《な》らんとす。	㉟おまえ達一族は皆捕虜に**されてしまうぞ。**
受身を暗示する動詞　文意から受身	㊱□（セ）ラル〈…（セ）ラル〉	㊱…される。	封・叙・任・補・囚・辱・誅など、官位の授与や処遇、刑罰に関するものが多い。	㊱殺シテレ人ヲ囚ヘラルレ楚ニ。（史記）	人《ひと》を殺《ころ》して楚《そ》に囚《とら》へらる。	㊱人を殺して楚に捕らえられた。

4 疑問の形

疑問は、事物・人物・場所・理由・分量・手段・方法などについて、他者に問いかけ、回答を求める形。文脈によっては、反語と区別しにくい場合がある。

分類	形	意味	備考	例文	書き下し	訳
疑問の助字（疑問詞）	㊲何ヲ（カ）・何ゾ・何ノ〈奚・曷・胡〉□〈なにヲ（カ）・なんゾ・なんノ〉	㊲なにを…か。どうして…か。どんな…か。	㊲事物・理由を問う。	㊲問フレ君ニ何ゾ能ク爾ルト（陶潜・飲酒）	君《きみ》に問《と》ふ何《なん》ぞ能《よ》く爾《しか》ると	㊲**どうして**そうすることができるの**か**。
	㊳何レノ□〈いづレノ〉	㊳どの…か。	㊳「何時」「何日」「何年」「何処〔所〕」などの形で、時・場所を問う。	㊳何レノ日カ是レ帰年ナラン（杜甫・絶句）	何《いづ》れの日《ひ》か是《こ》れ帰年《きねん》ならん	㊳**いつの日**になったら故郷に帰る年が来るのだろう**か**。
	㊴誰（カ）〈孰〉□〈たれ・たれカ〉	㊴だれが…か。	㊴人物を問う。〈たガ〉と読んで、「誰の…か」を問う形もある。	㊴誰カ為ニ二大王ノ一為セル二此ノ計ヲ一者ゾ。（史記）	誰《たれ》か大王《だいわう》の為《ため》に此《こ》の計《けい》を為《な》せる者《もの》ぞ。	㊴**誰が**大王にこの計略を勧めたの**か**。
	㊵孰レ（カ）〈誰〉□〈いづレ・いづレカ〉	㊵どちらが…か。	㊵比較・選択に関して問う。	㊵師ト与レ商也、孰レカ賢ナル。（論語）	師《し》と商《しやう》とや、孰《いづ》れか賢《けん》なる。	㊵師と商とでは、**どちらが**賢い**か**。
	㊶安クンゾ〈悪・焉〉□〈いづクンゾ〉	㊶どうして…か。	㊶理由を問う。	㊶安クンゾ与ニ二項伯一有ルレ故。（史記）	安《いづ》くんぞ項伯《こうはく》と故《ゆゑ》有《あ》る。	㊶**どうして**項伯と知り合いなの**か**。
	㊷安クニカ〈何・悪・焉〉□〈いづクニカ〉	㊷どこに…か。	㊷場所を問う。	㊷沛公安クニカ在ル。（史記）	沛公《はいこう》安《いづ》くにか在《あ》る。	㊷沛公は**どこにいるのか**。
	㊸幾□〈いく…〉	㊸いく…か（ぞ）。	㊸「幾時」「幾回」「幾人」などの形で、分量を問う。	㊸古来聖戦幾人カ回ル（王翰・涼州詞）	古来聖戦幾人《こらいせいせんいくにん》か回《かへ》る	㊸昔から、戦いに出かけた者のうち**幾人が**無事に帰ってきたというの**か**。
文末の助字	㊹□乎〈邪・耶・与・哉・也・歟〉〈…か・…や〉	㊹…か。	㊹疑問の文末の助字は、「か」と読むことが多い。〈「や」と読む場合〉①ラ変動詞「有り・在り」の終止形に接続するとき。②「非ず…や」「安くんぞ…や」「豈に…や」などの特殊な形のとき。	㊹而忘レタル三越人之殺シシヲ二而ノ父ヲ一耶。（史記）	而《なんぢ》越人《えつひと》の而《なんぢ》の父《ちち》を殺《ころ》ししを忘《わす》れたるか。	㊹おまえは越がおまえの父を殺したのを忘れたの**か**。

分類	句形	訳し方	説明	例文	書き下し文	現代語訳
疑問詞＋文末の助字	㊺何《ゾ》□乎〔邪・耶・与・哉・也・歟〕〈なんゾ…か・なんゾ…や〉	㊺どうして…か。		㊺何《ゾ》前《ニハ》倨《リテ》而後《ニハ》恭《シキ》也。（十八史略）	何《なん》ぞ前《さき》には倨《おご》りて後《のち》には恭《うやうや》しきや。	㊺**どうして**以前には傲慢だったのに、今度はうやうやしい態度を取るの**か**。
	㊻豈《ニ》□乎〔邪・耶・与・哉・也・歟〕〈あニ…や〉	㊻…か。		㊻荊卿豈《ニ》有《リ》レ意哉。（史記）	荊卿《けいけい》豈《あ》に意《い》有《あ》りや。	㊻荊卿は思うところがあるの**か**。
複合語	㊼何《ヲ》以《テ》〈なにヲもつテ〉	㊼どうして…か。どのようにして…か。	㊼原因・理由、または手段・方法を問う。	㊼多多益《ますます》弁《ゼバ》、何《ヲ》以《テ》為《リシヤ》二我《ガ》禽《ト》一。（史記）	多多《たた》益《ますます》弁《べん》ぜば、何《なに》を以《もつ》て我《わ》が禽《とりこ》と為《な》りしや。	㊼多ければ多いほどうまくやるというのなら、**どうして**私の捕虜になどなったの**か**。
	㊽何《ニ》由《リテ》〈なにニよリテ〉	㊽どういうわけで…か。	㊽㊾原因・理由を問う。	㊽何《ニ》由《リテ》知《ル》二吾《ガ》可《ナルヲ》一也。（孟子）	何《なに》に由《よ》りて吾《わ》が可《か》なるを知《し》るや。	㊽**どういうわけで**私ができることがわかるの**か**。
	㊾何《ノ》故《ニ》〈なんノゆゑ二〉	㊾どういうわけで…か。		㊾何《ノ》故《ニ》至《レル》二於斯《ニ》一。（屈原・漁父辞）	何《なん》の故《ゆゑ》に斯《ここ》に至《いた》れる。	㊾**どういうわけで**そんな境遇になってしまったの**か**。
	㊿何為《ル》〈なんすル〉	㊿どういう…か。	㊿身分・職業を問う。	㊿客何為《ル》者《ゾ》。（史記）	客《かく》何《なん》為《す》る者《もの》ぞ。	㊿おまえは何者**か**。（**どういう**身分の者**か**。）
	⑤①何為《レゾ》〔胡為〕〈なんすレゾ〉	⑤①どうして…か。	⑤①原因・理由を問う。	⑤①何為《レゾ》不《ル》レ去《ラ》也。（礼記）	何《なん》為《す》れぞ去《さ》らざるや。	⑤①**どうして**ここから立ち去らないの**か**。
	⑤②何如〔何若・何奈〕〈いかん〉	⑤②どのようであるか。	⑤②状況や程度を問う。	⑤②以《テ》二子之矛《ヲ》一陥《サバ》二子之盾《ヲ》一、何-如。（韓非子）	子《し》の矛《ほこ》を以《もつ》て子《し》の盾《たて》を陥《とほ》さば、何如《いかん》。	⑤②あなたの矛であなたの盾を突いたら、**どうなるか**。
	⑤③如何《セン》〔若何・奈何〕〈いかんセン〉	⑤③どうしようか。どうしたらよいか。	⑤③手段・方法を問う。「如何」が目的語をとる場合、「如レ礼何。」（論語）のように「如」と「何」の間に置く。	⑤③為《スコト》レ之《ヲ》奈-何《セン》。（史記）	之《これ》を為《な》すこと奈何《いかん》せん。	⑤③これ（別れの挨拶）をするには**どうしたらよいか**。
	⑤④幾何〈いくばく〉	⑤④どれくらいか。	⑤④⑤⑤分量を問う。	⑤④如《キハ》レ我《ノ》能《ク》将《タルカ》二幾-何《ニ》一。（史記）	我《われ》のごときは能《よ》く幾何《いくばく》に将《しやう》たるか。	⑤④私の場合だったら**どれくらい**の軍を統率する将軍になれるだろう**か**。
	⑤⑤多少〈たせう〉	⑤⑤どれくらいか。		⑤⑤花落《ツルコト》知《ル》多少（孟浩然・春暁）	花落《はなお》つること知《し》る多少《たせう》	⑤⑤花は**どれくらい**散っただろう**か**。
その他	⑤⑥在《リヤ》否《ヤ》〈ありヤいなヤ〉	⑤⑥…あるかないか。		⑤⑥視《ヨ》二吾《ガ》舌《ヲ》一、尚《ホ》在《リヤ》否《ヤ》。（十八史略）	吾《わ》が舌《した》を視《み》よ、尚《な》ほ在《あ》りや否《いな》や。	⑤⑥私の舌を見てみよ、まだ**あるかどうか**。
	⑤⑦□《ヤ》不《ヤ》〈…ヤいなヤ〉	⑤⑦…するかしないか。		⑤⑦可《キヤ》レ与《フ》不《ヤ》。（史記）	与《あた》ふべきや不《いな》や。	⑤⑦与え**る**ほうがよい**か**、与え**ない**ほうがよい**か**。
	⑤⑧□《ヤ》未《ダシヤ》〈…ヤいまダシヤ〉	⑤⑧…か、まだだろうか。		⑤⑧寒梅著《ケシヤ》レ花《ヲ》未《ダシヤ》（王維・雑詩）	寒梅花《かんばいはな》を著《つ》けしや未《いま》だしや	⑤⑧寒梅は花をつけただろう**か**、**まだだろうか**。

5 反語の形

反語は、文意を強調したり、他者に反問したりするために、疑問と同じ形をとりながら、その反対の真意を述べようとする形。文脈によっては、疑問と区別しにくい場合がある。また、反語特有の表現もある。

疑問の助字（疑問詞）	59	何《ヲカ》・何《ゾ》・何《ノ》〔奚・曷・胡・寧・庸〕□〈なにヲカ・なんゾ・なんノ〉	なにを…か。（なにも…ない。）どうして…か。（…ない。）どんな…か。（…ない。）	事物・理由に関する反語。	内《ニ》省《ミテ》不《ンバ》レ疚《シカラ》、夫《レ》何《ヲカ》憂《ヘ》何《ヲカ》懼《レン》。（論語）	内《うち》に省《かへり》みて疚《やま》しからずんば、夫《そ》れ何《なに》をか憂《うれ》へ何《なに》をか懼《おそ》れん。	自分の心を反省してやましくなければ、いったい**何を**心配し、**何を**恐れる必要があろう**か**。（何も心配し恐れる必要はない。）
	60	誰・誰《(レ)カ》〔孰〕□〈たれ・たれカ・いづレ・いづレカ〉	だれが…か。（だれも…ない。）どちらが…か。（どちらも…ない。）	人物・事物の比較・選択に関する反語。	向《カヒテ》レ月《ニ》胡笳**誰**《カ》喜《バン》レ聞《クヲ》（岑参・胡笳歌）	月《つき》に向《む》かひて胡笳《こか》**誰**《たれ》**か**聞《き》くを喜《よろこ》ばん	月に向かって吹く胡笳の音色を**誰が**喜んで聞くであろう**か**。（誰も聞かない。）
	61	安《クンゾ》〔悪・焉〕□《(ヤ)》〈いづクンゾ…ヤ〉	どうして…か。（…ない。）	事物・理由に関する反語。	卮酒**安**《クンゾ》足《ラン》レ辞《スルニ》。（史記）	卮酒《ししゆ》**安**《いづ》**くんぞ**辞《じ》するに足《た》らん。	一杯や二杯の酒、**どうして**辞退などしよう**か**。（辞退などしない。）
	62	安《クニカ》〔何・悪・焉〕□〈いづクニカ〉	どこに…か。（どこにも…ない。）	場所に関する反語。	民**安**《クニカ》所《アラン》レ措《ク》二手足《ヲ》一乎。（史記）	民《たみ》**安**《いづ》**くにか**手足《てあし》を措《お》く所《ところ》あらんや。	人民には**どこに**手足をおく場所があるだろう**か**。（どこにもおく場所がない。）
文末の助字	63	□乎〔邪・耶・与・哉・也・歟〕〈…か・…や〉	…か。（…ない。）	反語の文末の助字は、「や」「(ン)や」と読むことが多い。	以《テ》レ臣《ヲ》弑《ス》レ君《ヲ》、可《ケン》レ謂《フ》レ仁《ト》**乎**。（史記）	臣《しん》を以《もつ》て君《きみ》を弑《しい》す、仁《じん》と謂《い》ふべけん**や**。	臣下の身分でありながら主君を殺すのは、仁といえるだろう**か**。（仁ではない。）
疑問詞＋文末の助字	64	安《クンゾ》〔悪・焉〕□乎〔邪・耶・与・哉・也・歟〕〈いづクンゾ…や〉	どうして…か。（…ない。）		**安**《クンゾ》求《メン》二其《ノ》能《ノ》千里《ナルヲ》一**也**。（韓愈・雑説）	**安**《いづ》**くんぞ**其《そ》の能《のう》の千里《せんり》なるを求《もと》めん**や**。	**どうして**その馬に千里を走る能力を求められようか。（求めることはできない。）
	65	豈《ニ》□哉〔乎・邪・耶〕〈あニ…や〉	どうして…か。（…ない。）		**豈**《ニ》遠《シトセン》二千里《ヲ》一**哉**。（十八史略）	**豈**《あ》**に**千里《せんり》を遠《とほ》しとせん**や**。	**どうして**千里の道のりを遠いと思うだろう**か**。（遠いとも思わない。）
	66	独《リ》□乎〈ひとリ…や〉	どうして…か。（…ない。）	66は、反語特有の形。	籍**独**《リ》不《ラン》レ愧《ヂ》二於心《ニ》一**乎**。（史記）	籍《せき》**独**《ひと》**り**心《こころ》に愧《は》ぢざらん**や**。	この私（籍）は心に恥じないことがあろう**か**。（恥じずにはいられない。）
複合語	67	何以《ヲテ》〈なにヲもつテ〉	どうして…か。（…ない。）		不《ンバ》レ然《ラ》、籍**何**《ヲ》**以**《テ》至《ラン》レ此《ニ》。（史記）	然《しか》らずんば、籍**何**《せきなに》**を以**《もつ》**て**此《ここ》に至《いた》らん。	さもなければ、この私（籍）が**どうして**こんなことをしよう**か**。（こんなことはしない。）
	68	何必《ゾズシモ》〈なんゾかならズシモ〉	どうして…する必要があろうか。（…必要はない。）		王、**何**《ゾ》**必**《ズシモ》曰《ハン》レ利《ト》。（孟子）	王《わう》、**何**《なん》**ぞ必**《かなら》**ずしも**利《り》と曰《い》はん。	王は**どうして**利益をいう**必要があるだろうか**。（そんな必要はない。）
	69	何為《レゾ》〈なんすレゾ〉	どうして…か。（…ない。）		**何為**《レゾ》其《レ》然《ラン》也。（論語）	**何為**《なんす》**れぞ**其《そ》れ然《しか》らんや。	**どうして**そんなことがあろう**か**。（そんなことはない。）
	70	如何《ゾ》・如何《セン》〔奈何・若為〕〈いかん・いかんゾ・いかんセン〉	…をどうしようか。どうしたらよいか。（どうしようもない。）		騅《ノ》不《ル》レ逝《カ》兮可《キ》二**奈何**《ス》一（史記）	騅《すい》の逝《ゆ》かざる**奈何**《いかん》すべき	騅が進まないからといって**どうする**ことができよう**か**。（どうすることもできない。）
	71	何《ゾ》〔奚・胡・曷〕不《ル》レ□〈なんゾ…ざル〉	どうして…しないのか。（…すればよい。）		**胡**《ゾ》**不**《ル》レ帰《ラ》（陶潜・帰去来辞）	**胡**《なん》**ぞ**帰《かへ》ら**ざる**	**どうして**帰ら**ずにいられようか**。（きっと帰る。）

分類	句形	意味	備考	例文	訳
複合語	❼❷ 盍《ゾ》《ル》レ□ 〈なんゾ…ざル〉	❼❷どうして…しないのか。（…すればよい。）	❼❷「盍《カフ》」は、「何不《カフ》」の二字の音を一音で表したもの。一字で二度読む再読文字である。	❼❷ 盍《ゾ》《ル》レ反《ラ》二其《ノ》本《ニ》一矣。（孟子） 盍《なん》ぞ其《そ》の本《もと》に反《かへ》らざる。	❼❷**どうして**その根本に立ち返らない**のか**。（立ち返るのがよい。）
	❼❸ 何《ゾ》独《リ》□《ノミナランヤ》 〈なんゾひとリ…ノミナランヤ〉	❼❸どうして…だけということがあろうか。（…ない。）		❼❸ 故郷何《ゾ》独《リ》在《ルノミナランヤ》二長安《ニ》一（白居易・香炉峰下、…） 故郷《こきやう》何《なん》ぞ独《ひと》り長安《ちやうあん》に在《あ》るのみならんや	❼❸私の故郷が**どうして**長安**だけ**にある**だろうか**。（どこにでもある。）
	❼❹ 幾何《ゾ》 〈いくばくゾ〉	❼❹どれくらいか。（…どれほどもない。）		❼❹ 浮生若《シ》レ夢《ノ》、為《スコト》レ歓《ビヲ》幾-何《ゾ》。（李白・春夜宴桃李園序） 浮生《ふせい》は夢《ゆめ》のごとし、歓《よろこ》びを為《な》すこと幾何《いくばく》ぞ。	❼❹人生は夢のようである。楽しい時など**どれくらい**あろう**か**。（楽しい時は短い。）

6 比較・選択の形

比較は、二つ（以上）のものを比べ合わせる形。また、その中ではこちらの方がよいと選択する形もある。

分類	句形	意味	備考	例文	訳
比較の助字	❼❺ B二於〔于・乎〕A《ヨリモ》一 〈AヨリモB〉	❼❺AよりもさらにBである。		❼❺ 苛政猛《ナリ》二於虎《ヨリモ》一也。（礼記） 苛政《かせい》は虎《とら》よりも猛《まう》なり。	❼❺むごい政治の害は虎の害**よりも**おそろしい。
否定詞＋助字	❼❻ 如《シ》〔若・猶・譬如〕レ□《ノ》 〈…ノごとシ〉	❼❻…のようだ。	❼❻比況の形ともいう。	❼❻ 不《ルコト》レ動《カ》如《シ》レ山《ノ》。（孫子） 動《うご》かざること山《やま》のごとし。	❼❻動かないことといったら山**のようである**。
	❼❼ A《ハ》不レ如《カ》二〔若・猶・譬如〕B《ニ》一 〈AハBニしカず〉	❼❼AはBに及ばない。	❼❼AとBを比較して、Bの方が程度が上であることを表す。	❼❼ 百聞《ハ》不レ如《カ》二一見《ニ》一。（漢書） 百聞《ひやくぶん》は一見《いつけん》に如《し》かず。	❼❼何度聞いたとしても一度見ることに**は及ばない**。
	❼❽ 莫《シ》レ如《クハ》レ〔若〕B《ニ》 〈Bニしクハなシ〉	❼❽B以上のものはない。Bするにこしたことはない。		❼❽ 莫《シ》レ如《クハ》二六国従親《シテ》以《テ》擯《クルニ》レ秦《ヲ》一。（十八史略） 六国《りつこく》従親《しやうしん》して以《もつ》て秦《しん》を擯《しりぞ》くるに如《し》くは莫《な》し。	❼❽六国が縦に同盟を結んで、秦を排除する**にこしたことはない**。
	❼❾ 莫《シ》レ□レ焉《ヨリ》 〈これヨリ…なシ〉	❼❾これより…なものはない。（これが一番である。）	❼❾最上級を表す。	❼❾ 過《チテ》而能《ク》改《ムル》、善莫《シ》レ大《ナルハ》レ焉《ヨリ》。（春秋左氏伝） 過《あやま》ちて能《よ》く改《あらた》むる、善《ぜん》焉《これ》より大《だい》なるは莫《な》し。	❼❾過失を犯しても改めることができるのは、善いこととして**これ以上**大き**なものはない**。
	❽⓿ 寧《ロ》A《(ス)トモ》無《カレ》レB《(スル)コト》 〈むしロA(ス)トモB(スル)コトなカレ〉	❽⓿AすることはあってもBするな。		❽⓿ 寧《ロ》為《ルトモ》二鶏口《ト》一、無《カレ》レ為《ル》二牛後《ト》一。（十八史略） 寧《むし》ろ鶏口《けいこう》と為《な》るとも、牛後《ぎうご》と為《な》る無《な》かれ。	❽⓿鶏のくちばし**にはなっても**、牛の尻尾**にはなるな**。（大集団の末尾に居るより、小集団でもよいから長となれ。）
	❽❶ 与《リハ》レA寧《ロ》B《ナレ》 〈AよリハむしロBナレ〉	❽❶AであるよりはBであれ。		❽❶ 礼与《リハ》二其《ノ》奢《ラン》一也、寧《ロ》倹《ナレ》。（論語） 礼《れい》は其《そ》の奢《おご》らんよりは、寧《むし》ろ倹《けん》なれ。	❽❶礼というものはぜいたくに**するよりは**、つつましやか**であれ**。
	❽❷ 寧《ロ》A、寧《ロ》B 〈むしロA、むしロB〉	❽❷Aのほうがよいか、それともBのほうがよいか。		❽❷ 寧《ロ》其《レ》死《シテ》為《サン》二留《メテ》レ骨《ヲ》而貴《バルルヲ》一乎、寧《ロ》其《レ》生《キテ》而曳《カン》二尾《ヲ》於塗中《ニ》一乎。（荘子） 寧《むし》ろ其《そ》れ死《し》して骨《ほね》を留《とど》めて貴《たふと》ばるるを為《な》さんか、寧《むし》ろ其《そ》れ生《い》きて尾《を》を塗中《とちゆう》に曳《ひ》かんか。	❽❷死んで骨を残して貴ばれていた**ほうがよいか**、生きて尾を泥の中に引きずって（自由にして）いた**ほうがよいか**。
	❽❸ A《ト》与レB孰《レカ》C《ナル》 〈AトBといづレカCナル〉	❽❸AとBとではどちらがCであるか。		❽❸ 撃《ツト》与二和親《スル》一孰《レカ》便《ナル》。（史記） 撃《う》つと和親《わしん》すると孰《いづ》れか便《べん》なる。	❽❸攻撃を仕掛けるのと和親する**のとではどちらが**都合がよい**か**。
	❽❹ 孰二-与《レゾ》〔孰若〕□《ニ》一 〈…ニいづレゾ〉	❽❹どちらが…か。		❽❹ 孰二-与《レゾ》君《ノ》少長《ニ》一。（史記） 君《きみ》の少長《せうちやう》に孰与《いづ》れぞ。	❽❹君と比較して**どちらが**年上**か**。

7 仮定の形

仮定は、「もし、たとえ」「…としても」などの条件を示す形。

分類	句形	意味	解説	例文	訳
仮定の副詞	❽❺如《シ》〔若・即・苟・設・仮・向使〕□《バ》〈もシ…バ〉	❽❺もし…ならば。	❽❺順接の仮定。	❽❺若《シ》嗣子可《クンバ》レ輔《ク》、輔《ケヨ》レ之《ヲ》。（三国志） 若《も》し嗣子《しし》輔《たす》くべくんば、之《これ》を輔《たす》けよ。	❽❺もし、わが子に補佐するだけの値打ちがあるなら、わが子を補佐していただきたい。
	❽❻縦《ヒ》〔令・縦令・仮令・仮設・設使〕□《トモ》〈たとヒ…トモ〉	❽❻たとえ…としても。かりに…であっても。	❽❻逆接の仮定。	❽❻縦《ヒ》彼不《トモ》レ言《ハ》、籍独《リ》不《ランヤ》レ愧《ヂ》二於心《ニ》一乎。（史記） 縦《たと》ひ彼《かれ》言《い》はずとも、籍《せき》独《ひと》り心《こころ》に愧《は》ぢざらんや。	❽❻たとえ彼らが不満を言わなくとも、この私（籍）がどうして心に恥じないでいられようか。
	❽❼苟《クモ》□《バ》〈いやしクモ…バ〉	❽❼かりにも…ならば。もし…としても。	❽❼順接の仮定。	❽❼苟《クモ》富貴《トナルモ》無《カラン》二相忘《ルルコト》一。（史記） 苟《いやし》くも富貴《ふうき》となるも相忘《あひわす》るること無《な》からん。	❽❼もし、財産や地位を手に入れたとしても、君のことは忘れないようにしよう。
接続詞・その他	❽❽雖《モ》レ□（ト）〈…（ト）いへどモ〉	❽❽もし…としても。たとえ…であっても。	❽❽逆接の仮定。「雖」には仮定のほかに既定（確定）の逆接用法もあり、「…であるけれども」と訳す。	❽❽雖《モ》レ有《リト》二舟輿一、無《シ》レ所レ乗《ル》レ之《ニ》。（老子） 舟輿《しうよ》有《あ》りと雖《いへど》も、之《これ》に乗《の》る所《ところ》無《な》し。	❽❽たとえ舟やくるまがあったとしても、乗ることはない。
	❽❾無《クンバ》レ〔微〕□〈…なクンバ〉	❽❾かりに…がなければ。		❽❾民無《クンバ》レ信不《タ》レ立。（論語） 民信《たみしん》無《な》くんば立《た》たず。	❽❾もし、人民に信義の心がなければ世に処してゆくことはできない。
文意から仮定	❾⓿今□〈いま…〉	❾⓿今もし…ならば。		❾⓿今不《ンバ》二急《ギ》下《ラ》一、吾烹《ン》二太公《ヲ》一。（史記） 今《いま》急《いそ》ぎ下《くだ》らずんば、吾《われ》太公《たいこう》を烹《に》ん。	❾⓿もし、すぐに降伏しなければ、私は（おまえの父の）太公を釜ゆでにしてしまうぞ。

8 限定・強調の形

限定は、「ただ」「…だけである」などの意味を表す形。文脈によっては、「ただ…だけなのだ」と断定し強調を示すこともある。

分類	句形	意味	解説	例文	訳
限定の副詞	❾❶唯《ダ》〔惟・只・但・徒・直・特〕□（ノミ）〈たダ…（ノミ）〉	❾❶ただ…だけ。	❾❶❾❷❾❸多くの場合、送り仮名に「ノミ」を付けて呼応させて読む。ただし、詩文では省略される場合も多い。	❾❶惟《ダ》士《ノミ》為《ス》レ能《クスルヲ》。（孟子） 惟《た》だ士《し》のみ能《よ》くするを為《な》す。	❾❶ただ立派な人物だけがうまくできることだ。
	❾❷独《リ》〔特〕□（ノミ）〈ひとリ…（ノミ）〉	❾❷ただ…だけ。		❾❷今独《リ》臣《ノミ》有《リ》レ船。（史記） 今独《いまひと》り臣《しん》のみ船《ふね》有《あ》り。	❾❷今、私だけが船を持っている。
	❾❸纔《カニ》□（ノミ）〈わづカニ…（ノミ）〉	❾❸やっと…だけ。		❾❸初《メハ》極《メテ》狭《ク》、纔《カニ》通《ズルノミ》レ人《ヲ》。（陶潜・桃花源記） 初《はじ》めは極《きは》めて狭《せま》く、纔《わづ》かに人《ひと》を通《つう》ずるのみ。	❾❸最初は大変狭く、やっと人が通れるだけであった。
文末の助字	❾❹□耳〔而・已・爾・而已・也已・而已矣〕〈…のみ〉	❾❹…だけである。		❾❹書《ハ》足《ル》三以《テ》記《スルニ》二名姓《ヲ》一而已。（史記） 書《しよ》は以《もつ》て名姓《めいせい》を記《き》するに足《た》るのみ。	❾❹文字を習うことなど姓名が書ければよいだけだ。
限定の副詞＋文末の助字	❾❺唯《ダ》〔惟・只・但・徒・直・特〕□耳〔而・已・爾・而已・也已・而已矣〕〈たダ…のみ〉	❾❺ただ…だけである。		❾❺直《ダ》不《ル》二百歩《ナラ》一耳。（孟子） 直《た》だ百歩《ひやつぽ》ならざるのみ。	❾❺ただ百歩でなかっただけである。
文意から限定	❾❻□（ノミ）〈…ノミ〉	❾❻…だけである。		❾❻詞中《ニ》有《リ》レ誓《ヒ》両心《ノミ》知《ル》（白居易・長恨歌） 詞中《しちゆう》に誓《ちか》ひ有《あ》り両心《りやうしん》のみ知《し》る	❾❻そのことづての中には誓いの言葉があり、二人の心だけが知っている。

9 抑揚の形

抑揚は、「AでさえBである」と、まず軽い方の判断を述べ（抑）、「ましてCはなおさらである」と重要な方の判断を述べる（揚）という形。

基本形	❾⁷ A猶《スラ》《ホ》B。況《ンヤ》C《ヲ》乎。〈Aスラなホ B。いはンヤCヲや〉	❾⁷ AでさえBである。ましてCではなおさらである。	反語的な表現で、後文を強調する。「猶」の代わりに「尚」「且」などを用いる場合もある。	❾⁷ 畜《ノ》老《イタルスラ》猶《ホ》憚《ル》㆑殺《スヲ》㆑之《ヲ》。而《ルヲ》況《ンヤ》君《ヲ》乎。（春秋左氏伝） 畜《ちく》の老《お》いたるすら猶《な》ほ之《これ》を殺《ころ》すを憚《はばか》る。而《しか》るを況《いは》んや君《きみ》をや。	❾⁷ 家畜の年老いたのでさえ（情が移って）殺すのはためらわれる。ましてや、主君の場合はなおさら殺すのはためらわれる。
	❾⁸ A且《スラ》《ツ》B。安《クンゾ》C《(セ)ン》乎。〈Aスラかツ B。いづクンゾC(セ)ンや〉	❾⁸ AでさえBである。どうしてCしようか。（Cするはずがない。）		❾⁸ 臣死《スラ》且《ツ》不㆑避《ケ》。卮酒安《クンゾ》足《ラン》㆑辞《スルニ》。（史記） 臣死《しんし》すら且《か》つ避《さ》けず。卮酒《ししゆ》安《いづ》くんぞ辞《じ》するに足《た》らん。	❾⁸ 私は死でさえ避けようとは思わない。まして、一杯や二杯の酒などどうして辞退いたしましょう。（けっして辞退いたしません。）
その他	❾⁹ 何《ゾ》独《リ》□〈なんゾひとリ…〉	❾⁹ どうして…あるばかりだろうか。		❾⁹ 故郷何《ゾ》独《リ》在《ルノミナランヤ》㆓長安《ニ》㆒（白居易・香炉峰下、…） 故郷《こきやう》何《なん》ぞ独《ひと》り長安《ちやうあん》に在《あ》るのみならんや	❾⁹ 故郷はどうして長安だけにあるだろうか。（どこにでもある。）
	❿⁰ 豈《ニ》惟《ダニ》□〈あニたダニ…〉	❿⁰ どうしてただ…だけだろうか。		❿⁰ 埋《ムル》㆑骨《ヲ》豈《ニ》惟《ダニ》墳墓《ノ》地《ノミナランヤ》（月性・将東遊題壁） 骨《ほね》を埋《うづ》むる豈《あ》に惟《た》だに墳墓《ふんぼ》の地《ち》のみならんや	❿⁰ 骨を埋める場所はどうして墓だけだろうか。（どこにでもある。）

10 詠嘆の形

詠嘆は、感動や詠嘆の意味を示す形。反語の形を用いる場合もある。

感動詞	❿¹ 嗚呼〈乎・呼・唉・悪・嗟・嘻・于・烏・嗟乎〉〈ああ〉	❿¹ ああ（…だなあ）。		❿¹ 唉、豎子不㆑足《ラ》㆓与《ニ》謀《ルニ》㆒。（史記） 唉《ああ》、豎子《じゆし》与《とも》に謀《はか》るに足《た》らず。	❿¹ ああ、青二才とは一緒に仕事はできないなあ。
文末の助字	❿² □哉〈乎・矣・与・夫・也哉・乎哉・矣哉〉〈…かな〉	❿² …だなあ。		❿² 自《ラ》喩《シミテ》適《ヘル》㆑志《ニ》与。（荘子） 自《みづか》ら喩《たの》しみて志《こころざし》に適《かな》へるかな。	❿² 自身大変愉快で気分にぴったりであることよ。
その他	❿³ 何《ゾ》□也〈なんゾ…や〉	❿³ なんと…なことよ。		❿³ 是《レ》何《ゾ》楚人之多《キ》也。（史記） 是《こ》れ何《なん》ぞ楚人《そひと》の多《おほ》きや。	❿³ なんと楚の人間の多いことよ。
	❿⁴ 不㆓亦《タ》□㆒乎〈まタ…ずや〉	❿⁴ なんと…ではないか。	❿⁴「不亦…乎」の形は本来は反語の形であるが、意味の上からは詠嘆の形である。	❿⁴ 有《リ》㆘朋《ノ》自《リ》㆓遠方㆒来《タル》㆖、不㆓亦《タ》楽《シカラ》㆒乎。（論語） 朋《とも》の遠方《ゑんぱう》より来《き》たる有《あ》り、亦《ま》た楽《たの》しからずや。	❿⁴ 友人がいてわざわざ遠方から尋ねてくれる、何と楽しいことではないか。

漢詩を読むために

◉近体詩と古体詩

漢詩は近体詩と古体詩に大別される。

【近体詩】 唐代に確立された漢詩の形式。唐代以前にはこの形式は存在しない。

【古体詩】 唐代以前から作られていた、比較的自由な形式の詩。近体詩と区別するためにこの名があるが、唐代以後も継続して作られた。

◉近体詩の種類

近体詩には、絶句《ぜっく》・律詩《りっし》・排律《はいりつ》の三種類がある。

【絶句】 四句からなる詩。一句五字のものを五言絶句《ごごんぜっく》、一句七字のものを七言絶句《しちごんぜっく》という。各句の呼び方は第一句から順に起句・承句・転句・結句という。

【律詩】 八句からなる詩。一句五字のものを五言律詩、一句七字のものを七言律詩という。二句をまとめて連（聯《れん》）といい、首《しゅ》連《れん》・頷連《がんれん》・頸連《けいれん》・尾連《びれん》という。対句が重要な技法である。

【排律】 長編の律詩。律詩のきまりに準ずる。句数は十句以上の偶数句であるが、十二句・十六句のものが多い。

漢詩	詩の形式		一句の字数		句数	修辞	押韻法	
近体詩	絶句	五言絶句	五字	＊厳密	四句	起承転結	二・四句末	一韻到底《いちいんとうてい》（詩の初めから終わりまで同一の韻）
		七言絶句	七字				一・二・四句末	
	律詩	五言律詩	五字		八句	対句Ⓐ	二・四・六・八句末	
		七言律詩	七字				一・二・四・六・八句末	
	排律	五言排律	五字		十句以上の偶数句	対句Ⓑ	偶数句末	
		七言排律	七字				第一句末＋偶数句末	
古体詩	古詩	四言古詩	四字	＊厳密ではない。	特にきまりはないが、偶数句が多い。		きまりはゆるやか。一般的には偶数句末に押韻するものが多い。各句ごと押韻のものもある。	一韻到底のものと換韻《かんいん》（詩の途中で韻が変わる）のものとがある。
		五言古詩	五字					
		七言古詩	七字					
	楽府（長短句）		不定					

Ⓐ…頷連と頸連が対句になる。
Ⓑ…第一連・最終連以外の各連が対句になる。

◉古体詩の種類

【四言古詩《しごんこし》】 一句四字からなる詩。最も古く『詩経』（⬇P.332）に多く見られる。

（⬇P.332）

【五言古詩《ごごんこし》】 一句五字からなる詩。漢代の頃に起こる。

【七言古詩《しちごんこし》】 一句七字からなる詩。六朝時代頃から盛んに作られた。

【楽府《がふ》】 楽器の伴奏によって歌われる詩。楽府《がくふ》（漢代に置かれた音楽をつかさどる役所）で採集した民謡がもとになって、後の時代にも作られた。

◉句の切れ目

五言・七言の詩の各句ごとの一般的な意味構造は、次のようになっている。

五言句 ○○｜○○○
例 春眠（二字）｜不覚暁（三字）

七言句 ○○┊○○｜○○○
例 渭城（二字）┊朝雨（二字）（四字）｜浥軽塵（三字）

◉起承転結《きしょうてんけつ》

絶句の展開を起承転結《きしょうてんけつ》という。

1 春眠不覚暁 起
2 処処聞啼鳥 承 ｝朝の風景
3 夜来風雨声 転 ― 昨夜の回想
4 花落知多少 結 ― 全体を結ぶ

（孟浩然《もうこうねん》・春暁《しゅんぎょう》）

起句で歌い起こし、承句でそれを受け、転句で一転して展開し、結句で総合して歌いおさめるという構成法である。律詩ではそれぞれの連が起承転結に対応する。ただし、この構成法によらない詩も多い。

◉対句

内容・文法構造の両面から二句を対応させて対にする技法をいう。律詩では特に重要とされる。

律詩では、原則として頷連（第三句と第四句）、頸連（第五句・六句）に対句をおく。また、排律では、第一連・最終連以外の各連は、それぞれ対句になる。

＊ここでは、首連も対句になっている。

首連
1 国破山河在　2 城春草木深（対句）

頷連
3 感㆑時花濺㆑涙　4 恨㆑別鳥驚㆑心（対句）

頸連
5 烽火連㆓三月㆒　6 家書抵㆓万金㆒（対句）

尾連
7 白頭搔更短　8 渾欲㆑不㆑勝㆑簪

（杜甫《とほ》・春望）

対句的な表現は、たとえば『平家物語』に「祇園精舎《ぎをんしやうじや》の鐘の声、諸行《しよぎやう》無常の響きあり。娑羅双樹《しやらさうじゆ》の花の色、盛者《じやうしや》必衰のことわりをあらはす。」とあるように、わが国の詩文にも見られる。

◉押韻《おういん》

漢字の発音のうち、はじめの子音《しいん》の部分を声《せい》（声母《せいぼ》）といい、それ以外の母音《ぼいん》を含んだ部分を韻《いん》（韻母《いんぼ》）という。

例　間　声（声母）k　韻（韻母）an

【押韻】　句末に同じ韻をもつ漢字を用いて、音調を美しくするための法則を押韻《おういん》という。押韻することを「韻《いん》を踏《ふ》む」ともいう。

五言絶句や五言律詩では偶数句末に、七言絶句や七言律詩では第一句末と偶数句末に押韻するのが普通である。

●平水韻表（百六詩韻韻目表）

平仄	四声	百六韻
平	平声 上平	一東　二冬　三江　四支　五微　六魚　七虞　八斉　九佳　一〇灰　一一真　一二文　一三元　一四寒　一五刪
平	平声 下平	一先　二蕭　三肴　四豪　五歌　六麻　七陽　八庚　九青　一〇蒸　一一尤　一二侵　一三覃　一四塩　一五咸
仄	上声	一董　二腫　三講　四紙　五尾　六語　七麌　八薺　九蟹　一〇賄　一一軫　一二吻　一三阮　一四旱　一五潸　一六銑　一七篠　一八巧　一九晧　二〇哿　二一馬　二二養　二三梗　二四迥　二五有　二六寝　二七感　二八琰　二九豏
仄	去声	一送　二宋　三絳　四寘　五未　六御　七遇　八霽　九泰　一〇卦　一一隊　一二震　一三問　一四願　一五翰　一六諫　一七霰　一八嘯　一九効　二〇号　二一箇　二二禡　二三漾　二四敬　二五径　二六宥　二七沁　二八勘　二九艶　三〇陥
仄	入声	一屋　二沃　三覚　四質　五物　六月　七曷　八黠　九屑　一〇薬　一一陌　一二錫　一三職　一四緝　一五合　一六葉　一七洽

次の七言絶句の例を見てみよう。

日照香炉生紫煙　en
遥看瀑布挂長川　sen
飛流直下三千尺
疑是銀河落九天　ten
（李白・望廬山瀑布）

この詩の押韻字は、一・二・四句末の「煙・川・天」である。日本語の音のローマ字で表すとそれぞれ「en, sen,ten」となり、「-en」という韻母が共通である。また、漢和辞典で調べると三字とも左表の「先」のグループに属することがわかる。

なお現代中国音では「yān《イエン》, chuān《チュアン》, tiān《ティエン》」となるが、中国語を知らなくとも、当時の発音に近いとされる日本語の音で考えても支障はない。

【一韻到底《いちいんとうてい》】　詩の初めから終わりまで同一の押韻で通すこと。近体詩はこのきまりに従っている。

【換韻《かんいん》】　詩の途中で韻が変わること。古体詩に見られる。

◉平仄《ひょうそく》

漢字の音の高低を表すアクセントのことを平仄《ひょうそく》という。

近体詩では、詩を音楽的に美しく響かせるために、この平仄を一定の規律に従って配列するというきまりがある。

【四声《しせい》】　標準的な四つのアクセント。平《ひょう》声《しょう》・上声《じょうしょう》・去声《きょしょう》・入声《にっしょう》があり、四声と呼ぶ（現代中国語の四声とは異なる）。

四つの声調のうち、平声（便宜上、上《じょう》平《しょう》・下平《かひょう》に分かれる）を平《ひょう》、上声・去声・入声の三つを仄《そく》という。

平　平声　高く平らな調子。
仄　上声　尻上がりの調子。
仄　去声　初めが強く終わりが弱い調子。
仄　入声　短くつまる音。日本語音の語尾が「フ・ツ・ク・チ・キ」になる漢字。

先に見た押韻する字では、韻母だけでなく四声も共通している必要がある。そこで、漢詩を作る人々の間では、それぞれの漢字のもつ韻母と四声を知ることが重要になった。現在では、主な漢字を一〇六の韻のグループに分類した平水韻《へいすいいん》表《ひょう》（左上）が活用されている。

近体詩における平字・仄字の配列のきまりには、主に以下がある。

二《に》・四不同《しふどう》　一句のうち二字目と四字目は平仄が同じではいけない。
二《に》・六対《ろくつい》　一句のうち二字目と六字目は平仄が同じでなければいけない。
一《いち》・三《さん》・五論《ごろん》ぜず　一字目・三字目・五字目は平・仄いずれでも自由。
孤《こ》平《ひょう》を忌《い》む　仄平仄のように平声が仄声の間に挟まることは避ける。
下《か》三連《さんれん》を忌《い》む　七言で最後の三字が平平平・仄仄仄となることは避ける。

◉漢詩の鑑賞法

漢詩の魅力の一つは、凝縮された表現にある。漢詩の言葉や表現の豊かさに触れ、そこに託された作者の思いを読み味わうことが肝要である。

以下に注意して鑑賞しよう。

・各句ごとの構成により意味を把握する。
・対句や句どうしの関係に着目する。
・時・場所・作者の位置を確認する。
・視覚や聴覚などに訴える表現を吟味する。
・詩の眼目となる表現（詩眼《しがん》）をおさえる。

漢文重要語《ご》彙《い》

◉数字に関する語（名数）

一人《いちに(じ)ん》 天子の自称。または尊称の二人称。

二気《にき》 陰と陽の二つの気。

二心《にしん》 異心。謀反《むほん》しようという心。

二柄《にへい》 賞と罰。君主の持つ二つの権力。

二三子《にさんし》 お前たち。師が弟子たちに向かって呼びかける語。

三峡《さんきょう》 長江《ちょうこう》の難所。西陵峡《せいりょうきょう》・瞿塘《くとう》峡《きょう》・巫峡《ふきょう》。

三教《さんきょう》 儒教《じゅきょう》・仏教《ぶっきょう》・道教《どうきょう》の三つの教え。

三軍《さんぐん》 大国の軍隊。一軍は一万二千五百人。

三才《さんさい》 天《てん》・地《ち》・人《じん》のこと。

三蘇《さんそ》 宋《そう》の三人の文章家。蘇洵《そじゅん》（父）・蘇軾《そしょく》（兄）・蘇轍《そてつ》（弟）の三人。

三代《さんだい》 古代の三王朝。夏《か》・殷《いん》・周《しゅう》のこと。

四夷《しい》 四方の異民族のこと。東夷《とうい》・西《せい》戎《じゅう》・南蛮《なんばん》・北狄《ほくてき》。

四維《しい》 国家を保つ四つの柱。礼《れい》・義《ぎ》・廉《れん》・恥《ち》。

四時《しいじ》 春夏秋冬のこと。

四書《ししょ》 儒家《じゅか》の重んじた四つの経典。『大学《だいがく》』『中庸《ちゅうよう》』『論語《ろんご》』『孟子《もうし》』のこと。

四神《ししん》 青竜《せいりゅう》・白虎《びゃっこ》・朱雀《すざく》・玄武《げんぶ》のこと。

四端《したん》 仁《じん》・義《ぎ》・礼《れい》・智《ち》の四徳を実現する糸口の心。惻隠《そくいん》・羞悪《しゅうお》・辞譲《じじょう》・是非《ぜひ》。

五官《ごかん》 五つの感覚器官。耳（聴覚）目（視覚）・鼻（嗅覚《きゅう》）・舌（味覚）・皮膚《ひふ》（触覚）。

五経《ごきょう》 儒家《じゅか》の重んじた五つの経典。『易経《えききょう》』『詩経《しきょう》』『書経《しょきょう》』『春秋《しゅんじゅう》』『礼記《らいき》』。

五行《ごぎょう》 万物の根源となる五つの物質。木・火・土・金・水のこと。

五臓《ごぞう》 心《しん》臓・腎《じん》臓・肝《かん》臓・肺《はい》臓・脾《ひ》臓。

五覇《ごは》 春秋時代の五人の覇者《はしゃ》（諸侯の旗頭《はたがしら》）。斉《せい》の桓公《かんこう》・晋《しん》の文公《ぶんこう》・楚《そ》の荘王《そうおう》・宋《そう》の襄公《じょうこう》・秦《しん》の穆公《ぼくこう》のこと。他に諸説がある。

五倫《ごりん》 人の守るべき道。君臣《くんしん》の義《ぎ》・父子《ふし》の親《しん》・夫婦《ふうふ》の別《べつ》・長幼《ちょうよう》の序《じょ》・朋友《ほうゆう》の信《しん》。

六軍《りくぐん》 天子の軍隊。大軍。七万五千人。

六経《りくけい》 儒家《じゅか》の重んじた六つの経典《けいてん》。五《ご》経《きょう》に『楽経《がくけい》』を加えたもの。

六芸《りくげい》 士大夫《したいふ》の身に付けるべき六つの教養。礼《れい》・楽《がく》（音楽）・射《しゃ》（弓術）・御《ぎょ》（御者術）・書《しょ》・数《すう》（数学）。

六親《りくしん》 父・母・兄・弟・妻・子。

六朝《りくちょう》 南京《なんきん》付近に都を置いた六つの王朝。呉《ご》・東晋《とうしん》・宋《そう》・斉《せい》・梁《りょう》・陳《ちん》。

七賢《しちけん》 竹林《ちくりん》の七賢人《しちけん》。阮籍《げんせき》・嵇康《けいこう》・山《さん》濤《とう》・劉伶《りゅうれい》・阮咸《げんかん》・向秀《しょうしゅう》・王戎《おうじゅう》の七人。

七情《しちじょう》 喜《き》・怒《ど》・哀《あい》・楽《らく》・愛《あい》・悪《お》・欲《よく》の七つの情のこと。

七雄《しちゆう》 戦国の七雄。秦《しん》・燕《えん》・斉《せい》・韓《かん》・魏《ぎ》・趙《ちょう》・楚《そ》の戦国時代の七つの強国。

八卦《はっか》 易《えき》の八種類の卦《か》。乾《けん》・兌《だ》・離《り》・震《しん》・巽《そん》・坎《かん》・艮《ごん》・坤《こん》。

八大家《はちたいか》 唐宋《とうそう》八大家のこと。

九州《きゅうしゅう》 全世界。中国全土のこと。

九重《きゅうちょう》 天子の宮殿。

九流十家《きゅうりゅうじっか》 諸子百家の分類法。

十干《じっかん》 甲《こう》・乙《おつ》・丙《へい》・丁《てい》・戊《ぼ》・己《き》・庚《こう》・辛《しん》・壬《じん》・癸《き》。

十哲《じってつ》 孔門の十哲。

十二支《じゅうにし》 子《し》・丑《ちゅう》・寅《いん》・卯《ぼう》・辰《しん》・巳《し》・午《ご》・未《び》・申《しん》・酉《ゆう》・戌《じゅつ》・亥《がい》。

◉人の呼称に関する語

【一人称】

我《われ》**・吾**《われ》**・吾人**《ごじん》**・余**《よ》**・予**《よ》 広く自称。

寡人《かじん》 徳の寡《すく》ない人という意から、諸侯のへり下った自称として用いる。主に会議中に用いる。

愚《ぐ》 愚《おろ》か者。一般にへり下った自称。

妾《しょう》 女性のへり下った自称。

小人《しょうじん》 一般にへり下った自称。君子の対義語。三人称にも用いる。

臣《しん》 主君に対する下臣ということで、君主や目上に対するへり下った自称。

朕《ちん》 秦《しん》以後、皇帝の自称として用いられた。主に会議中に用いられる。始《し》皇帝《こうてい》が初めて使ったといわれる。

僕《ぼく》 主人に対する下僕《げぼく》ということから、一般にへり下った自称。

【二人称】

汝《なんじ》**・女**《なんじ》**・而**《なんじ》**・若**《なんじ》**・爾**《なんじ》 広く二人称。

君《きみ》 臣に対する主君から、主君や目上に対する敬称。三人称にも用いる。

君子《くんし》 小人《しょうじん》の対義語で、一般に相手を敬うときに用いる。三人称にも使用。

卿《けい》 天子が臣下を敬って呼ぶときに用いる二人称。広く相手を敬うときにも用いる。

公《こう》 諸侯や主君に対する尊称の二人称。三人称にも用いる。

子《し》 先生という意から、男子の敬称。広く一般に相手の尊称に用いる。

小子《しょうし》 師が弟子たちに呼びかけるときに用いる。お前たち。

先生《せんせい》 広く相手に敬意を払う場合に用いる。

大王《だいおう》**・王**《おう》 天子に対する尊敬の称。

帝《てい》 皇帝に対する尊称。三人称にも用いる。

天子《てんし》 天命を受け、天に代わって世を統治することから、皇帝をいう。一人称にも、三人称にも用いる。

二三子《にさんし》 小子に同じ。

夫子《ふうし》 弟子が師を呼ぶときの尊称。三人称にも用いる。儒家《じゅか》の書の場合は孔子《こうし》を示すことが多い。

【三人称・その他】

亜聖《あせい》 聖人に次いで立派な人物。儒家《じゅか》では孔子《こうし》を聖人とし、顔回《がんかい》や孟子《もうし》を呼ぶ。

亜父《あほ》　父に次いで尊敬する人物。項羽《こうう》の参謀であった范増《はんぞう》をさす。

君子《くんし》　立派な人物。有徳者。地位の高い人。学問の修養に志している人。

卿《けい》　大臣。国政を司る最高の官。

黔首《けんしゅ》　人民。

賢人《けんじん》　聖人に次いで優れた人物。

左右《さゆう》　側近。天子の側近《そば》く仕える臣。

士《し》　大夫《たいふ》に次ぐ位。優れた人物。

舎人《しゃじん》　貴人の側に仕える者。

上《しょう》　皇帝に対する尊称。

小人《しょうじん》　つまらぬ人間。取るに足らぬ者。地位の低いもの。

処子《しょし》　官に就かず野にいる者。在野の士。

聖人《せいじん》　最高の徳を備えた人物。尭・舜・禹・湯王・文王・武王・孔子などをさす。

大夫《たいふ》　諸侯の家老。

百姓《ひゃくせい》　万民。人民。

布衣《ほい》　官位を持たない庶民のこと。

◉年齢に関する語

＊年齢はかぞえ年

孩提《がいてい》　二、三歳の幼児。笑うことを知り(孩《がい》)、抱きかかえられる年頃《ころ》(提《てい》)。

三尺童子《さんせきのどうじ》　七、八歳の子。一尺《せき》は二歳半。

六尺《りくせき》　十五歳。

志学《しがく》　十五歳。孔子《こうし》が学問に志したとする年齢。

笄年《けいねん》　女子の十五歳。女子が髪上げをし、笄《かんざし》を髪に挿《さ》す年齢。

弱冠《じゃっかん》　男子の二十歳。冠をつけ成人する。

丁年《ていねん》　二十歳。働き盛りの男子。

壮年《そうねん》　三十歳。血気盛んな(壮)年齢。

而立《じりつ》　三十歳。孔子が独り立ちできるようになったとする年齢。

不惑《ふわく》　四十歳。孔子が人間として迷いが消えたとする年齢。

強仕《きょうし》　四十歳。はじめて官に就く年齢。

知命《ちめい》　五十歳。孔子が天から与えられた使命を悟ったとする年齢。

耳順《じじゅん》　六十歳。孔子が他人の言葉を素直に聞けるようになったとする年齢。

還暦《かんれき》　六十一歳。干支が戻る年齢。

従心《じゅうしん》　七十歳。孔子が自分の思い通りにふるまっても道からはずれなくなったとする年齢。

古稀《こき》**(希)**　七十歳。「人生七十古来稀《まれ》なり」(杜甫の詩)から。

◉名前に関する語

姓《せい》　家柄や血筋を表す名称。中国では同姓の者同士は結婚しない。

名《な》　生まれた時につけるもの。自分や親、師匠が使用した。

字《あざな》　男子が二十歳になった時につける呼び名。本名は本人そのものと考え、親や目上の者以外は他人を字で呼んだ。

諱《いみな》　忌み名のこと。死者の生前の本名。

諡《おくりな》　死者に生前の行跡によってつけた名。生前の名を呼ぶのを憚って呼ぶ。

号《ごう》　ペンネームのこと。雅号。

◉和漢異義語

(和)＝日本語の読みと意味
(漢)＝漢文での読みと意味

遠慮
(和)エンリョ　ことばや行動を控えめにすること。
(漢)エンリョ　将来まで見通した深い考え。

学者
(和)ガクシャ　学問に優れている人。
(漢)ガクシャ　学ぶ途中の段階の人。

故人
(和)コジン　死んだ人。
(漢)コジン　旧友。旧友に対する自分。

城
(和)ジョウ・しろ　敵を防ぐために築いた軍事的な建造物。
(漢)ジョウ　①都市のまわりを囲んだ壁。②城壁をめぐらした都市。③敵を防ぐために築いたとりで。

小人
(和)ショウニン　こども。
(漢)ショウジン　①身分の低い人。②徳のない人。

是非
(和)ゼヒ　必ず。どうしても。
(漢)ゼヒ　良いことと悪いこと。

大人
(和)ダイニン・おとな　成人。成長した人。
(漢)タイジン　徳のある人。

多少
(和)タショウ　少し。いくらか。
(漢)タショウ　多い。どれくらい。

馳走
(和)チソウ　人をもてなす。ごちそう。
(漢)チソウ　馬を走らせること。

大丈夫
(和)ダイジョウブ　平気なこと。
(漢)ダイジョウフ　立派な男子。

人間
(和)ニンゲン　ひと。にんげん。
(漢)ジンカン　世の中。俗世間。

百姓
(和)ヒャクショウ　農民。
(漢)ヒャクセイ　万民。人民。

迷惑
(和)メイワク　厄介をかけられて困る。
(漢)メイワク　道に迷う。心が迷う。

◉同訓異字

あフ（あう）

会《カイ》 出あう。ひと所に集まる。「面会《めんかい》」「集会《しゅうかい》」

邂《カイ》・遇《グウ》・遭《ソウ》 思いがけなく出あう。めぐりあう。「邂逅《かいこう》」「遭遇《そうぐう》」

合《ゴウ》 ひとつに重なる。ぴったり合う。「合致《がっち》」「符合《ふごう》」

逢《ホウ》 両方から出あう。また、思いがけなく出あう。「逢遇《ほうぐう》」

あらはル（あらわれる）

形《ケイ》 隠れた物がある形となって見える。

見《ケン》・現《ゲン》 隠れた物が表面にあらわれる。「露見《ろけん》」「出現《しゅつげん》」 ↕隠

顕《ケン》 はっきり見える。「顕彰《けんしょう》」 ↕隠

著《チョ》 はっきりと目立つ。いちじるしい。また、書き物を作る。「顕著《けんちょ》」「著述《ちょじゅつ》」

表《ヒョウ》 表面に出してあらわす。「発表《はっぴょう》」

露《ロ》 むき出しにする。「露出《ろしゅつ》」

おそル（おそれる）

畏《イ》 おそれはばかる。「畏敬《いけい》」

恐《キョウ》 こわがる。つつしむ。心配する。「恐怖《きょうふ》」「恐縮《きょうしゅく》」

惧《ク・グ》・懼《ク・グ》 びくびくする。あやぶむ。「危惧《きぐ》」「恐懼《きょうく》」

怖《フ》 こわがる。おののく。「恐怖《きょうふ》」「怖懼《ふく》」

おもフ（おもう）

思《シ》 考える。慕う。なつかしむ。「思索《しさく》」「思慕《しぼ》」

意《イ》 考える。推測する。「意志《いし》」「不意《ふい》」

以《イ》・謂《イ》 こうであると判断して思う。みなす。「以謂《おも》へらく」

憶《オク》 おぼえている。「記憶《きおく》」「追憶《ついおく》」

懐《カイ》 おもいめぐらす。慕う。「懐古《かいこ》」「懐顧《かいこ》」

想《ソウ》 おもいうかべる。おもいめぐらす。「想像《そうぞう》」「想起《そうき》」

かへル（かえる）

回《カイ》・旋《セン》 ぐるぐるめぐりかえる。「回遊《かいゆう》」「旋回《せんかい》」

還《カン》 行った所からまわって戻る。「還暦《かんれき》」

帰《キ》 もとの所へ帰って落ちつく。「帰国《きこく》」

反《ハン》 戻る。ふりかえる。また、ひっくりかえる。「反省《はんせい》」「反転《はんてん》」

復《フク》 もとの道をかえる。「往復《おうふく》」

返《ヘン》 戻る。また、借りたものをかえす。返事する。「返路《へんろ》」「返信《へんしん》」

きク

可《カ》 きき入れて許す。「許可《きょか》」

聴《チョウ》 注意してきく。「傾聴《けいちょう》」「聴取《ちょうしゅ》」

聞《ブン》 声や音が自然に耳にはいる。「伝聞《でんぶん》」「見聞《けんぶん》」

こたフ（こたえる）

応《オウ》 相手にひびき応ずる。「応答《おうとう》」「応対《おうたい》」

対《タイ》 目上の人にこたえる。また、問いに対してひとつひとつこたえる。「対策《たいさく》」「対処《たいしょ》」

諾《ダク》 はい、と軽く返事する。↕唯 また、承知する。「承諾《しょうだく》」

答《トウ》 問いにこたえる。「答申《とうしん》」「解答《かいとう》」

たダ

惟《イ》・唯《イ》・維《イ》・只《シ》・秖《シ》 それればかり。それだけ。「唯一《ゆいいつ》」

啻《シ》 「不」と複合して、「ただ…のみならず」と読み、そればかりでないという意を表す。

但《タン》 他をおいてそれだけ。

直《チョク》 ひたすら。ひとすじ。

徒《ト》 いたずらに。

特《トク》 とりわけ。

なク

泣《キュウ》 涙を流し、声をたてないでなく。「感泣《かんきゅう》」

哭《コク》 大声をあげてなき悲しむ。「哭泣《こくきゅう》」

啼《テイ》 声をあげてなき悲しむ。また、鳥や虫がなく。「啼泣《ていきゅう》」「啼鳥《ていちょう》」

涕《テイ》 涙を流してなき悲しむ。「涕泣《ていきゅう》」

鳴《メイ》 鳥獣が声を出す。転じて、喜びや悲しみの声をあげる。「鶏鳴《けいめい》」「悲鳴《ひめい》」

はかル

画《カク》・図《ト》 きちんと順を追って考える。「企画《きかく》」「企図《きと》」

議《ギ》 寄りあって事の是非を相談する。「議論《ぎろん》」

権《ケン》・衡《コウ》 さおばかりにかけて重さをはかるように、事のよろしきをはかる。「権道《けんどう》」

咨《シ》・諮《シ》 人に意見を問いたずねる。「諮問《しもん》」

測《ソク》 水の深浅をはかる。転じて、未知のものをおしはかる。「推測《すいそく》」

忖《ソン》 先方の心を推量する。「忖度《そんたく》」

謀《ボウ》 あれこれと思案する。人に相談する。「謀議《ぼうぎ》」

量《リョウ》・料《リョウ》 心にみつもる。「料度《りょうたく》」

まさニ

正《セイ》 まさしく。

適《テキ》 ちょうど程よく。「適宜《てきぎ》」「適当《てきとう》」

方《ホウ》 いま現に。ちょうど。「方今《ほうこん》」

みル

看《カン》 手をかざしてよくみる。「看取《かんしゅ》」

瞰《カン》 見おろす。「俯瞰《ふかん》」

観《カン》 注意してこまかにみる。「観察《かんさつ》」

＊「見」→「視」→「観」の順に注意の度合いが深い。

見《ケン》 みるとはなしにみる。目にふれる。「見聞《けんぶん》」

覯《コウ》 思いがけなくみる。「稀覯《きこう》」

察《サツ》 よく調べてみる。「考察《こうさつ》」

視《シ》 気をつけてみる。「視察《しさつ》」

相《ソウ》 人相などをみて、占う。「相人《そうじん》」

診《シン》 病状をしらべる。「診察《しんさつ》」

瞥《ベツ》 ちらりとみる。「瞥見《べっけん》」「一瞥《いちべつ》」

覧《ラン》 よくみる。「博覧《はくらん》」

ゆク

往《オウ》 先方へゆく。「往診《おうしん》」 ↕来・復

行《コウ》 歩いてゆく。「行進《こうしん》」 ↕止

之《シ》・如《ジョ》 目的地があってゆく。

征《セイ》 旅に出る。遠くへゆく。「遠征《えんせい》」

逝《セイ》 いって帰らない。死ぬ。「逝去《せいきょ》」

適《テキ》 ひとすじにゆく。「適帰《てきき》」

故事成語

読み・送り仮名とも現代仮名遣いとした。

朝《あした》に道《みち》を聞《き》かば夕《ゆう》べに死《し》すとも可《か》なり　もし朝に真の人の道がわかったなら、その夕方に死んだってかまわない。人の生きる道の重要性を説いたもの。（論語《ろんご》）

危《あやう》きこと累卵《るいらん》のごとし　大変に危険な状態のこと。卵を積み重ねたように、いつ崩れるかわからぬほど危険な状態ということ。戦国時代、縦横家《じゅうおうか》の范雎《はんしょ》が秦《しん》王に「貴国は卵を積み重ねたように危険な状態ですが、私を用いれば安泰でしょう。」と自分を売り込んだという故事から。「累卵《るいらん》の危《き》」ともいう。（史記《しき》）

石《いし》に漱《くちすす》ぎ流《なが》れに枕《まくら》す　負け惜しみの強いこと。また、こじつけのはなはだしいこと。晋《しん》の孫楚《そんそ》が「流れに漱《くちすす》ぎ石に枕す」（俗世から離れ清流でうがいをし、河原の石を枕にして寝る）という詩を引用し、隠遁《いんとん》生活の決意を述べようとし、誤って言った言葉。相手からおかしいと指摘されても、「石で口をゆすぐのは歯を磨くため、流れに枕するのは耳を洗うため」と答えたことから。夏目漱石《なつめそうせき》の号はこれが出典という。「漱石枕流《そうせきちんりゅう》」ともいう。（晋書《しんじょ》）

一字千金《いちじせんきん》　たいへんに優れた書物・文章のこと。秦《しん》の呂不韋《りょふい》が『呂氏春秋《りょししゅんじゅう》』を編集し、そのできばえに満足し、この書を城門に掲げ、この書に一字でも添削できた者には千金を与えると言ったという故事から。（史記《しき》）

一将《いっしょう》功成《こうな》りて万骨《ばんこつ》枯《か》る　一人の成功者のかげには無数の犠牲《ぎせい》者がいるということ。戦勝国の将軍が勝利の手柄をたたえられる陰には、数え切れないほどの無名の兵士たちの命が犠牲になっているということ。戦争の悲惨さを訴えた詩から。（曹松《そうしょう》・己亥歳詩《きがいノとしノし》）

寿《いのちなが》ければ則《すなわ》ち辱《はじ》多《おお》し　人間、長生きはめでたいこととされるが、年をとればとったで恥をかくことも多くなり、よくないということ。（荘子《そうじ》）

殷鑑《いんかん》遠《とお》からず　反省の材料は身近にあるものだということ。殷《いん》の紂王《ちゅうおう》の鏡（鑑）とすべき反省材料は、前王朝を滅亡させる因となった夏《か》の桀王《けつおう》の暴政にあるということ。（詩経《しきょう》）

怨《うら》みに報《むく》ゆるに徳《とく》を以《もっ》てす　怨みのお返しを恩徳を施すことによってすること。怨みをいつまでも根に持たず、広い心で他に接するという、ゆとりのある聖人の気分をいう。（老子《ろうし》）

燕雀《えんじゃく》安《いずく》んぞ鴻鵠《こうこく》の志《こころざし》を知《し》らんや　小人物には大人物の大きな考えは理解できないということ。秦《しん》末に反乱を起こした陳勝《ちんしょう》が小作人《こさくにん》のとき、自分の大望を理解しない仲間を嘆いて言った言葉。（史記《しき》）

尾《お》を塗中《とちゅう》に曳《ひ》く　束縛のない自由な生き方のこと。仕官するよう請われた荘子《そうし》が、亀は死んでその甲羅《こうら》を祭られるより、生きて泥（塗）の中をはいまわる方がよいはずだと言って、仕官を拒否したという故事から。（荘子《そうじ》）

骸骨《がいこつ》を乞《こ》う　辞職を願い出ること。項羽《こうう》の参謀、范増《はんぞう》が項羽のもとを去るときに言った言葉。身も心も捧《ささ》げ尽くして、抜《ぬ》け殻《がら》同然のこの身を自分に返して欲しいということ。（晏子春秋《あんししゅんじゅう》）

蝸牛角上《かぎゅうかくじょう》の争《あらそ》い　つまらぬ争いのこと。蝸牛《かたつむり》の左右の角《つの》に国があって、互いに戦争しているのを人間の目から見れば愚かに見える。同様に人間の国同士の争いも愚かだということ。（荘子《そうじ》）

臥薪嘗胆《がしんしょうたん》　自らを苦しめ、復讐《ふくしゅう》の心を募《つの》らせること。また、目的を果たすため長い間苦労すること。春秋時代、呉《ご》王の夫差《ふさ》は越王句践《えつおうこうせん》に父を殺されたことを怨《うら》み、薪《たきぎ》の上に寝て復讐の心を募らせ、越を打ち破る。今度は負けた句践の方が、日夜苦い胆《きも》を舐《な》（嘗）めては復讐に燃え、ついには呉を滅ぼすことになったという故事から。（十八史略《じゅうはっしりゃく》）

苛政《かせい》は虎《とら》よりも猛《もう》なり　この世で最も恐ろしいのは苛酷《かこく》な政治だということ。舅《しゅうと》・夫《おっと》・息子《むすこ》を虎に食い殺された老婦人が、孔子《こうし》に引っ越さなかった理由を尋ねられ、この土地には苛酷《かこく》な政治がないからと答えた故事から。（礼記《らいき》）

刮目《かつもく》して相待《あいま》つ　目をかっと見開いて丁寧に見る。人の著しい進歩を期待するたとえ。三国《さんごく》時代、呉《ご》の武将であった呂蒙《りょもう》が主君孫権《そんけん》の勧めで勉学に励み、大変な博識となった。参謀の魯粛《ろしゅく》が「昔の蒙さんではないね。」と言うと、呂蒙が「立派な男子は三日別れているだけでもう目を見開いて見なくてはならないのです。」と答えたという話に基づく。→**呉下《ごか》の阿蒙《あもう》**（三国志《さんごくし》）

瓜田《かでん》に履《くつ》を納《い》れず、李下《りか》に冠《かんむり》を整《ただ》さず　人から疑われるような行動はとってはならないということ。瓜畑《うりばたけ》で履《くつ》を履《は》きなおせば、瓜を盗んでいるのではないかと疑われ、李《すもも》の木の下で冠をかぶりなおせば、李を盗んでいるのではないかと疑われるということから。（文選《もんぜん》）

鼎《かなえ》の軽重《けいちょう》を問《と》う　相手の実力を軽視してつけこむこと。衰えた周《しゅう》王朝に、楚の荘王《そうおう》が宝器である鼎《かなえ》の大きさや重さを問うた故事から。「**鼎の軽重を問われる**」という用い方も多い。（春秋左氏伝《しゅんじゅうさしでん》）

株《かぶ（くいぜ）》を守《まも》る　時の流れが理解できず、いつまでも旧習にこだわること。兎《うさぎ》が切株にぶつかって死んだ。難なく手に入れた農夫は、また楽にもうかると思い農作業をやめて兎を待ったが、二度と兎は得られなかったという故事から。（韓非子《かんぴし》）

画竜点睛《がりょうてんせい》　肝心な最後の仕上げのこと。ある画家が竜を描き、最後に瞳《ひとみ》（睛）を入れると竜が生きて飛び去ったという故事から。また最後の肝心な仕上げを怠ることを「**画竜点睛を欠く**」という。同様の成語に「**九仞《きゅうじん》の功《こう》を一簣《いっき》に虧《か》く**」（書経《しょきょう》）がある。（歴代名画記《れきだいめいがき》）

完璧《かんぺき》　完全無欠であること。趙《ちょう》の藺相《りんしょう》如《じょ》が国宝の璧《たま》を強大な秦《しん》の圧力にも屈せず命を賭《か》けて無事に持ち帰ったという故事から。（史記《しき》）

管鮑《かんぽう》の交《まじ》わり　大変に親密な友情関係のこと。春秋時代、斉《せい》の管仲《かんちゅう》と鮑叔牙《ほうしゅくが》は幼《おさな》馴染《なじ》みであったが、成長後、皮肉にもそれぞれが敵同士の主君に仕えた。管仲の側が敗れ、処刑されることになるが、鮑叔牙の助言により命を救われたうえに重く用いられることにもなったという故事から。同義の故事成語に、劉備《りゅうび》と諸葛亮《しょかつりょう》（孔明《こうめい》）との間における「**水魚《すいぎょ》の交《まじ》わり**」、廉頗《れんぱ》と藺《りん》相如《しょうじょ》との間における「**刎頸《ふんけい》の交《まじ》わり**」がある。（史記《しき》）

奇貨《きか》居《お》くべし　珍しい品は手元に置いておくべきである。また、絶好の機会だから逃さずに利用すべきである。秦《しん》の子楚《しそ》は王族の子ではあったが、父は現秦王の皇太子の弟で、しかも子楚自身は父の二十人ばかりいる男子の中ほどの子であったから、秦の王位を継承するチャンスはほとんどなかった。大商人の呂不韋《りょふい》が、趙《ちょう》の国に人質となっていたこの子楚に目をつけ、言った言葉。後に、子楚は秦王になることができ、呂不韋も秦の宰相《さいしょう》となった。（史記《しき》）

疑心暗鬼《ぎしんあんき》を生《しょう》ず　疑いの心を持つと、なんでもかんでも疑わしく見えてしまう。ある男がまさかりをなくし、隣人の息子に疑いをかけた。そういう気持ちで見ると、隣人の息子の挙措動作《きょそどうさ》がすべてあやしく見えた。しかし、まさかりを自分が置き忘れたことを思い出してからその息子を見たところ、少しもあやしいそぶりが見られなかったという故事から。（列子《れっし》）

木《き》に縁《よ》りて魚《うお》を求《もと》む　方法が間違っていてはいくら努力しても無駄だということ。木によじ登って魚を捜しても見つからないということ。（孟子《もうし》）

杞憂《きゆう》　無用な心配のこと。取り越し苦労。杞《き》の国の男が、天地が崩れるのではないかと心配したという故事から。（列子《れっし》）

牛耳《ぎゅうじ》を執《と》る　ある集団のリーダーとなること。また、勢力をふるうこと。春秋時代、諸侯が同盟を結ぶとき、いけにえの牛の耳から血を採りそれをすりあって誓いとした。そのとき、諸侯の中で最も勢力のある者（盟主《めいしゅ》）が牛の耳を手に執《と》ったことから。（春秋左氏伝《しゅんじゅうさしでん》）

九仞《きゅうじん》の功《こう》を一簣《いっき》に虧《か》く　最後のほんのちょっとした努力を怠ったためにすべてを台なしにすること。人工の山を築き、あとほんの一もっこ（簣）の土を積み上げるだけで山は完成するのに、それを怠ること。同様の故事成語に「**画竜点睛《がりょうてんせい》を欠《か》く**」がある。（書経《しょきょう》）

漁父《ぎょほ》の利《り》　第三者が利益を得ること。蘇代《そだい》（戦国時代の思想家）が易水《えきすい》という川を通りかかったところ、蚌《はまぐり》が日向《ひなた》ぼっこをしていた。鷸《しぎ》がやってきて、蚌の肉をつつこうとした。蚌はすかさず貝を閉じてしまった。鷸は嘴《くちばし》を抜こうとはせず、蚌も貝を開こうとせず、お互いに譲ろうとしなかった。そこへ漁師が通りかかって両方とも難なく手に入れてしまった。「**鷸蚌《いっぽう》の争い**」ともいう。ただし、こちらの場合は「無益な争い」という意になる。（戦国策《せんごくさく》）

琴瑟相和《きんしつあいわ》す　琴《きん》と瑟《しつ》の音が調和する。夫婦仲の良いこと。また、一家、兄弟や友人の仲の良いことをいう。『詩経』小雅に「妻子むつまじく、瑟と琴との音の調和するようである。兄弟すでに集まり、やわらぎ楽しんで楽しみが尽きない。」と歌う詩句に基づく。（詩経《しきょう》）

愚公山《ぐこうやま》を移《うつ》す　こつこつと努力を積み重ねれば、どんなことでもいつかは必ず成し遂げることができるということ。愚公《ぐこう》という老人が通行に不便な山をなくしてしまおうと考え、家族とともに山を崩し始める。ある者が、愚公の年からして不可能だと嘲笑《ちょうしょう》すると、愚公は「自分が死んでも子供がいる。子供にはまた子供ができ、子々孫々山を崩し続ければ、山は高くなることはないので、いつかは平らにできる。」と答え、神がその話に感動し、山を動かしてやったという故事から。（列子《れっし》）

蛍雪《けいせつ》の功《こう》　苦学して出世すること。晋《しん》の車胤《しゃいん》は貧しくて油が買えず蛍《ほたる》を集めて、その明かりで勉強し、晋の孫康《そんこう》も雪明かりで勉強し、ともに後に大成したという故事から。（蒙求《もうぎゅう》）

逆鱗《げきりん》　天子の怒り。目上の者を怒らせることを「逆鱗に触れる」という。竜はおとなしい動物であるが、首の下に他の鱗《うろこ》とは逆に生えている鱗があり、ここに触れる者があれば、たちまち怒って食い殺すということから。（韓非子《かんぴし》）

狡兎死《こうとし》して走狗烹《そうくに》らる　過去にどんなに活躍しても、不要になれば捨て去られるものであるということ。ずる賢い、すばしこい兎が狩り尽くされれば、それを捕らえるために利用された足の速い犬も不要になり、煮て食われてしまうということ。漢帝国建国に手柄のあった韓信《かんしん》が謀反《むほん》の疑いをかけられた時、このことわざを述べて許されたという故事から。走狗は良狗《りょうく》・良犬《りょうけん》ともいう。（史記《しき》）

呉下《ごか》の阿蒙《あもう》　学問に進歩のない者。無学の徒。「呉下の阿蒙に非《あら》ず」と言えば、無学の徒から、長足の進歩を遂げた者の意。三国時代、呉の呂蒙《りょもう》はこと戦いに関しては腕力も有り、人後に落ちなかったが、学問の方は全然だめであった。ある時、呉王《ごおう》の孫権《そんけん》が呂蒙を呼び、将として学問が必要であると説教した。呂蒙はそこで猛烈に学問に打ち込み、しばらくたって呂蒙の友人で、呉の国で学識豊かな人物として鳴り響いていた魯粛《ろしゅく》という男が、様子を見に行き、二、三試しに質問してみると、魯粛も負かされるくらい学問が進歩していたという故事から。→**刮目《かつもく》して相待《あいま》つ**（三国志《さんごくし》）

虎穴《こけつ》に入《い》らずんば虎子《こじ》を得《え》ず　大事を行うためにはそれなりの危険は覚悟しなければならないということ。後漢の班超《はんちょう》が三十六人の部下を率いて、西域の国に使者として赴いたとき、たまたま匈奴《きょうど》（北の異民族）の使者も来ていた。このままでは危険であると判断した班超は一か八《ばち》か攻撃をしようと部下にこの言葉を述べ、部下も賛同し、数倍の敵の匈奴に勝ったという故事から。（後漢書《ごかんじょ》）

五十歩《ごじっぽ》百歩《ひゃっぽ》　低レベルで差のないこと。戦で負けて五十歩逃げた者が、百歩逃げた者を嘲《あざ》笑ったという故事から。同様に低レベルで差のないことを表す日本のことわざに、「**団栗《どんぐり》の背比《せいくら》べ**」「**目糞鼻糞《めくそはなくそ》を笑《わら》う**」がある。逆に高レベルで差のないことを表すものに「実力《じつりょく》伯仲《はくちゅう》」「甲乙《こうおつ》付け難《がた》し」「兄《けい》たり難《がた》く弟《てい》たり難《がた》し」がある。（孟子《もうし》）

壺中《こちゅう》の天《てん》　一つの壺の中の世界。別天地をいう。後漢の費長房《ひちょうぼう》は市場の役人であった。市場に不思議な薬売りの老人がおり、店先に壺をかけて、市が終わると跳んでその壺に入っていく。費長房が老人に酒とほし肉を贈ったところ、翌朝一緒に壺の中へ入ることができた。壺の中は美しい家が建ち並び、うまい酒や料理が満ち満ちていたという話に基づく。（後漢書《ごかんじょ》）

塞翁《さいおう》が馬《うま》　人間の幸不幸は予測できないということ。「**人間万事塞翁《にんげんばんじさいおう》が馬《うま》**」ともいう。とりでの近くに住む老人の馬が、北方の異民族の地に逃げた。皆が老人を気の毒に思って慰めると、老人は平然としていた。数か月後、逃げた馬が北方の駿馬《しゅんめ》を連れて帰ってきた。皆がこれを祝ったが、老人の息子が乗馬を好み、馬から落ちて脚の骨を折ってしまった。その後戦争が始まり、近隣の若者は皆戦死したが、脚の不自由な息子は徴兵を免れ、無事であったという寓話に基づく。同義の成語に「**禍《か》福《ふく》は糾《あざな》える縄《なわ》のごとし**」がある。（淮南子《えなんじ》）

左袒《さたん》　味方をすること。賛成すること。前漢の高祖《こうそ》劉邦《りゅうほう》が亡くなると、その夫人であった呂太公《りょたいこう》がクーデターを起こし、天下を奪う。呂太公は呂一族の者を要職に就け、その勢力を固めていった。しかし、かつての劉邦の臣であった陳平《ちんぺい》や周勃《しゅうぼつ》はじっとチャンスを窺《うかが》い、呂太公が病死すると、ここぞとばかりに呂一族を排除しにかかる。周勃は軍

中に命令して言った、「呂一族の味方をするものは右の肩を肌脱ぎにせよ。劉一族の味方をするものは左の肩を肌脱ぎにせよ。」と。すると、軍中の者は皆、左の肩を肌脱ぎにし、劉氏の味方をすることを表明した、という故事から。（史記《しき》）

三顧《さんこ》の礼《れい》　礼儀を尽くして人を迎えること。三国時代、蜀《しょく》の劉備《りゅうび》が諸葛亮《しょかつりょう》（孔明《こうめい》）を軍師に迎える時、三度も孔明の家を尋ねて、礼儀を尽くしたという故事から。（諸葛亮《しょかつりょう》・出師表《すいしのひょう》）

鹿《しか》を指《さ》して馬《うま》と為《な》す　勢力を背景に、黒を白と言いくるめること。秦《しん》の始皇帝《しこうてい》亡きあと、二世皇帝胡亥《こがい》を排して権力を手中に収めようと企《たくら》んだ趙高《ちょうこう》が、自分の味方がどれほどいるかを調べようと、鹿を宮中に連れてきて、馬だと言いはってみた。胡亥は鹿だという が、胡亥に賛同した忠義の臣は少数であった。しかも、趙高はそれらの臣を記憶しておき、後にあれこれと難癖《なんくせ》をつけて殺してしまったという故事から。（史記《しき》）

出藍《しゅつらん》の誉《ほま》れ　弟子が師匠の実力を追い抜くこと。「**青は藍《あい》より取りて、藍よりも青し**」とも言う。青という色は藍という植物から取るが、その色は藍の色よりもいっそう鮮やかな青色をしているということから。（荀子《じゅんし》）

食指《しょくし》動《うご》く　食欲がわくこと。また、何か欲しいという気持ちが生ずること。ある王族の子は、御馳走にありつく前に必ず人差指がぴくぴくと動くという妙な癖を持っていた。ある時、王に招かれ宮殿に行くが、途中で人差指が動いた。宮殿に入ると案の定、大きなスッポンを料理していた。王に会ってその話をすると、王が意地悪心を起こして御馳走を与えないようにしてしまう。怒った彼は恨みを抱き、後に王を殺してしまうという故事から。（春秋左氏伝《しゅんじゅうさしでん》）

助長《じょちょう》　手助けをしようとしてかえって害を与えること。また、単に手助けのこと。ある農夫が苗《なえ》の成長が遅いのを心配して、苗を早く成長させようと引っ張ったところ枯れてしまったという故事から。（孟子《もうし》）

人口《じんこう》に膾炙《かいしゃ》す　広く人々に知られていること。膾《かい》はなます（細く切った肉）。炙《しゃ》はあぶり肉。ともに人々が好んで口にすることから転じて、誰もが好んで口にする詩文の文句のこと。更に転じて現在の意味になった。（周朴詩集《しゅうぼくししゅう》）

推敲《すいこう》　詩や文章を何度も練り直すこと。唐の詩人賈島《かとう》が詩を作ったとき、「僧《そうハ》推月下門《おスげっかノもん》」という句を思い付いたが、「推《お》す」を「敲《たた》く」にすべきかどうか迷っていたところ、韓愈《かんゆ》に「敲《たた》く」が聴覚的広がりか出てよいと教えられたという故事から。（唐詩紀事《とうしきじ》）

杜撰《ずさん》　いいかげんなこと。文章などに誤りの多いこと。宋の杜黙《ともく》の詩が規律に合わないものが多かったということから。（野客叢書《やかくそうしょ》）

積善《せきぜん》の家《いえ》に必《かなら》ず余慶《よけい》有《あ》り　善行を積んでいれば、必ず良いことが有るということ。「積不善の家に必ず余殃《よおう》有り」（悪い行ないを積み重ねた者には必ず悪い報いが有る）と続く。（易経《えききょう》）

泰斗《たいと》　常に人から目標とされるような優れた人物のこと。また、その道の権威者。「泰山北斗《たいざんほくと》」の略。「泰山」は山東《さんとう》省《しょう》にある名山で、五山の一つ。日本で言えば富士山にあたる。「北斗」は北極星のこと。いずれも人々が常に仰ぎ見る存在ということから。（新唐書《しんとうじょ》）

他山《たざん》の石《いし》　どんなものでも自分を磨く反省材料になるということ。他人の山で採れる粗末な石でも玉を磨く材料にはなるということ。（詩経《しきょう》）

蛇足《だそく》　よけいなつけ足しをすること。蛇《へび》を最初に画《か》き上げた者が酒を飲むという競争で、真っ先に画いた者が足まで画いたために酒を飲めなかったという故事から。（戦国策《せんごくさく》）

多多《たた》益《ますます》弁《べん》ず　多ければ多いほどうまく処理するということ。また、多ければ多いほどよいということ。漢の劉邦《りゅうほう》にどのくらいの軍隊を動かすことができるかと尋ねられたとき、韓信《かんしん》が答えた言葉から。（漢書《かんじょ》）

朝《ちょう》三《さん》暮《ぼ》四《し》　どちらにしても大差のないこと。人を偽ってごまかすことをいう。春秋時代、宋の国に狙公《そこう》という者がいた。猿をかわいがって養っていたが、貧乏になったので猿の餌を減らそうと考えた。餌のどんぐりを朝に三つ夕方に四つやろうと言うと猿たちが怒ったので、では朝四つ夕方三つにしようと言ったところ猿たちは喜んだという話から。（列子《れっし》）

轍鮒《てっぷ》の急《きゅう》　さし迫った緊急事態のこと。荘子《そうし》が道を歩いていると、鮒《ふな》が車の轍《わだち》（車の通った跡）の小さな水たまりに落ちていて苦しみ、水をくれという。荘子が、これから南の国の王の所に行くので、用事が済んだら川の水をここまで引いてやろうと言うと、鮒はそれでは今の緊急事態に間に合わないと言って怒ったという故事から。同様の故事成語に「焦《しょう》眉《び》の急《きゅう》」（眉《まゆ》が焦《こ》げるほどの緊急事態）がある。（荘子《そうじ》）

桃李《とうり》言《ものい》わざれども下《したおのずか》自ら蹊《こみち》を成《な》す　優れた人物のもとには自然と人が集まるということ。桃や李《すもも》は別に何かを言うわけではないが、その木の下には良い香りに誘われて人々が集まり、自然と小道ができるということから。（史記《しき》）

登竜門《とうりゅうもん》　大きな飛躍を遂げるための関門。竜門《りゅうもん》は黄河《こうが》の上流にある峡谷の名。大変な急流で、普通の魚ではこの急流を上ることはできない。もし上るものがあれば、たちまち変身して竜になるということから。（後漢書《ごかんじょ》）

蟷螂《とうろう》の斧《おの》　身のほどを知らないこと。蟷《かま》螂《きり》が自分は無敵だと思い込み、鎌《かま》を振り上げて車に立ち向かったという故事から。（荘子《そうじ》）

虎《とら》の威《い》を仮《か》（借）る　他人の権威をかさにきて威張《いば》ること。自分には実力がないのに威張り散らすこと。（戦国策《せんごくさく》）

泣《な》いて馬謖《ばしょく》を斬《き》る　泣く泣く最愛のもの、大切なものを処分すること。三国時代、諸葛孔明《しょかつこうめい》が部下の馬謖《ばしょく》の犯した命令違反のため、泣く泣く馬謖を斬ったという故事から。（三国志《さんごくし》）

背水《はいすい》の陣《じん》　ぎりぎりの状況の中で、一か八《ばち》か勝負をかけること。逃げ場のない大河を背にして陣をしいて戦ったところ、兵が死に物狂いになって何倍もの軍勢の敵に勝ったという韓信《かんしん》の故事から。（史記《しき》）

杯中《はいちゅう》の蛇影《だえい》　気の迷い、妄想が悪い結果を生むものであるということ。ある人が客として招かれ、酒を出されるが、飲もうとすると杯《さかずき》の中に小さな蛇《へび》がいるのを見つけた。気持ちが悪かったが、主人に悪いと思い飲んでしまった。以後病《やまい》を得て寝込んでしまう。しかし、それは壁に掛けてあった弓が杯に映ったものであるということが後にわかり、途端に病気が治ってしまったという故事から。同義の故事成語に、「疑心暗鬼《ぎしんあんき》を生《しょう》ず」がある。（晋書《しんじょ》）

白眉《はくび》　優れたものの中でもさらに一段と優れていること。三国時代、蜀《しょく》の馬《ば》一族の五人兄弟は皆優秀で評判であった。その中でも馬良《ばりょう》は一段と優秀だった。彼は生れつき眉《まゆ》に白い毛があったので、人々は彼を「白眉」と呼んだという故事から。（三国志《さんごくし》）

破天荒《はてんこう》　今まで人がなし得なかったことを行うこと。前代未聞《みもん》であること。唐《とう》代、荊州《けいしゅう》では長官が推薦しても科挙《かきょ》（官吏登用試験）に合格する者がなかった。そこで、世間では荊州のことを「天荒《てんこう》」（人材不作の土地）といって馬鹿にした。ところが、ある年、劉蛻《りゅうぜい》という者が科挙に合格し、不作を破ったということから「破天荒」と呼ばれたという故事から。（北夢瑣言《ほくぼうさげん》）

尾生《びせい》の信《しん》　信義に厚いたとえ。また、馬鹿正直なこと。尾生《びせい》という男が、ある女性と橋の下で会うことを約束した。ところが、約束の時間になっても彼女は現れなかった。しかし尾生はずっと待ち続け、大雨で増水してきてもその場から離れず、橋げたに抱きついたまま溺死《できし》したという故事から。（荘子《そうじ》）

顰《ひそみ》に効《なら》う　やたらに人まねをして失敗すること。絶世の美人である西施《せいし》が咳《せき》をして顔をしかめたら、またいっそう美しく見えたので、村一番の醜女が真似《まね》をしたところ、村人は皆逃げ出したという故事から。（荘子《そうじ》）

髀《ひ》肉《にく》の嘆《たん》　実力がありながら発揮できないこと。蜀《しょく》の劉備《りゅうび》が長らく戦場に出ずに、髀《もも》に肉がついたことを嘆いたという故事から。（三国志《さんごくし》）

覆水盆《ふくすいぼん》に返《かえ》らず　一度してしまったことは取り返しがつかないということ。別れた妻が復縁を迫ったときに、盆の水を地面にこぼし、水をもと通りにできたら復縁しようといったという太公《たいこう》望《ぼう》（呂尚《りょしょう》）の故事から。（拾遺記《しゅういき》）

舟《ふね》に刻《こく》して剣《けん》を求《もと》む　いつまでも古い習慣にこだわって、時の移り変わりが理解できないこと。舟から剣を川に落とした男が、船縁《ふなべり》に印《しるし》を付けておき、舟が川岸についてから、印の場所から川に潜《もぐ》って捜《さが》したが、剣は見つからなかったという故事から。（呂氏春秋《りょししゅんじゅう》）

暴《ぼう》虎《こ》馮《ひょう》河《が》　向こう見ずな勇気のこと。孔子《こうし》の弟子の子路《しろ》は、孔子がなかなか自分を褒《ほ》めてくれないので、戦争のことなら自分を褒めてくれるだろうと、「先生が戦争をするときは誰を頼りになさいますか。」と尋ねた。孔子は「暴れる虎に素手で立ち向かったり（暴虎）、黄河《こうが》を歩いて渡ろうとする（馮河）ような向こう見ずな勇気しか持ち合わせていない者とは、行動をともにしたくないものだ。」と答えたという。（論語《ろんご》）

矛盾《むじゅん》　つじつまがあわないこと。楚《そ》の商人が売り物の盾《たて》と矛《ほこ》とを自慢して、どんな鋭い物でも盾は突き通せず、どんな堅い物でも矛は突き通すというと、客にその矛でその盾を突いたらどうなるかと言われ、答えられなくなったという故事から。（韓非子《かんぴし》）

孟母三遷《もうぼさんせん》　教育には環境が重要な要素となるということ。幼い孟子《もうし》が葬式のまねや商売のまねをして、行動がよくないので、孟子の母が墓の近くから市場へ、さらに学校の近く（礼のまねはしてもよい）に引っ越し（遷）、教育環境を整えたという故事。（列女伝《れつじょでん》）

孟母断機《もうぼだんき》　何事も中途でやめることの愚かしさを戒めたことわざ。孟子が学問に飽きて、家に戻った時、孟子の母が織りかけの布を断ちきって、「おまえが学問を中途でやめるということは、わたしが今まで一生懸命に織ってきたこの布を断ちきるのと同様、これまでの苦労が無駄になってしまう愚かな行為なのですよ。」と言って孟子を諭《さと》したという故事から。

病《やまい》膏肓《こうこう》に入《い》る　病気が手の施しようもなく重くなること。また、何かに熱中してやみつきになること。晋《しん》の景公《けいこう》が幽霊に襲われる夢を見、夢占い師にその夢を占わせたところ、来年の麦の取り入れまでに亡くなるだろうという見立てであった。驚いた景公はどっと病の床に就き、国中の医者に治療させるが一向に治らない。そこで、秦《しん》の名医を呼ぶことになった。名医の到着前に、景公はまた夢を見た。病気の精が二人の子供になり、どうやって名医の手から逃れるかを相談し、膏《こう》（心臓の下部）の下、肓《こう》（横隔膜《おうかくまく》の上部）の上に逃げ込めば、いくら名医でも手の施しようがないだろうと言っているというものであった。秦から名医が到着し診察したところ、病気が膏の下、肓の上に入り込んでいて治療できないと告げたという故事から。（春秋左氏伝《しゅんじゅうさしでん》）（列女伝《れつじょでん》）

梁上《りょうじょう》の君子《くんし》　泥棒《どろぼう》のこと。ある泥棒が梁《はり》の上にひそんで、家人の寝静まるのを待っていたが、その家の主人が家族を集め、「人間は努力を怠ってはならない。悪人も初めから悪いのではない。心がけの悪さが積み重なって悪くなるのである。ちょうど今、梁の上にいる君子のようにだ。」と言ったので、泥棒は驚き、梁から飛び降りて詫《わ》び、改心したという故事から。（後漢書《ごかんじょ》）

遼東《りょうとう》の家《いのこ》　自分一人だけで得意がること。遼東《りょうとう》に住んでいる人が、白頭の豚《ぶた》（家）が生まれて、遼東には黒豚しかいなかったので、珍しいから天子に献上しようと、河東《かとう》地方までやって来た。ところが、その地方の豚はみな頭が白かったので、がっかりして引き返したという故事から。（後漢書《ごかんじょ》）

隴《ろう》を得《え》て蜀《しょく》を望《のぞ》む　人間の欲望には限りがないということ。後漢《ごかん》の光武帝《こうぶてい》が、「わしは既に隴《ろう》の国を手に入れながら、こんどは蜀《しょく》の国が欲しくなってしまった。」と自戒して述べた故事から。（後漢書《ごかんじょ》）

殃《わざわ》い池魚《ちぎょ》に及《およ》ぶ　思いがけない災難に遭《あ》うこと。とばっちりを受けるたとえ。春秋時代、罪を犯したものが逃げる途中、池に宝石を投げ込んだので、池の水をさらったが見つからず魚だけが死んだという故事から。また、城門が焼けたとき、火を消すため、池の水を汲《く》み出したので、魚が死んだという故事から。（呂氏春秋《りょししゅんじゅう》）

＊資料編の内容は『ビジュアルカラー国語便覧』（大修館書店）による。

BOOK GUIDE

漢文教育に取り組む先生のための ブックガイド

＊個人で手に入れやすいものを中心に選びました。

全般

奥平卓『漢文の読みかた』（一九八八年、岩波ジュニア新書）

加藤徹『漢文の素養　誰が日本文化をつくったのか？』（二〇〇六年、光文社新書）

加藤徹『漢文力』（二〇〇七年、中公文庫）

東京大学教養学部国文・漢文部会編『古典日本語の世界―漢字がつくる日本』（二〇〇七年、東京大学出版会）

※小森陽一「格闘する漢文教師のみなさんへ」には、大いに勇気づけられる。

金文京『漢文と東アジア―訓読の文化圏』（二〇一〇年、岩波新書）

斎藤希史『漢文脈と近代日本』（二〇一四年、角川ソフィア文庫）

田部井文雄ほか『大修館漢文学習ハンドブック』（一九九〇年、大修館書店）

訓読

二畳庵主人『漢文法基礎』（二〇一一年、講談社学術文庫）

※「二畳庵主人」は、加地伸行のペンネーム。

江連隆『訓読百科』（「漢詩・漢文解釈講座」別巻、一九九五年、昌平社）

江連隆『漢文語法ハンドブック』（一九九七年、大修館書店）

國金海二『語法・句法』（「研究資料漢文学10」、一九九二年、明治書院）

加藤徹『白文攻略漢文法ひとり学び』（二〇一三年、白水社）

音読

全国漢文教育学会『朗唱漢詩漢文』（二〇〇三年、東洋館出版社）

筑波大学附属高等学校国語科『「声に出して読む」ということ―力をつける三〇の文学作品―』（二〇一一年、東洋館出版社）

漢字・漢語

阿辻哲次『漢字再入門―楽しく学ぶために』（二〇一三年、中公新書）

興膳宏『平成漢字語往来』（二〇〇七年、日本経済新聞社）

鎌田正・米山寅太郎『故事成語名言大辞典』（一九八八年、大修館書店）

漢詩

小川環樹『唐詩概説』（二〇〇五年、岩波文庫）

石川忠久『漢詩鑑賞事典』（二〇一〇年、講談社学術文庫）

松浦友久編『校注唐詩解釈辞典』（一九八七年、大修館書店）

松浦友久編『漢詩の事典』（一九九九年、大修館書店）

宇野直人・江原正士『漢詩を読む2　謝霊運から李白、杜甫へ』（二〇一〇年、平凡社）

史伝

宮脇俊三『史記のつまみぐい』（二〇〇四年、新潮社）

大木康『現代語訳史記』（二〇一一年、ちくま新書）

小川環樹・今鷹真・福島吉彦訳『史記世家』（一九八〇年、岩波文庫）

陳舜臣『小説十八史略』（一九九二年、講談社文庫）

司馬遼太郎『項羽と劉邦』（一九八〇年、新潮文庫）

思想

金谷治『論語』（一九六三年、岩波文庫）

桑原武夫『論語』（一九八五年、ちくま文庫）

宮崎市定『現代語訳　論語』（二〇〇五年、岩波現代文庫）

加藤徹『本当は危ない「論語」』（二〇一一年、NHK出版）

湯浅邦弘『論語　真意を読む』（二〇一二年、中公新書）

雑誌

「漢文教室」（年一回刊、大修館書店）

「新しい漢字漢文教育」（年二回刊、全国漢文教育学会）

注釈書

『新釈漢文大系』明治書院

『全釈漢文大系』集英社

『漢文名作選』『漢文名作選　第2集』大修館書店

？困ったときのQ&A

＊このQ&Aは、漢文指導に日々奮闘している先生方からのご質問、教育実習生から寄せられたご感想・ご要望に基づいて作成しました。

＊本書に関連する記述がある場合は、そのページ数を示しています。

［授業の準備について］

Q 大学ではほとんど漢文の講義を受けていないので、漢文を教える自信がありません。どのような準備をすればよいでしょうか。

A 漢文の授業をするためには、何も白文で書かれた版本から意味をとれるようになる必要はないのです。事前に注釈書を読んでおいたり、生徒が使うものと同じ学習用の漢和辞典で語句を確認しておけば十分です。自分自身がおもしろいと思うようになるまで教材研究を積み上げていけば、自信を持って指導できるようになるでしょう。ただし、調べたことをすべて授業に盛り込む必要はありません。

→〈教材研究の十箇条〉32ページ

Q 生徒はそもそも漢文を学ぶ意義がわかっていません。生徒のモチベーションを高めるためには、どのように指導すればよいでしょうか。

A まず、漢文は中国の古典ではなく、日本の古典として意識させる必要があります。「なぜ学ばなければいけないか」「学ぶとどんなよいことがあるか」を、教師自身の言葉でどれだけ語れるかが大事です。

筆者の場合は、まずは自分が漢文が好きだということ、それから漢語・漢文を学ぶことで、簡潔で力強い漢文脈が身に付き、自分の書く文章の骨格を鍛えることができると話しています。本書の中では、「なぜ漢文を暗唱しなければならないのか」という疑問にも答えておきましたので、参考にしてください。

→〈音読・暗唱の意義と効果〉40ページ

Q 漢和辞典を持っていない生徒がいます。教室に用意ができない場合、国語辞典で代用させてもよいでしょうか。

A 国語辞典や漢字辞典では、漢文の学習には対応できません。漢文学習に必要な熟語の意味が載っていなかったり、掲載の順序が異なることがあるからです。多くの生徒が持っている電子辞書でも構わないので、必ず漢和辞典を引かせるよう指導しましょう。

→〈漢和辞典と国語辞典・漢字辞典との違い〉50ページ

［授業の進め方について］

Q 音読をもっと取り入れたいのですがなかなか時間がとれません。どのように指導すればよいでしょうか。

A 音読・暗唱を含んだ授業の型（パターン）を確立することです。筆者は授業の始めと終わりの五分を音読に費やしており、文脈の理解と記憶の定着に役立っています。→〈授業の中での音読・暗唱の扱い〉41ページ

Q 授業時間が足りず、教科書の内容を半分も扱うことができません。多くの教材を扱うためには、どのような進め方をすればよいでしょうか。

A いろいろなやり方がありますが、筆者の授業では読みを最も重視して授業を組み立てます。正しく読むことができれば、解釈もある程度同時にできているからです。本書では一年間の目標に応じた教材選びの一例を紹介していますので、参考にしてください。

→〈国語総合の年間タイムテーブル〉54ページ

Q　指導すべき事柄が多く、授業では一方的な説明に終始しがちです。どのようにすればよいでしょうか。

A　生徒の学習意欲を高めるためにも、授業には発問を必ず取り入れたいものです。生徒が誤解しそうな箇所や、深い意味に気づかずに通り過ぎてしまいそうな箇所を予想して発問を用意しましょう。「読んで訳して終わり」の授業にならないためにも、グレード別の発問を考えておくとよいでしょう。

→〈発問〉59ページ・〈脚問の生かし方〉69ページ・〈発問によって理解を助ける〉77ページ

Q　生徒を指名して書き下し文や現代語訳を作らせると、なかなかうまくできないので授業が停滞してしまいます。正解は、いつどのように示すのがよいでしょうか。

A　教育実習生の授業には、自分が受けてきた授業のパターンがそのまま反映されます。以前、「生徒を指名して書き下し文を板書させる」という指導計画を書いた実習生がいましたが、それでは時間がもったいない。筆者は、書き下し文を予習として課した上で、授業では次のようなやり方をしています。

1　教材を二、三回範読し、生徒には教科書に振り仮名をつけさせる。
2　読み方が定着したところで、さらに生徒と読む練習をする。
3　解釈しながら口頭で全体の訳を示し、必要に応じて書き取らせる。

書き下し文や現代語訳は、学習の最終目標ではありません。いずれも内容理解のためのプロセスなので、授業ではあまり時間をかけすぎない方がよいでしょう。

→〈書き下し文とのつきあい方〉29ページ
→〈現代語訳〉61ページ・〈現代語訳とは何か〉101ページ
→〈授業の導入〉108ページ

Q　板書に時間がかかります。書き方のコツを教えてください。

A　不完全な板書の方が、生徒が言葉を補ったり調べたりする余地が生まれます。ただし、内容は事前に精選しておきましょう。

→〈板書のポイント〉62ページ

Q　長文になるとなかなか生徒が授業についてこられません。書き下し文だけで指導をしてもよいでしょうか。

A　漢文への抵抗感をなくし、長文に取り組みやすくするためには、書き下し文による指導も有効でしょう。ただし、誤った読みや解釈を誘発する危険もあるため、指導には注意が必要です。

→〈書き下し文のメリット〉・〈書き下し文のデメリット〉26ページ

［訓点・書き下し文・語法・句法の指導について］

Q　教科書が変わると、同じ教材でも送り仮名やハイフン（-）の使われ方が変わることがあります。どのように対処したらよいでしょうか。

A　「亦」と「亦た」、「何如」と「何-如」など、教科書によって訓点の基準に「ゆれ」があるのは、現状ではやむを得ないことです。一冊の本の中で基準が変わるのは困りますが、統一があるならばどちらでも間違いではありません。年度初めに教科書を受け取ったらすぐに確認し、教科書に合わせた指導を行うのがよいでしょう。

→〈送り仮名の「ゆれ」への対処法〉19ページ・〈返り点以外の記号〉23ページ

Q　「之」を「これ」と読む際に、「レ」を送るものと送らないものがあります。不統一ではないのでしょうか。

A　「之」という漢字はいつも「これ」と読むわけではなく、その文脈での意味や働きによって書き下し文の表記が異なってきます。生徒もつまずきやすい部分なので「誤読のおそれがあるときには一字多く送る」という原則に、実例を加えて示すとよいでしょう。

→〈送り仮名の原則〉17ページ・〈送り仮名の実際〉18ページ

Q 「於」「矣」などの置き字を書き下し文に残す生徒が多いのですが、どのように指導すればよいでしょうか。

A 古典文法に不慣れな段階から「書き下し文の原則」だけを教えても、生徒はあまり飲み込めないものです。間違いはよい機会ととらえて、個別のノート添削などを通じて繰り返し指導しましょう。

→〈書き下し文の効果的な指導法〉28ページ・〈ノート添削の実際〉46ページ

Q 「つひニ」と読む字がたくさんあります。書き分けにはルールがあるのでしょうか。

A まずは漢字そのものの意味を考えることです。「遂」（こういうわけで、すぐに）は行為や事態の中間点に、「終」「卒」「竟」（とうとう）はその終着点に用いるという違いがあります。

→〈同訓異義語〉13ページ

Q 句法指導は、いつどのように行うのがよいでしょうか。

A 句法のための句法指導には無理があります。実際の教材に即して、その都度扱うのがよいでしょう。入門期にふさわしい「矛盾」では、否定と二重否定、疑問を学習できます。また、句法の中でも疑問・反語は、筆者の意見や人物の心情を表すことが多く、解釈上も重要です。

→〈句法を確認する〉59ページ

[漢字・語彙指導について]

Q 音読みと訓読みの違いをどのように説明すればよいでしょうか。

A 漢字の中国での発音を日本風にまねたものが音、漢字の意味に相当する日本語が読みとして定着したものが訓です。筆者は、英語の発音と訳語の関係に置き換えて説明をしています。たとえば英語の発音をまねた「スプーン」は音読みにあたり、訳語の「匙」は訓読みにあたる、と考えればわかりやすいでしょう。

→〈字音のいろいろ〉10ページ・〈字訓のいろいろ〉12ページ

Q 漢字指導にあたって、生徒がつまづきやすい部分を教えてください。

A 「故人」のような和漢異義語、「また（又・亦・復）」のような同訓異義語、「与」「故」のような多訓多義語には注意が必要です。折りに触れて板書で整理して、知識の定着をはかりましょう。

→〈和漢異義語〉〈同訓異義語〉13ページ・〈多訓多義語〉14ページ

[評価について]

Q 生徒によってノートの取り方や達成度が様々です。提出を義務づけて指導した方がよいでしょうか。

A 授業開きにあたって、推奨するノートの使い方を指導しておくとよいでしょう。筆者は生徒の任意で提出させ、予習として課している書き下し文の個別添削をしています。ただし、提出回数を成績評価に反映することはありません。

→〈基本的なノートの使い方〉45ページ

Q 定期テストの問題文には、訓点をつけるべきでしょうか。

A 問題文に返り点や送り仮名をつけるかどうかは、学習の到達段階によります。入門期には返り点と送り仮名を添え、学習が進むにつれて送り仮名を省き、最終的には句読点だけにするのも一法でしょう。授業で扱っていない教材で作る応用問題では、全文に返り点と送り仮名をつけ、部分的に句読点だけの箇所を設けるのが一般的なスタイルです。いずれにしても、「次のテストからは送り仮名を省いて出題します。」などの事前のアナウンスが必要であることはいうまでもありません。

→〈実力評価テスト解答・解説〉126ページ

おわりに

『論語』に「文質彬彬《ぶんしつひんぴん》として然《しか》る後《のち》に君子なり。」という言葉があります。「文」、すなわち身に備わった態度や教養と、その人の実質、本質とのバランスがとれて、はじめて理想の状態となるという孔子の指摘は、視点を変えると高等学校漢文教育のあるべき姿にも当てはまりそうです。

教科書に載っている多くの漢文教材は、それぞれ深い文学性や思想性を持ち、光り輝くものを内に秘めています。しかし、それを引き出し、生徒に伝えようとする情熱や、教えるための技術は十分でしょうか。現在の漢文教育は、残念ながら、教師の「文」と作品の「質」とが、ほどよく調和するという理想には、遠い状態です。

本書は、漢文のおもしろさや奥深さを生徒に伝えるための「文」に重点を置きました。対象とする新人教師の皆さんが、教材研究を十分に積み、教える技術を身につけて、漢文の魅力を高校生に熱く語ってほしいと願ってのことです。感性豊かな高校生がそれを受け取り、漢文の世界に興味を持って読み進む……。そのような新たな連鎖の起点を、若く才能豊かな先生方に担っていただきたいのです。

本書の成るきっかけは、元大修館書店編集部の池澤正晃さんの一言にありました。「現役を退く教師には、培った教育技術や授業の型を、若い世代に残していく義務があるのではないか。」この言葉は、退職を控えて迷いの多かった私に、勇気と希望を与えてくれました。

本書の構想から出版までには、足かけ三年がかかっています。ウェブ・冊子版同時連載という新機軸を打ち出し、怠惰な私を終始リードし続けてくださった今城啓子さんには、ほんとうにお世話になりました。心よりお礼を申しあげます。

二〇一四年十月　著者識す

著者の似顔絵は、私が教師生活で最後に担任したクラスの一員、大木晴香さんが描いてくれました。どうもありがとう。ノート例には、私の勤務校の生徒、大島由佳さんと逸見知世《へんみちかよ》さんのものを借りました。二人ともたいへん優秀で、一を聞いて十を知る生徒であることは、そのノートからも明らかです。

語句・事項索引

＊現代仮名遣いによる五十音順（同音は画数順）に配列しています。字訓については〈　〉で歴史的仮名遣いを示しました。
＊ページ数の太字は主な説明のある箇所を、斜体は資料編に説明のある箇所を示しています。
＊●は板書例、ノート例タイトルを示しています。

あ行

か行

さ行

［著者紹介］

塚田　勝郎（つかだ　かつろう）

一九五二年、新潟県生まれ。東京教育大学卒業。埼玉県立熊谷高等学校、同新座北高等学校、筑波大学附属高等学校で合計42年教壇に立つ。全国漢文教育学会常任理事。高等学校用国語教科書（大修館書店）の編集に長年携わる。共著に『漢文名作選［第2集］　1古代の思想』（大修館書店）、共編に『現代漢語例解辞典』（小学館）がある。

新《しん》人《じん》教《きょう》師《し》のための漢《かん》文《ぶん》指《し》導《どう》入《にゅう》門《もん》講《こう》座《ざ》

NDC375 / 159p / 26cm

初版第一刷——二〇一四年一一月一〇日
第四刷——二〇二二年　九　月　一　日

著者——————塚《つか》田《だ》勝《かつ》郎《ろう》
発行者——————鈴木一行
発行所——————株式会社　大修館書店
〒一一三-八五四一　東京都文京区湯島二-一-一
電話　03-3868-2651（販売部）
03-3868-2291（編集部）
振替　00190-7-40504
［出版情報］https://www.taishukan.co.jp

装丁者——————鈴木衛
印刷所——————広研印刷
製本所——————ブロケード

ISBN978-4-469-22240-1　Printed in Japan